다시 쓰는 시편(psalms), 우울과 절망 딛고 부르는 환희의 찬가!

구원의 샘

THE SPRING OF SALVATION
- The Revised Edition of 'Forest of Salvation' -

임용순(任鎔淳) 지음

다시 쓰는 시편(psalms), 우울과 절망 딛고 부르는 환희의 찬가!

구원의 샘

저　자	임용순
디 자 인	나래
펴 낸 이	신수근
표지 그림	한선영 (영블레싱)

펴 낸 곳	글로벌마인드지엠(주)
주　소	서울시 관악구 관악로 105호 동산빌딩 403호
전　화	02-877-5688
팩　스	02-6008-3744

초판발행	2021년 8월 31일
등록번호	제300-1997-103호
홈페이지	www.globaltourmind.com
전자우편	samuelkshin@naver.com

ISBN 978-89-88125-54-0 부가기호 03230
값 20,000원

※ 이 도서의 저작권은 저자에게 있으며 일부 혹은 전체 내용을 무단복제하는 것은 저작권법에 저촉됩니다.

시인 임용순 프로필

- 1964년 전북 완주군 삼례읍 후정리 출생
- 1989년 연세대학교 법학과 졸업
- 1986년~2020년 대학생성경읽기선교회 연대·이대 지부
  학생 목자 평신도 목자 운영이사로 캠퍼스 제자양성역사에 헌신
- 2015년 시집 [구원의 숲] 출간

- 2021년~ 기업은행 남가좌동지점 부지점장
- 현재 우리들교회 출석

시인의 변辯

숲은 수많은 동·식물이 공존하는 다채로운 생태계다. 이 세상 또한 하나님의 구원역사를 위한 거대한 생태계이자 '구원의 숲'이다. 울창하게 우거진 숲에는 깊은 샘에서 발원하는 물이 있는 것처럼 하나님의 구원 생태계인 '구원의 숲'에도 생명의 물이 솟아나는 발원지, '구원의 샘'이 있다. 이 구원의 샘물이 이르는 곳마다 메마른 땅이 비옥해지고 죽어가는 생명이 소생하기를 바란다……

2021년 여름, 제주의 푸른 바다를 바라보며

다시 쓰는 시편(psalms), 우울과 절망 딛고 부르는 환희의 찬가!

구원의 샘

임용순(任鎔淳) 지음

목차

시인의 변辯   003

제1부
다시 쓰는 시편

01. 찬란한 부활의 아침	030
02. 소리 없는 아우성	031
03. 오직 그분만이	032
04. 그립습니다 사모합니다 사랑합니다	034
05. 사랑하는 자여	036
06. 고맙다 요한	037
07. 나의 부고	042
08. 부활의 아침	044
09. 아낌없이 주는 사과나무	045
10. 기도 나무	046
11. 모든 것이	047
12. 꽃은 피고 지고	049

13. 꿈엔들 잊힐레야 052
14. 내가 채찍에 맞음으로 054
15. 하늘무지개 057
16. 내게 맡기어라 059
17. 내 안에 있는 샘은 061
18. 어머니 063
19. 크고 부드러운 손 065
20. 고난이 닥쳐올 때 068
21. 누가 보는 것을 믿으랴 070
22. 잊힐 수 없는 향기 072
23. 당신과 함께 074
24. 영혼의 어부 075
25. 하나님의 영광 076
26. 잃어버린 양 079
27. 그때는 찬양할 때 081
28. 우는 자는 복이 있나니 084
29. 내 안에 거하라 085
30. 너 자신을 발견하리 087
31. 내 배를 갈라보라 088
32. 때로는 너무 커서 089
33. 오직 기도로써 살리라 090
34. 항상 감사 091

35. 예수 보혈	092
36. 세상에서 가장 아름다운 이름	094
37. 예수님의 피가	096
38. 내 눈 열어주소서	097
39. 아름다움은 어디서 오는가	099
40. 그대 밤길 가는 나그네여	100
41. 복음 나무에 붙어 있는 가지	102
42. 영혼아 어찌하여 낙망하느냐	104
43. 잔을 비워드립니다	105
44. 영혼의 청소부	107
45. 하나님의 은혜의 단비는	108
46. 이제 주님 한 분만으로	110
47. 너는 내 사랑하는 아들이요	112
48. 저희를 용서하여 주옵소서	113
49. 하나님의 말씀은	114
50. 주의 것이오니	116
51. 때로는	117
52. 당신을 알수록	118
53. 그분의 의를 힘입어	119
54. 폭풍우 지나간 날	120
55. 그것은 바다였다	121
56. 군부대 앞에서	122

57. 십자가 앞으로 나오라 … 123

58. 나를 좇으라 … 125

59. 때로는 (2) … 127

60. 내 마음 항아리 … 128

61. 그의 손에 … 131

62. 내 마음은 설렜다 … 134

63. 북한산 여름 등정기 登頂記 … 136

64. 차고 넘치게 역사하시는 … 139

65. 말씀이 육신이 되어 … 142

66. 영에 속한 사람 … 143

67. 주의 이름으로 나를 인도하소서 … 145

68. 바람에 흔들리는 것은 … 147

69. 당신은 생명의 빛이십니다 … 148

70. 우울증 산책 … 149

71. 때로는 벼랑 끝에 서서 … 151

72. 날마다 기적 … 152

73. 아무것도 할 수 없을 때 … 153

74. 그대로가 가장 아름답다 … 154

75. 절망 속에서 피어나는 꽃 … 155

76. 한 편의 시가 되기 위해 … 156

77. 영혼 샘 근원에서 … 157

78. 가을 논 … 159

79. 청년 때 걷던 그 숲속　　　　　　　160
80. 회개가 능력인 것을　　　　　　　161
81. 이겨야 한다는 것은　　　　　　　164
82. 말씀이 육신이 되사　　　　　　　165
83. 탐욕인가 사랑인가　　　　　　　166
84. 오직 믿음으로　　　　　　　　　167
85. 목숨을 걸 때　　　　　　　　　　170
86. 몸과 마음이 하기 싫을 때　　　　171
87. 다시 들려오는 주님의 음성　　　　174
88. 내 안에 머물러 계신 빛　　　　　176
89. 사랑은 믿음을 통해서만　　　　　178
90. 가을 강　　　　　　　　　　　　179
91. 믿음과 사랑과 용서　　　　　　　180
92. 용서한다고 하면서　　　　　　　181
93. 하루에 일곱 번씩 일흔 번이라도　183
94. 가을이 여무는 소리　　　　　　　185
95. 근심 없는 나무　　　　　　　　　186
96. 빈 무덤에서 발견한 진실　　　　188
97. 바리스타 선교사　　　　　　　　191
98. 내게 믿음 주소서　　　　　　　　193
99. 초록색 생명과 밝은 빛과 붉은 피로　196
100. 오늘 하루를 마지막 날처럼　　　198

101. 생선 가운데 토막	200
102. 알게 하소서	202
103. 생명이란	206
104. 스스로 자라나는 풀처럼	208
105. 예수 죽인 것을 짊어지자	210
106. Love Is a Touch	213
107. Love is a Kiss	214
108. Love Js an Art	215
109. 두려워 말고 믿기만 하라	216
110. 그분이 그런 나를 십자가에서	218
111. 인생은 기다림이다	222
112. 망부석	227
113. 하나님 당신은 어디에 계십니까	228
114. 고난당함이 내게 유익이라	231
115. 씨 뿌리는 자	232
116. 겨울이 오기 전에 돌아오오	234
117. 청년 목수	235
118. 아 그때로 돌아가고 싶다	237
119. 절정絶頂	241
120. 주님은 십자가 아래로 데려가	242
121. 수정되어야 할 번역	245
122. 하나님은 제한받지 않으시는 분	248

123. 너 기도의 사람아   250

124. 희한한 일   255

125. 하나님은 열린 하늘에서   257

126. 계절이 지나가는 길목   260

127. 이제는 잔치를 벌일 때다   263

128. 그리스도 예수님 안에서   266

129. 황금빛 임재   269

130. 갈매기의 꿈   270

131. 당신의 오후 빛   274

132. 빛 되신 그분이 계시기에   275

133. 바람 부는 날   277

134. 어찌 이럴 수가   280

135. 성령님 역사하실 때   283

136. 첫눈, 사랑의 엽서   285

137. 스트라디바리우스   286

138. 밴댕이 속   289

139. 너무나 크시고 깊으시기에   291

140. 의심이 일어나는 이유   295

141. 내 것 내 것 하지 말자   297

142. 헐벗은 모습 그대로   300

143. 예수님만으로 충분하다는 말은   302

144. 겨울이 되면   303

145. 단 하루를 살아도   304
146. 삶은 기쁨의 축제   306
147. 예수를 믿어라   308
148. 비저너리(visionary)   309
149. 그해 캠퍼스 뒷산엔   312
150. 찬양하라   314

제2부
새로 부르는 노래

151. 겨울에 내리는 눈처럼   318
152. 중요한 것은   320
153. 존재한다는 것은   322
154. 높은 산에서는   323
155. 나는 때마다   325
156. 별이 된 사람들   328
157. 맨발의 청춘이여   331
158. 소중한 것이 거절당했을 때   333
159. 주님이 기뻐하시는 마음은   334
160. 눈 내리는 깊은 밤   337
161. 산 자는 반응한다   340
162. 그리스도의 신부여라   343

163. 낙타처럼 344
164. 운명이 된 남자 346
165. 살아있는 성전 348
166. 다시 복음 앞에 350
167. 하나님의 말씀은 어찌 그리 354
168. 춤추는 삼나무처럼 356
169. 신新주기도문 358
170. 북한산 겨울 등정기登頂記 360
171. 과도하게 사랑하지 말지니 364
172. 지금도 광야에서처럼 365
173. 주 안에서 367
174. 봄 오는 소리 369
175. 노천 숯가마 굴속에서 370
176. 이제는 알겠습니다 372
177. 모든 것에는 소리가 있다 375
178. 네 창조자를 기억하라 377
179. 횡성산 한우 육포를 씹으며 379
180. 그럼에도 불구하고 381
181. 사랑의 날개로 덮으소서 384
182. 의자에 앉아서 387
183. 보좌 앞에 나아갑니다 388
184. 두려워 마음이 떨릴 때 389

185. 봄날은 오나 보다	391
186. 더 가까이 나아감은	392
187. 네 신을 벗으라	393
188. 홀로 산길에 올라	394
189. 깜깜한 어둠 속에서도	395
190. 사랑은 언제나	397
191. 산 자로 여길지어다	398
192. 큰 산처럼 믿음이 크면	399
193. 은혜의 바다 위에	400
194. 때로 이유 모를 일들이	401
195. 주님만 사랑하고 따르게 하소서	403
196. 기름 부으심이	405
197. 주님의 뜻을 행하는 것이	406
198. 불어오는 바람결에	407
199. 아직 더 좋은 것은	408
200. 주님 한 분만을	409
201. 당신이 하시기 나름입니다	410
202. 당신은 섭리의 사람입니다	411
203. 당신은 은총의 사람입니다	412
204. 당신은 섭리의 사람	413
205. 항상 웃으라 하신다	414
206. 주님과 함께	415

207. 주님 앞에서는 … 416
208. 나는 노래합니다 … 417
209. 하늘과 땅의 하모니 … 418
210. 잊지 말게 하소서 … 419
211. 로사리오 … 421
212. 견고한 집이 되리라 … 422
213. 봄날은 오고야 마는 것을 … 423
214. 노래 잘 부르는 자가 이긴다 … 424
215. 소나무처럼 늘 푸르게 하소서 … 425
216. 내게 신록新綠 올랐네 … 426
217. 부흥의 날을 맞이하리 … 427
218. 아흔아홉 번 … 428
219. 봄빛이 더할수록 … 429
220. 간밤에 … 430
221. 한 알의 밀알 … 431
222. 마중물 … 432
223. 떨림이 있기에 살아있는 … 433
224. 누가 감히 막을 수 있을까 … 434
225. 오 내 사랑하는 목련화야 … 435
226. 꽃비 내린다 … 437
227. 거위의 꿈 … 438
228. 삶이란 … 440

229. 서두르다 접질러졌다1 … 441
230. 라일락 꿈꾸던 소년 … 443
231. 갑절의 기름 부으심 … 444
232. 어느 문둥이의 노래 … 445
233. 비눗방울 … 448
234. 어떤 의자를 원하시나요 … 449
235. 꽃밭에서 … 451
236. 주님은 아실까 … 452
237. 믿음은 어디서 생기나 … 453
238. 비누 배 … 455
239. 그 섬에 가고 싶다 … 457
240. 시험받을 때 … 459
241. 자작나무 … 461
242. 다시 일어날 수 있는 이유 … 462
243. 누가 말했던가 … 463
244. The Bomb of Love … 464
245. 십자가를 걸머질 때 … 465
246. 하나님의 사람아 … 467
247. 배꽃 처녀들 … 468
248. 쏟아져 내린 것이 … 469
249. 어린아이 … 470
250. 번지점프 … 472

251. 오직	474
252. 하늘의 음악	476
253. 사차원에서 산다	477
254. 아직 끝난 것이 아니다	478
255. 주님을 섬기라	479
256. 내 마음 나침반	480
257. 숲속의 노란 새	481
258. 고난 속으로	482
259. 과도하게 염려하지 말지니	483
260. 내 것이 아닙니다	484
261. 감사의 꽃	485
262. 누구를 기쁘게 하랴	486
263. 장맛비	488
264. 인생은 나룻배	489
265. 고난의 신비	491
266. 어떤 비 갠 날	493
267. 홍방울새	494
268. 비가 내린다	495
269. 스치우는 것이 바람뿐이리	497
270. 스치우는 것이	498
271. 나무에 붙어 있으면	499
272. 물은 아래로 흐른다	500

273. 내 마음 호수　　　　　　　　　　502

274. 세월이 가면　　　　　　　　　　503

275. 이름을 몰라도　　　　　　　　　504

276. 너 하나밖에 없는 것처럼　　　　505

277. 피할 수 없다면 즐겨라　　　　　506

278. 시원한 사람　　　　　　　　　　507

279. 갈매기 한 마리　　　　　　　　508

280. 울릉도 해돋이　　　　　　　　　509

281. 화산火山섬　　　　　　　　　　510

282. 균형감각　　　　　　　　　　　511

283. 섬　　　　　　　　　　　　　　512

284. 바닷속 전설　　　　　　　　　　513

285. 서두르다 접질러졌다2　　　　　515

286. 그날 황혼에　　　　　　　　　　517

287. 비 오는 밤　　　　　　　　　　518

288. 상한 갈대　　　　　　　　　　　519

289. 꿈을 주소서　　　　　　　　　　520

290. 태풍 부는 날　　　　　　　　　522

291. 청년 예수　　　　　　　　　　　524

292. 순교자들　　　　　　　　　　　525

293. 그대는 아는가　　　　　　　　　528

294. 자 이제 웃자 … 529

295. 낙엽 … 530

296. 알게 하소서 … 531

297. 저녁이 되고 아침이 되니라 … 532

298. 가능성의 꽃 … 534

299. You Are My Energy … 535

300. Never-give-up … 537

제3부
구원의 숲

301. 희망이 없다고 말하지 말자 … 542

302. 장미처럼 … 543

303. 나팔꽃처럼 … 545

304. 폭포수 … 546

305. 천 번을 흔들려야 … 547

306. 흔들리지 않는 풀이 어디 있으랴 … 548

307. When I Am Weary … 549

308. 청단풍 … 550

309. 더 깊은 골짜기로 … 551

310. 온 마음 다해 … 552

311. 누가 날 좀 더 줬으면 554
312. 조금만 더 하소서 557
313. 잃으면 잃으리라 558
314. 물들었나니 560
315. 때로는 562
316. 굴복합니다 563
317. 누가 알았으랴 565
318. 낙엽 567
319. 화장실에서 569
320. 테라스에서 570
321. 너와 나 572
322. 눈 온 아침 574
323. 그것은 빛이었습니다 575
324. 밥상 576
325. 홀로 태어나 578
326. 어울리지 않는 것 579
327. 가장 낮은 곳으로 580
328. 하염없이 내리는 눈 581
329. Who Am I? 582
330. 건널목에서 584
331. 속빈 무청 585
332. 나는 가리라 586

333. 시를 쓴다는 것은	588
334. 봄 전령	589
335. 봄은 오고야 말리	590
336. 왜 미처 몰랐을까	592
337. 한 번 피는 꽃	593
338. 봄은 어드메	594
339. 삼월	595
340. 나무는 말한다	597
341. 쑥부쟁이가 될찌라	599
342. 아담이 눈뜰 때	600
343. 삼월은 잔인한 계절	602
344. 진달래	603
345. 생명 나무에 접붙인 가지	604
346. 아침 단장丹粧	605
347. 당신과 함께할 때	606
348. 누가 심었을까	608
349. 연리목	609
350. 지금도 말씀하십니다	610
351. 생명의 신비	612
352. 어쩌란 말이냐	613
353. 누가 알랴	614
354. 창조주의 손길	615

355. The Present is God's Present 616

356. 아카시아 꽃잎 617

357. 당신밖에 없습니다 618

358. 은빛 파도 소리 620

359. 아직 끝은 아니다 621

360. 소녀의 기도 623

361. 장미꽃 점묘화點描花 624

362. 노란 황금조 625

363. 아직 아니다 626

364. Love Never Fails 627

365. 누군가의 그늘이 될 수 있다면 629

366. 그분이 계시기에 630

367. 솔개 631

368. 향기 내는 사람 633

369. 예수 635

370. 가시고기 636

371. 너와 나 때로는 637

372. 두 장미 638

373. 이제야 알겠네 639

374. 하나님이 원하시는 것 641

375. 물은 흐르는 데 643

376. 빨래 644

377. 바람 불어 좋아라 645
378. 메타세쿼이아 646
379. 가을산에 올라 648
380. 그 꽃 이름은 알 수 없어도 649
381. 남국의 꽃 650
382. 인디아의 푸른 밤 651
383. THEN & NOW 654
384. 엄마의 털목도리 655
385. 어찌 그리 대단하신지 656
386. 가을 단풍 657
387. 목매어 흐느낌이라 658
388. 왕이 오시나니 659
389. 나의 일부인 것처럼 660
390. 그 이름으로 산다 662
391. In the Midst of Silence 663
392. 누가 씨를 뿌렸길래 664
393. 그대는 아는가 665
394. 남이섬(나무나라공화국) 666
395. 베들레헴 마구간 669
396. 고향 집 구들 670
397. I SEE A LIMIT 671
398. 붉은 해가 진다 673

399. 청마가 달린다	674
400. 겨울 바다	676
401. 목련	677
402. 활짝 핀 개나리꽃	678
403. 낙화洛花	679
404. 이제는 알아야 하리	680
405. 그대 오월은 푸르렀었네	681
406. 장미의 이름으로	683
407. 때로는	684
408. 거리가 문제가 되지 않습니다	685
409. 이름 모를 들풀이 되어	687
410. 그분은 누구신가	689
411. 샤론의 장미	690
412. 백조같이 사는 사람	692
413. 머무르고 싶은 순간	693
414. 윌링겐의 아침 해	694
415. 단풍 속으로	696
416. 잊힐 수 없는 이름	697
417. 구원의 숲	699
418. 홀로 춤추게 하라	701
419. 내가 죽고 예수로 산다면	702
420. 그 숲에 가면	703

421. 아무도 몰랐다	704
422. 그때 그 고통이	705
423. 복음이 무엇인가	706
424. Terrible	707
425. 걸어오고 있는 사람	708
426. 채우소서	709
427. 나에게 날개가 있다면	710
428. 너의 이름은	712
429. 오직 한 사람뿐입니다	713
430. 나로 네 빛에 머물게 하라	714
431. 당신은 누구십니까	715
432. 그리움이라 하자	716
433. 나는 너에게로	717
434. 그대 겨울이 오기 전에	719
435. 어찌할 줄 모르겠습니다	720
436. 그 날 밤 베들레헴에는	722
437. 오직 주만 바라봅니다	725
438. 오직 주만 의지합니다	727
439. 나 이제 사랑을 노래하노라	730
440. 말들이 돌아오는 시간	732
441. 어떤 비상飛上	735
442. 장미	737

443. 눈동자 738
444. 상처가 별이 되어 740
445. 구원의 날 741
446. 승진 발표날 743
447. 사자 굴과 풀무 불에서 두 번이나 건져주신 하나님 746
448. 불광천을 걸으며 748
449. 코로나 시대에 750
450. 모든 것이 은혜라는 것을 아는가 그대여 752

◎ 미주尾註 754

제1부
다시 쓰는 시편

01

찬란한 부활의 아침 [1]

골고다 언덕을
십자가 지고 가시다
세 번 쓰러진 주님

일어나
비추어라
핏속에 웃는 얼굴

일어나
비추리라
찬란한 부활의 아침

02

소리 없는 아우성 [2]

너는
소리 없는 아우성
쫓기는 짐승의 몸부림
타는 듯한 핏빛 목마름
사슬에 매인 관념이었다
진리의 왕께서 너를 위하여 피를 쏟으셨을 때
자유
비로소
너는 내게 생명이 되었다

03

오직 그분만이

누구를 위한 기도런가
오직 그분만이 듣고 계신 것처럼
누구를 위한 노래일런가
오직 그분만이 청중이신 것처럼
누구를 위한 춤이런가
오직 그분만이 객석에 홀로 계신 것처럼
누구를 위한 선행이런가
오직 그분이 하시는 것처럼
누구를 위한 봉사런가
오직 그분께 하는 것처럼
누구를 위한 사랑이런가
오직 그분이 나를 통해 그를 사랑하시는 것처럼
누구를 위한 전도런가
오직 그분이 내 속에서 말씀하시는 것처럼
누구를 위한 증거런가
오직 육지와 바다를 밟고 하늘과 땅 사이에 홀로 서 계신 거인 앞에 서처럼
누구를 위한 열심이런가
오직 주님 홀로 영광 받으시기를

하나님
그런 삶을 살게 하소서
예수님
그런 삶이 되어지게 하소서
성령님
그런 삶이 살아지게 하소서

04

그립습니다 사모합니다 사랑합니다

그립습니다 사모합니다 사랑합니다
당신의 환한 미소가
그립습니다 사모합니다 사랑합니다
당신의 다정한 눈빛이
그립습니다 사모합니다 사랑합니다
당신의 부드러운 음성이
그립습니다 사모합니다 사랑합니다
못 자국 난 당신의 따스한 손길이
그립습니다 사모합니다 사랑합니다
당신의 푸근한 품이
그립습니다 사모합니다 사랑합니다
당신에게서 나는 백합 향내가
그립습니다 사모합니다 사랑합니다
봄날 같은 당신의 숨결이
그립습니다 사모합니다 사랑합니다
나를 위해 창에 찔린 당신의 심장 박동이
그립습니다 사모합니다 사랑합니다
당신의 찾아오심이
그립습니다 사모합니다 사랑합니다

당신의 거룩한 임재가
그립습니다 사모합니다 사랑합니다
어둠 속에 빛나는 당신의 영광이

예수님
당신 앞에 무릎 꿇은
저는
머리가 희끗 희끗 잔주름 얼굴 가득한
불혹의 남자
당신의 어여쁜 신부랍니다

05

사랑하는 자여

사랑하는 자여
나와 함께 골고다 언덕에 올라가자
사랑하는 이들은 혼자 죽지 않는 법
나의 죽음을 네가 너의 죽음을 내가 공유하자
사랑하는 자여
나와 함께 돌무덤에 묻히자
저 노틀담 사원의 꼽추처럼 사랑하는 이 곁에 눕자
사랑하는 자여
나와 함께 살아나자구나
너의 고집스런 옛 자아와 허물은 죽음의 심연에 던져 버리고
지옥의 불길을 이긴 나의 생명으로
나와 함께 부활하자
그리하여
이제는 너는 내 안에 나는 네 안에 살자
너와 나는 이제 하나이다
이대로 영원히 사랑하며 살자
나는 너를 위하여 네 몸 안에 살고
너는 나를 위하여 나의 생명으로 이 땅에서 남은 생을 살아가자

고맙다 요한 [3]

고맙다 요한
내가 십자가에 못 박혀 쇠못에 매달린 채 고통 속에서 몸부림칠 때
내 곁에 있어 주어서
그때 너는 가슴이 찢어지는 고통으로 몸도 가누지 못하던
내 어머니 마리아를 부둥켜안고 뜨거운 눈물을 흘리며
십자가에 매달려 있는 나를 바라봤었지
너의 눈물어린 눈동자 속에 불타오르는 사랑을 느꼈을 때

머리부터 발끝까지 온몸에 쏟아지는 고통과 피곤과 졸음으로
혼미해 가던 나의 영혼이 깨어나고 십자가를 감당할 힘이
마음에서 솟아오르는 것을 느꼈지

고맙다 요한
모든 제자들이 제 목숨 살기 위해 나를 버렸을 때
너는 목숨을 걸고 끝까지 내 곁을 지켜주어
네 사랑이 진실한 것과 네 말이 진실하다는 것을 확인하게 되었을 때
나는 육신의 혈육인 어머니를 네게 믿고 맡길 수 있었지

고맙다 요한

베드로보다 뛰어났으나 나의 사랑에 만족하고 그를 섬겨주어서
순교한 베드로가 남겨둔 나의 교회와 나의 양떼들을 진리와 사랑으로
끝까지 섬겨주어서
모든 사도들이 순교하고 교회와 양떼들이 이리에게 늑탈당할 때
진리의 말씀과 사랑으로 나의 복음을 지켜주어서

고맙다 요한
사악한 도미티안 속에 더 사악스런 사탄이 들어가
나의 마지막 남은 사도요 내가 가장 사랑했던 너를
기름이 펄펄 끓는 가마 속에 던져 넣겠다고 위협했을 때도
나를 향한 너의 사랑과 믿음과 충성을 굽히지 않아서
너는 담담하게 기름 가마 속으로 던져졌었지

사랑한다 요한
나는 나의 사랑하는 자요 나의 기뻐하는 자를 위해
내가 무슨 특별한 일을 할 수 있는지 보여 주고 싶었다
저가 나를 안즉 내가 듣고 저가 나를 사랑한즉 내가 건지리라
성령님께 미리 특별한 기름 부으심과 나의 보혈의 능력으로
너를 덮어주시도록 부탁드렸었지

순식간에 뼈까지 녹여대는 그 뜨거운 기름 속에 들어가서도
네가 유유히 노천욕을 즐기는 모습에 너를 죽이려 했던 자들이
새하얗게 질린 모습을 아직도 기억하고 있다
진리는 반드시 이기는 것임을 진리의 사도인 너를 통해 증거하고 싶
었지
사랑은 죽음보다 강한 것임을 사랑의 사도인 너를 통해 보여주고 싶
었어
그들은 너를 두려워하여 감히 더 죽일 생각 못하고
밧모 섬으로 유배를 보냈지
채석장에서의 고단한 노역으로 지친 몸과 마음을 달래기 위해
너는 종종 채석장 곁 동굴 속에 들어가 기도했었지
기약 없는 노역에 몸도 마음도 축나
그 날도 너는 힘겨운 노동의 하루를 보내다 동굴 속에 들어가 엎드렸
었지

사랑한다 요한
나는 늙고 피곤하고 몸도 마음도 지칠 대로 지친 너를
특별한 방법으로 위로해 주고 싶었어
갑자기 동굴의 천장이 쪼개지고 하늘에서 빛이 쏟아져 들어오더니

계시와 환상이 네게 임했었지
나의 말씀이 바위를 쪼개고 동굴을 뚫고 들어가
어두컴컴한 너의 심령에 섬광처럼 임했을 때였어
너는 환상 속에서 동굴을 나와
불꽃같은 나의 임재와 영광 앞에 엎드러졌었지
그리고 마지막 날 세상에 심판이 이루어지고
새 하늘과 새 땅이 열리는 놀라운 계시와 환상을 보았지
새 예루살렘이 신부처럼 단장한 채 네 앞에 내려오는 것을 보고
너는 외쳤지
마 라 나 타
주 예수여 오소서

사랑한다 요한
너는 옛날 다락방 안에서와 같이 이 천국에서도 내 품에서 쉬고 있구나
지금 이 땅에는 수많은 요한들이 너의 뒤를 따라 일어나
진리와 사랑을 목숨 걸고 증거하고 있구나

나는
이 땅의 요한
오직 너 하나만으로도

십자가에서 나의 피와 물을 다 쏟고 죽어도 좋았을 만큼
너를 사랑한다
이 땅에서 피곤하고 고단한 십자가를 지고 가는
너
진리와 사랑의 사도여
나의 사랑 안에 거하며
내 품에서 나의 생명과 기쁨을 나와 함께 영원히 누리자구나

● 07

나의 부고

告 任 鎔 淳 牧者 訃告

死亡 日時 : 예수 그리스도 十字架에 못 박히셨을 때
死亡 場所 : 이스라엘 유대 예루살렘市 골고다洞 山 1番地
葬   地 : 同所빈 무덤

出生 申告
出生 日時 : 예수 그리스도 사흘 만에 다시 살아나셨을 때

出生 場所 : 이스라엘 유대 예루살렘市 골고다洞 山 1番地 內 빈 무덤
父母 姓名 : 聖父 聖子 聖靈 하나님
子女 姓名 : 任鎔淳

現 住所地 : 大韓民國 서울 西大門區 蒼川洞 97-187 延世 하이츠빌라 1層

現 居所地 : 大韓民國 서울 西大門區 大新洞 31-2 大學生聖經읽기宣敎會 延禧센터

大韓民國 서울 九老區 開峰2洞 403-45番地 企業銀行 開峰洞支店

08

부활의 아침 [4]

십자가 지고 가시다
세 번 쓰러진 주님

비추어라
핏속에 웃는 얼굴

비추리라
찬란한 부활의 아침

아낌없이 주는 사과나무

우리는
누군가의 희생을 먹고 자라는
사과나무
내가 남겨둔 사과를
그 누군가 먹고 살아난다면
무엇이 아까우랴
무엇인들 드리지 못하랴
나 또한
예수 그리스도 희생의 피를 먹고 자라는
사과나무인 것을
우리는 서로에게 아낌없이 주는 사과나무이고 싶다

10

기도 나무

나는
누군가의 기도로 사는
기도 나무
나의 기도가
그 누군가를 살릴 수 있다면
밤인들 주저하랴
죽음인들 두려우랴
대저
나의 기도가
그의 심령에 떨어지는 눈물일 수 있다면
대저
나의 기도가
그의 얼어붙은 마음을 녹일 수 있는 피눈물일 수 있다면
대저
나는
예수 그리스도 피눈물로 사는 기도나무
성령님 내 마음속 통곡으로 사는 기도나무인 것을
예수님처럼 기도하는 기도나무인 것을
성령님으로 기도하는 기도나무인 것을

모든 것이

모든 것이
시입니다
당신이
내게 남긴
작은 메시지

모든 것이
노래입니다
가볍게 흔들대는 풀들
수줍게 피어나는 꽃들
주절대며 흘러가는 시내 물결
잎새에 맺혀 반짝이는 아침이슬

하나님
알았습니다
당신이 부르는 노래의 날개가
내 마음에 깃들였을 때
모든 것이
당신의 시요

당신의 노래인 것을

날은 날들에게 말을 하고
밤은 밤들에게 말을 합니다
별은 별들에게 말하고
하늘은 하늘들에게 말합니다
저 하늘 가득히 들려오는 것은
당신의 음성
거역할 수 없는
하나님 말씀입니다

꽃은 피고 지고

꽃이 핀다
날 봐 달라는 서러운 몸짓인가
연초록 산야를 물들이며 피처럼 붉다

꽃이 진다
하늘 눈물의 무게를 이기지 못하여
고개 숙여
고요히 대지에 입을 맞춘다

지면서
꽃은 외친다
봄 여름 가을 겨울 철 없이 피어나건만
그분의 계절은 언제 오느냐고

외치면서
꽃은 운다
피를 토하며
그분의 부활을 노래하건만
무심히 지나는 너로 인해

서럽게 운다

울면서
꽃은 노래한다
수없이 세월이 오가도
꽃이 다시 피어나는 것처럼
모진 비바람에 모든 것이 날아가고
뜨거운 더위로 대지가 혓바닥처럼 갈라지고
매서운 눈보라 살 에는 추위가 이 땅을 황무하게 해도
반드시
그분의 계절이 올 것을

하늘 열리고
은혜의 단비 내릴 때
모든 영혼이
꽃처럼 피어나
그분을 향한
부활의 노래를 부를 것을
믿고서

꽃은
오늘도
피를 토하며
황량한 대지에 몸을 던진다

13

꿈엔들 잊힐레야

꿈엔들 잊힐레야
내 눈동자에 박힌 네 얼굴
꿈엔들 잊힐레야
내 귓가에 맴도는 떨리는 너의 음성
꿈엔들 잊힐레야
내 손바닥에 새겨진 너의 이름
꿈엔들 잊힐레야
나를 향한 너의 수많은 간구와 탄식과 눈물들

네가 힘겨워 쓰러질 때
나는 십자가에서 물같이 쏟아졌다
네 발걸음이 무거워 옮겨지지 않을 때
내 다리는 십자가에서 떨어져 나갈 것 같았다
네 손이 무력해 움직이기 싫을 때
내 팔은 십자가에서 찢겨 나가는 것 같았다
네 마음이 고통과 슬픔으로 아무 느낌조차 없을 때
내 심장은 십자가에서 네 고통과 슬픔으로 터질 것 같았다

어찌 내가 너를 잊으랴

어찌 내가 너를 버리랴

네가 약해질수록 나는 네 속에서 강해지고
네가 부족할수록 나는 네 속에서 온전해진다
네가 죽어질수록 나는 네 속에서 살아지고
너의 고난이 깊을수록 나의 임재는 네 속에서 깊어진다

일어나라
나의 영광의 빛으로
걸어라
나의 부활의 생명으로

너는
나의 영광을 나타낼
나의 몸
나의 그릇
나의 사랑하는 신부이어라

14

내가 채찍에 맞음으로

너의 문드러진 몸에
손 내밀기 전에
내 몸이 먼저 문드러졌다
너의 상처 난 몸을 만지기 위해
내 몸이 십자가에서 상처를 입었다
네 영혼 속 치유되지 않는 깊은 상처를 보듬기 위해
나는 상처 입은 치유자로 이 땅에 서 있다

내가 채찍에 맞음으로 네가 나음을 입었다
나의 고통이 네 영혼에 평안이 되고
나의 능욕으로 네 영혼이 자유로와지는구나
나는 상처 입은 치유자로 네게로 왔거늘
너는 상처 입은 나의 교회를 위하여 무엇을 하려느냐

나의 영혼들은 양심을 땅에 버리고
육체가 되어 방황하고
그들이 버린 양심으로 앓고 있는 이 땅을
너는 쓰라린 가슴으로 어루만진다
너 상처 입은 복음의 전도자여

너의 아픔이 고스란히 내 아픔이 되고
너의 고통이 내 마음속 지워지지 않는 상흔이 된다
나는 너의 몸을 통해 그들에게 다가가고
네 손을 통해 그들을 보듬는구나
지친 너의 모습을 통해 나의 임재가 그들에게 나타나고
너의 상처를 통해 내게서 치료의 광선이 나가
그들이 상처에서 자유롭게 된다

너의 상처는
나의 영광이 머무는 곳
나의 임재가 머무는 지성소다

네가 고난받을수록
네 속에 깊이 아로새겨지는 나의 형상
사람들이 네 속에서 나를 본다

마침내 자유롭게 하는 내 영의 임재 속에
너도 모든 고통과 슬픔과 상처에서 자유롭게 되리

그리고
그 날에는
서로의 상흔을 만져보며
아카시아 꽃그늘 아래서
얼굴을 마주 보며 활짝 웃자

하늘 무지개

예전에 미처 몰랐다오
사랑이 일곱 빛깔 무지개인지를

예전에 미처 몰랐다오
네 영혼에도 일곱 빛깔 무지개가 있는 줄을

너에게는 무지개가 어우러낸 너만의 색깔이 있는데
왜 나는 나의 색깔로만 너를 보고
나의 색깔이 되어주기만 바랬었던가

예전에 미처 몰랐다오
내 영혼에도 일곱 빛깔 무지개가 떠 있는 줄을

빨 주 노 초 파 남 보
하늘 무지개
내 마음속에 여울져 나만의 색깔을 지으신 분의 아름다운
형상을 드러내는 줄을

예전에 미처 몰랐다오

약속의 말씀이 왜 일곱 빛깔 무지개인 줄을
그것이 나를 향하신 그분의 온전한 사랑고백인 줄을

16

내게 맡기어라

내 손에 맡기어라
네 모든 고통 분노 억울함 슬픔일지라도
나는 날마다 네 짐을 짊어지는 자이어니
너 수고하고 무거운 짐 짊어진 자여
네 모든 근심 걱정 염려 두려움까지도
내게 맡기어라
내가 네 버거운 짐을 십자가에서 걸머졌다
오직 너는 나의 멍에를 메고 나를 따를지니
나의 멍에는
너의 사랑과
너의 믿음과 순종
자기를 부인하고 자기 십자가를 지고 나를 따를지라
육성이 죽으면 영성이 살고 네가 죽으면 네 안에서 내가 산다
네 죽음으로 모든 짐에서 자유로와지리
그로써 네 안에서 내가 주인이 되고 네 모든 일의 주인이 되나니
네 원수 갚음도 내게 맡기어라
오직 용서와 축복으로 원수를 사랑할 때
성령의 숯불 원수 머리 위에 지펴
그에게도 뜨거운 회개 눈물 나오고

내게 온전히 영광 돌리리라

17

내 안에 있는 샘은

내 안에
샘이 있네
깊은 산 속 옹달샘
새벽 꿈결 같은 동화가 전설처럼 흐르는 샘
내 안에 있는 샘은
큰 바위 밑에서 솟아나는 샘
흰 구름 사이로 큰 바위가 희끗희끗 웃는 산속에 있는 샘
내 안에 있는 샘은
생명수가 흐르는 샘
봄 여름 가을 겨울 마르지 않고 흐르는 샘
내 안에 샘 있는데
왜 그다지도 목말랐던가
왜 이다지도 외롭더란 말인가
내 영혼에 가득한 눈물
마음속 샘 위에 떨어질 때
큰 동그라미 그리며 파장을 일으키네
그 파장에 내 마음속 샘 근원 터져
회개의 눈물
봇물처럼 터지네

내 마음속 성령님
기쁨과 슬픔의 눈물 흘려
한없이 흘러나오는 생수의 강이 되네
생수의 강물 치료의 강물 되어
시들은 나무들 살아나고 잎새들 춤을 추네
생수의 강 은혜의 바다에 이르면
자유의 대양에서 마음껏 헤엄치네
산비둘기 바닷속을 헤엄쳐 다니고
어린양과 소들은 하늘을 나는 곳에서
내 육체는 대양을 자유로이 항해하고
내 영혼은 새처럼 하늘을 날아다닌다네
많은 영혼들 생명의 바다에서 자유로이 헤엄치고
새처럼 하늘을 날며 하나님을 찬양하네
내 마음속에 계신
성령님
주시는 자유라네

어머니 [5]

어머니
그 등에 업혀 봄날 소풍에 팔려 나갔었죠
버스에 올라타는 그 몸빼 자락 놓치고 울었었죠
어머니
시장에서 감자장사하는 당신을 부끄러워
조심스레 다녀갔었죠
어머니
어여쁜 소녀와 눈이 마주쳤을 때
불현듯 떠오른 당신의 얼굴에
저는 황급히 달아났었죠
어머니
아직 야심한 새벽에 부스런스럽게 장보러 나서는 당신 때문에
저는 잠을 깨고도 잠든 척 배웅했었죠
어머니
아들이 신앙의 지조를 놓고 흔들릴 때
지조를 놓고 흔들리면 안 된다고 다잡아 줬었죠
늘그막
몇 남은 잎새가 마른 가지에 위태롭게 매달려 있는 것을 보고도
쓸쓸함을 느끼며 불편한 다리로 힘겹게 움직이시던 당신

손녀딸이

you can run

지팡이 들고 달리는 할머니 모습을 그린 어버이날 카드에
활짝 얼굴을 펴고 웃으시던 당신
이제 당신은
고단한 인생을 마치고 삶의 무거운 짐 벗고 하나님 나라로 가셨습니다
어머니의 고단하고 무거운 삶의 무게를 다 알 수 없지만
당신은 조반을 준비하시고 우리를 부르시던 예수님의 그림자이셨습니다
못난 자식을 위하여 지금도 한없이 탄식하시며 통곡하시는 성령님의 나타나심이셨습니다
이제는 쉬세요
예수님의 품에서
이제는 마음껏 달리세요
성령님 주시는 자유 안에서
영원히
하나님 아버지 품에서

19

크고 부드러운 손

크고 부드러운 손
내 어깨를 만지네
크고 부드러운 손
내 눈물을 닦아주네
크고 부드러운 손
내 가슴을 쓸어주네
크고 부드러운 손
주저앉은 날 일으키네
크고 부드러운 손
내 손을 붙드시네
크고 부드러운 손
날 붙들고 가자시네
크고 부드러운 손
내 손 꼭 잡고 오라시네
크고 부드러운 손
내 얼굴을 쓰다듬네
크고 부드러운 손
작은 꽃술을 매만지네
크고 강한 손

별들을 붙드시네
크고 부드러운 손
그 손에 못 자국 있네
나를 위해 피 흘리신
주님의 못 자국 난
크고 부드러운 손
내 영혼을 만지시네
크고 부드러운 손에서
흘러나오는 피
내 모든 죄를 덮네
내 영혼을 새롭게 하네
크고 부드러운 손안에서
내 영혼 안식하네
그 손가락 큰 바위 얼굴 되어
내 영혼이 닮아가네
크고 부드러운 손
내 영혼 천국으로 인도하네
크고 부드러운 손
오 주님의 임재와 영광의 손길이여

영원히 저와 함께하소서
영원토록 우리와 함께하소서

- 20

고난이 닥쳐올 때

감당할 수 없는 시험이 다가올 때
이해할 수 없는 고난이 닥쳐올 때
자녀가 이해할 수 없는 방황을 거듭할 때
양들이 시험에 빠져 좌충우돌 제 길을 갈 때
그물을 이리저리 던져도 매번 빈 그물로 되돌아올 때
가장 가까운 이의 죽음이 도저히 이해되지 않는 모습일 때
주님께서 내게 들려주시는 말씀
감사하고 감사하라
주님 감사하고 감사하겠습니다
비록 이해할 수 없고 감당하기에 어려워도
주께서 허락하신 시험이기에
모든 것을 합력하여 선을 이루시는 주님이심을 믿기에
참고 선을 행하되 낙심치 않고 꾸준히 행하는 자에게
반드시 때가 되면 열매를 맺게 하시는 분이신 줄 믿기에
나를 단련하사 정금 같이 나오게 하시고
배나 큰 복을 더하사 영광 받으실 주님이심을 믿기에
주님께서 생명싸개로 나를 붙들고 계심을 믿기에
나를 향한 주님의 사랑을 그 무엇도 끊을 수 없음을 알기에
큰소리로 외쳐

감사하고 감사하리라
기뻐하고 기뻐하리라
기도하고 기도하리라
이는 그리스도 예수 안에서
나를 향하신 온전한 하나님의 뜻인 줄 알기에

누가 보는 것을 믿으랴

이 땅에서는 쉼이 없나니
쉼은 천국에서나 있는 것을
이 땅은 하나님의 일터인 것을
이 땅은 마귀와의 끊임없는 싸움터인 것을
누가 보는 것을 믿으랴
나는 감각 되어지는 것을 믿지 않으리
믿음은 보이지 아니하는 약속의 말씀과
그 말씀하신 보이지 아니하시는 분을 믿는 것임을
보이지 아니하시는 그분이 지금도 보이지 않는 손길로
일하고 계시고 그 일을 성취하고 계심을 믿는 것임을
보이지 아니하시는 그분이 지금도 하늘과 땅의 모든 권세를 가지고
내 곁에 서서 나를 돕고 계심을 믿는 것임을
나는 보이는 것 들리는 것 감각되어지는 것이 어떠할지라도
내 목숨 걸고 보이지 아니하시는 하나님과 그분의 약속의 말씀과
보이지 않는 그분의 도우심의 손길을 믿고 의지하고 기대하며 나가리라
내 지각이 멈춰지고 감각이 멀어버리고 의지가 불꽃처럼 사그라져도 나는 외치리라
하나님을 믿어라

Have faith in God
하나님을 믿어라
Have faith in God
하나님을 믿어라
Have faith in God
나는 하나님께서 주신 하나님의 믿음으로 살리라
내 믿음이 아닌 오직 하나님의 믿음으로
십자가의 깃대로 원수 마귀의 머리를 찍어버리고
아주 밟아 이기기라
그리고 승리의 면류관 영광의 면류관 의의 면류관을 받으리라
나의 주 예수님께
모든 영광 하나님께 돌리리라

잊힐 수 없는 향기

누가 버린 꽃인가
가로공원에 던져진 장미꽃 한 송이
누구를 위한 사랑 고백이길래
흰 보랏빛 꽃잎이 이다지도 시들어가는가
사랑은 멀리 떠났지만
장미꽃 향기는 연보랏빛으로 폐부에 스며든다
누가 장미꽃을 피보다 붉다 했던가
누가 당신을 장미꽃보다도 아름답다 했던가
우리 주님이 십자가 지고 가신 포도鋪道는
장미꽃이 점 점 이 피어난 길
주님의 머리에 씌어진 가시관은 장미넝쿨 가시보다 날카로왔다
주님의 심장은 장미꽃 가시보다 날카로운 창끝에 찔렸었다
장미넝쿨 가시처럼 주님의 심장을 무수히 찔러대는 우리의 죄들
내가 너를 위하여 장미꽃보다 붉은 피를 흘렸다
붉은 피 장미꽃잎처럼 세상에 날리어
온 세상이 장미꽃 향기로 진동한다
장미꽃잎은 시들어도 주님의 날 향한 사랑은
잊힐 수 없는 향기로 가슴을 저며온다
오

예수님
사랑합니다
나의 영원한 장미여

23

당신과 함께

그때는 불기둥 구름 기둥으로 인도했었죠
그때는 목자가 양을 품듯이 인도했었죠
지금은 불기둥 구름 기둥 안보이고
푸른 초장 잔잔한 물가로 양무리를 이끄는 목자가 안 보여도
오늘도 집을 나섭니다 당신과 함께
오늘도 환승역에서 전철을 기다립니다 당신과 함께
오늘도 사무실 문을 엽니다 당신과 함께
오늘도 퇴근을 하며 전철에 몸을 싣습니다 당신과 함께
오늘도 준비하신 저녁소찬을 듭니다 당신과 함께
이 밤도 뒤척이다 시를 씁니다 잠 못 이루는 밤을 당신과 함께
구름이 해를 가려도 구름 위에 해가 찬란하게 떠올라 있는 것처럼
당신은 보이지 않아도 찬란하게 빛나는 실존이십니다
성령님
당신은
오늘도
저를 품으시고
지팡이와 막대기로 인도하시는
저의 목자이십니다

영혼의 어부

나는 영혼의 어부
오늘도 노인은 다랑어를 잡기 위해 바다로 나가고
나는 영혼을 낚기 위하여 캠퍼스로 나간다
미끼를 두고 노인과 다랑어는 치열하게 씨름하고
나는 복음을 품고 영혼과 힘겨운 씨름을 한다
드디어 놈은 낚시에 걸려들었고
영혼은 피싱에 걸려들었다
노인은 득의만만한 웃음을 띠며 서둘러 노를 젓고
나는 온 천하를 얻은 기쁨으로 집으로 돌아온다
어느새 낚시에 물린 다랑어 피 냄새를 맡은 상어 떼들 몰려와
노인은 놈들과 어두운 밤바다에서 다랑어를 두고 사투를 벌인다
해안에는 벌써 새벽이 왔고
노인의 낚시 줄에는 앙상한 다랑어 뼈뿐이었다
나는 밀려오는 의심과 회의와 두려움과 절망과 밤새 사투를 벌이다
아침에야 영혼이 낚시 줄을 끊고 어디론가 달아난 것을 발견한다
밀려오는 피곤으로 노인은 모로 누워 사자 꿈을 꾸었고
나는 어이할 수 없는 인간의 한계 앞에서
엎드려
크고 놀라우신 성령님께서 이루시는 크고 비밀한 반전을 꿈꾼다

25

하나님의 영광 [6]

당신의 영광을 볼 수 있다면
내 옷이 찢어진들 어떠리
몸도 마음도 찢어진들 어떠리
우리가 가장 약하고 보잘것없는 자를 단 위에 세운 것은
예배의 화려함 때문도 우리 자신의 만족을 위함도 아니었소
약한 자를 긍휼히 여기시고 사랑하시는 하나님
약한 자를 통해서 부활의 능력으로 역사하시고
약한 자를 강하게 하시는 하나님의 영광을 보기 위함이었소
물이 낮은 곳을 향하여 흐르듯
하나님의 마음은 약한 자 가난한 자 병든 자 상처받은 자
버림받은 자 소외된 자를 향하거늘
우리는 높은 곳만 사모하고 높은 자만 숭배하고 스스로 높아지기만
을 원했었소
이제는 알겠소
하나님이 소자 한 사람을 얼마나 귀히 여기시는 줄
하나님이 과부 한 사람 고아 한 명을 얼마나 긍휼히 여기시는 줄
버림당한 창기와 죄인들의 친구가 되어주시고
병든 자 귀신들린 자 가난한 자들에게 다가가신 예수님의 마음을
어린 가슴 상처를 받아 어른 되기를 거부하고 마음속 골방에 들어가

웅크리고 앉아 세상을 향하여 귀 막고 눈 감아 버린 어른아이의 마음을
비록 글도 읽을 줄 모르고 말도 잘할 수 없었지만
마음은 어린아이 그대로인 바보 청년을 하나님이 얼마나 사랑하시고 기뻐하시는 줄을
하나님은 그 바보 청년을 우리에게 선물로 보내시고
하나님의 사랑으로 영접하고 세워주기를 바라시고
그 바보 청년을 통해 한량없는 긍휼과 은혜와 능력과 지혜를 부어 주기 원하시는데
우리는 마음으로 그 청년을 바보라고 얼마나 멸시하고 외면하고 소망없다 버렸었던가
하나님이 그를 얼마나 기뻐하시고 그 한 사람
하나님의 마음으로 섬겨주기를 기뻐하시는데
바보 청년을 외면하고 잘난 청년만 찾아다니는
우리는 얼마나 바보 같은 사람들인가
하나님의 은혜는 낮은 데로 흐르고 꾸밈없고 거짓 없는 바보 같은 마음에 머무는데
우리는 얼마나 꾸미기를 좋아하고 잘난 체하는 바보들인가
이제 저의 옷을 찢습니다
몸 뿐 아니라 마음의 옷까지도

가식과 허영과 교만과 위선의 옷을 찢고
당신의 영광을 보기를 원합니다
약한 자를 통해 오시는 당신의 임재와
약한 자를 들어 강하게 하시는 당신의 영광을
지극히 작은 자 위에 머무는 당신의 한량없는 사랑과 긍휼과 은혜를
거짓 없는 사랑과 믿음과 소망 위에 머무는 당신의 영광을

26

잃어버린 양

엘 카미노[7]
좁고 험하여 사람들이 찾지 않는 길
풀이 우거지고 숲이 되어 인적조차 끊긴 길
왕이 오신다는 오솔길
왕이 오셨네
가시덤불 헤치고 오시다 머리에 가시관 쓰셨네
맨손과 맨발로 엉겅퀴 헤치시다 손과 발이 엉겅퀴에 찔리셨네
쓰러진 나무 헤치고 오시다 어깨에 십자가 메셨네
잃어버린 양 한 마리 찾기 위해
왕은 아무도 가지 않는 그 길로 오셨네
가시덤불 속 발버둥치는 양을 발견하고
잃어버린 자를 찾은 기쁨으로
왕은 어깨춤을 추신다네
잃어버린 양을 어깨에 메고
험한 바위산을 내려오신다네
상처 난 양을 품으시고 푸른 초장 쉴만한 물가로 인도하시네
기름 부으셔서 치료하시고
생명을 얻되 더 풍성하게 하시네
초장을 마음껏 뛰노는 어린양을 보며 목자는 만족하네

왕은 말씀하신다네
누가 나를 따라 왕의 오솔길로 가려는가
누가 나를 따라 잃어버린 영혼을 찾아
아무도 가지 않는 좁은 길로 가려는가
주여
나를 보내소서
내가 가겠나이다
주님께서 가신 오솔길로
잃어버린 영혼 찾아
엘 카미노로

그때는 찬양할 때

무시 받았다고 느껴질 때
그때는 찬양할 때입니다
누군가로부터 모멸에 찬 말을 들었을 때
그때는 찬양할 때입니다
기도가 응답되지 않는다고 느껴질 때
그때는 찬양할 때입니다
가까운 이로부터 부당한 대우를 받았다고 느껴질 때
그때는 찬양할 때입니다
사랑하는 이의 마음을 돌이킬 수 없다고 느껴질 때
그때는 찬양할 때입니다
사랑하는 이를 향한 그리움이 사무쳐 눈물이 복받쳐 오를 때
그때는 찬양할 때입니다
모든 사람으로부터 오해받고 있다고 여겨질 때
그때는 찬양할 때입니다
감당하고 있는 짐이 무거워 모든 짐 내려놓고 싶을 때
그때는 찬양할 때입니다
더이상 아무것도 할 수 없다고 여겨질 때
그때는 찬양할 때입니다
한없는 절망과 낙심과 슬픔이 밀려올 때

그때는 찬양할 때입니다
감당할 수 없는 불신과 의심과 두려움이 밀려올 때
그때는 찬양할 때입니다
이제는 모든 것이 끝났다고 생각될 때
그때는 찬양할 때입니다
마음속에서 감당할 수 없는 불만이 솟구쳐 오를 때
그때는 찬양할 때입니다
마음의 묵상과 감정과 소원이 하나님 보실까 두렵고 사람들 알까 부끄러울 때
그때는 찬양할 때입니다

지금 모습이 형편없어서 침륜에 거하는 편이 낫겠다고 여겨질 때
그때는 찬양할 때입니다

모든 것을 여기서 끝장내자고 사탄이 속살댈 때
그때는 찬양할 때입니다
더이상 기다리고 인내하는 것이 무의미하다고 느껴질 때
그때는 찬양할 때입니다
사람들이 비방과 험담을 퍼뜨리고 다니고 무리 가운데 거하면서도

골짜기를 홀로 날고 있는 까마귀처럼 끝 모를 고독과 불안이 피어오
를 때
그때는 찬양할 때입니다

모든 것을 보시고
모든 것을 아시는
그분께 나아가
내 모든 짐 내려놓고
모든 것을 주관하시는 그분께
찬양을 드릴 때
내 찬송 가운데 거하시는 그분이
홀로 역사하셔서
모든 영광 받으시도록
찬양할 때입니다

우는 자는 복이 있나니

어떤 시인이 말했던가
눈물, 옥토沃土에 떨어지는 기도祈禱이고저
그대의 눈물은 보석寶石같이 아름다운 결정結晶
주님이 눈물 병에 그대의 눈물을 담고 세아리심을
주님이 말씀하시네
이제 우는 자는 복이 있나니 저희가 웃을 것임이요
나를 위하여 우는 자는 나와 함께 우는 것이요
나 때문에 우는 자는 내가 저 때문에 우는 것이라
네가 나의 울음과 눈물과 고통과 슬픔에 참여하였으니
이제 나의 웃음과 기쁨과 만족과 행복에 참여할 것이라
주님이 말씀하시네
이제 우는 자는 복이 있나니 저희가 웃을 것임이요
네가 나를 위하여 나로 말미암아 울었으니
이제 나 때문에 나로 말미암아 웃으리라
나는 너로 웃게 하시는 하나님임이니라
주를 위하여 흘리는 눈물은 행복한 눈물
주님 때문에 흘리는 눈물은 우리 기쁜 눈물
나는 행복幸福에 겨워 눈물 흘리는 미인美人

내 안에 거하라

폭풍 속에서도 내 안에 거하라
비바람 몰아쳐도 내 안에 거하라
눈보라 휘몰아도 내 안에 거하라
험한 파도 드높게 일어나도 내 안에 거하라
타는 듯한 열기로 숨 막힐지라도 내 안에 거하라
원수가 너를 향해 조롱할지라도 내 안에 거하라
천만인이 너를 향해 대적할지라도 내 안에 거하라
문제가 너를 겹겹이 에워쌀지라도 내 안에 거하라
이는 천지와 만물을 창조하신 하나님 아버지의 품 안이니
너를 위하여 피 흘리시고 다시 살아나신 부활의 주 안이니
저 하늘보다도 높고 저 바다보다도 넓으신 성령님의 품 안이니
그 무엇도 너를 해하지 못하리라
그 누구도 너를 상해치 못하리라
내 안에만 안식과 평강이 있나니
내 사랑 안에 거하며 내 믿음 안에 거하라
내 안에 있는 자는 나도 저 안에 있을 것이요
내 말에 거하는 자는 내 말이 저를 붙들리라
내 안에서는 능치 못할 일이 없나니
내 안에서 능치 못할 일이 없는 삶을 살찌어다

너는 내 안에 거하여
모든 것이 내 안에 있고
나만이 홀로 모든 것의 주 되심을 온 세상이 알게 하라
아버지와 아들과 성령이 하나이듯이
내 안에 너 있고 네 안에 나 있으므로
너와 내가 하나임을 온 세상이 알게 되리라

너 자신을 발견하리

물 흐르는 대로
선율 흐르는 대로
말씀하시는 대로
성령님 이끄시는 대로
너 자신을 맡기어라
자기를 버리고 몸과 마음을 주께 맡기는 의탁은 가장 아름다운 의탁
생수의 강에서 헤엄치는 너 자신을 발견하리
아름다운 춤을 추고 있는 너 자신을 발견하리
말씀과 성령에 사로잡혀 쓰임 받고 있는 너 자신을 발견하리

내 배를 갈라보라

나는 영혼의 임산부
나의 배에서는
약속하신 무수한 생명들이 태어나고 있다
기름 부으신 수많은 시들이 태어나고 있다
나의 불신으로 말미암아
얼마나 많은 생명들을 유산시켰던가
얼마나 많은 시어들이 유산되었던가
나는 오늘도 영혼을 해산하기 위해 구로劬勞한다
하늘에 빛나는 별 무리같이
들판을 수놓은 꽃 무리같이
헤아릴 수 없는 생명의 탄생을 기다리며
나는 하나님을 믿음으로 잉태할 힘을 얻는다
내 배를 갈라보라
시가 나오리니
내 배를 갈라보라
세계가 나오리니
내가 이 반석 위에 내 교회를 세우리니
음부의 권세가 결단코 해하지 못하리라

32

때로는 너무 커서 [8]

때로는 슬픔이 너무 커서
눈물조차 나오지 않을 때가 있다
때로는 두려움이 너무 커서
소리조차 나오지 않을 때가 있다
때로는 고통이 너무 커서
신음조차 나오지 않을 때가 있다
때로는 낙심이 너무 커서
무슨 말로도 위로되지 않을 때가 있다
주님만이 아시고
주님만이 느끼시고
주님만이 너를 보며 흐느껴 우시는 때가 있다
밤마다 잠들기 전 재림주再臨主 예수님 소망하며
곱게 빗질하던 당신을
주님이 안으사
눈가에 눈물 씻어주시고
재 되신 화관을 슬픔 대신 희락의 관을 씌워주실
그 날이 소리 없이 우리 곁에 와 있다

33

오직 기도로써 살리라

기도하지 않아도 될 만큼 사소한 일은 없다
기도해도 아니 될 만큼 어려운 일은 없다
믿음은 사소한 일도 목숨을 걸고 주님을 의지하는 것
믿음은 어려운 일도 안심하고 주께 맡기고 의지하는 것
아무리 큰 문제도 주님보다 큰 것은 없다
아무리 사소한 것도 주님과 상관없는 것은 없다
내 눈에는 태산이어도 주님에게는 티끌에 불과하고
내 눈에는 바다이어도 주님에게는 수증기 한 방울에 불과하다
주님이 인정하시는 것은 주를 인정하고 의지하는 것
주님이 기뻐하시는 것은 주를 믿고 기도하는 것
기도하지 않고 사는 날은 세지도 않으신다
기도 없이 하는 일은 상관하지도 않으신다
믿음으로 하지 않는 일은 계수하지도 않으시고
믿음으로 하지 않는 일은 상관하지도 않으신다
나의 기뻐하는 의인은 오직 믿음으로 살리라
나의 기뻐하는 의인은 오직 기도로써 살리라

항상 감사

새벽 꿈결 잠 깰 때 감사
출근길 공원 장미꽃 향기 감사
은행 화단 라일락 향기 감사
점심때 예배당 백합 향기 감사
몸 찌뿌둥 짜증 날 때 감사
마음 우울 처질 때 감사
모처럼 한산해 시 나올 때 감사
쉴 틈 없이 바쁘고 지쳐갈 때 감사
반복되는 실수와 실패에도 감사
합력하여 선 이루시고 승리 주심 감사
오늘 하루 모든 만남 감사
오늘 하루 주신 일들 감사
오늘 하루 일용할 양식 감사
잠들기 전 기도할 때 감사
내일의 희망 안고 잠들 때 감사
범사에 감사할 때 더하시는 은혜 감사
감사로 제사를 드리는 자가
나를 영화롭게 하나니
내가 저에게 하나님의 구원을 보이리라

35

예수 보혈

예수 보혈 능력 있네
예수 보혈 권세 있네
예수 보혈 생명 있네
예수 보혈 용서 있네
예수 보혈 구원 있네
예수 보혈 치료 있네
예수 보혈 성령 있네
예수 보혈 축복 있네
예수 보혈 천국 있네
예수 보혈 따라 가네
예수 보혈 몸 잠그네
예수 보혈 헤엄치네
예수 보혈 승리 있네
예수 보혈 영광 있네
예수 보혈 천국일세
예수 보혈 지혜로다
예수 보혈 보배로다
세상에서 가장 아름다운
세상에서 가장 능력 있는

세상에서 가장 보배로운
하나님 어린양 피로다

36

세상에서 가장 아름다운 이름

세상에서 가장 아름다운 이름
예수
세상에서 가장 존귀하신 이름
예수
세상에서 가장 순결하신 이름
예수
세상에서 가장 능력 있는 이름
예수
세상에서 가장 권세 있는 이름
예수
세상에서 가장 지혜로운 이름
예수
세상에서 가장 겸손한 이름
예수
세상에서 가장 온유한 이름
예수
세상에서 가장 뛰어난 이름
예수
죄를 없애시는 그 이름 예수

병을 고치시는 그 이름 예수
저주를 도말하시는 그 이름 예수
마귀를 멸하시는 그 이름 예수
죽음을 이기시는 그 이름 예수
모든 무릎 무릎꿇네 그 이름 앞에서
폭풍도 잠잠하네 그 이름 앞에서
풍랑도 잔잔해지네 그 이름 앞에서
그 이름 날 인도하시네
그 이름 날 지키시네
그 이름 날 붙드시네
그 이름 날 도우시네
나 그 이름으로 사네
예수 이름으로 일어나 걷네
오직 그 이름을 위해 사네
아버지 이름을 위하여
아버지 이름으로
예수
내 아버지여

예수님의 피가

그에게서는 풋풋한 사과 냄새가 난다
그녀에게서는 향기론 꽃 냄새가 난다
누구에게나 자기에게 어울리는 향기가 있다
나에게 어울리는 나만의 향기가 있다
예수님의 피가
죄와 허물로 냄새나는 내 영혼을 새롭게 한다
예수님의 피가
내 영혼에서 달콤한 사과향기가 나게 한다
예수님의 피가
내 영혼에서 향기론 꽃내음이 나게 한다

내 눈 열어주소서

내 눈 열어주소서
문제를 바라보는 대신에
문제 속에 함께하시고 문제를 통해 역사하시는 주님을 보게 하소서
내 눈 열어주소서
방황하는 자녀를 바라보는 대신에
피 묻은 손으로 잠든 아들의 머리를 어루만져주시는 주님을 보게 하소서
내 눈 열어주소서
어둠 속에서 고통 하는 영혼을 바라보는 대신에
그 뒤에서 눈물 흘리며 팔 벌리고 계신 주님을 보게 하소서
내 눈 열어주소서
어머니의 깨어진 무릎을 바라보는 대신에
그 곁에서 쇠못에 으스러진 발로 서계신 주님을 보게 하소서
내 눈 열어주소서
화려한 외모를 바라보는 대신에
육신 속에 숨어 탄식하며 울부짖는 영혼을 보게 하소서
내 눈 열어주소서
콘크리트처럼 단단하고 차가운 현실을 바라보는 대신에
콘크리트를 뒤덮은 풀밭 위에 피어나 있는 장미꽃을 보게 하소서

주께서는 오직 믿음만을 보시고 믿음을 통해서만 역사하시는 주시오니
내 믿음의 눈 여사
내 곁을 휘감고 있는 주님의 임재와 영광의 구름을 보게 하시고
주님 영광의 빛에 사로잡혀
어두운 세상에 주님의 빛 비추게 하소서
내 영의 눈 열어주사
주의 기이한 법을 보게 하소서
내가 주의 길로 달려가리이다

●
39

아름다움은 어디서 오는가

토요일 오전 카페에는
손님은 없고
모차르트만 흐른다
커피잔은 벌써 비었는데
머물다 간 선율은 도로 빈 잔을 채운다
장마를 재촉하듯 하늘은 옅은 비를 뿌리고
외투 입은 여인들은 우산을 쓰고 오간다
카페를 휘젓다가 내 마음 심금에 머무는 감미로운 선율
아름다움은 어디서 오는가
아름다움은 천상에서 내려온다
천상의 선율이 아름다운 주님에게서 계속 흘러 내려온다
주님과 함께 하는 여유로움은 커피보다 달고 모차르트보다 감미롭다

그대 밤길 가는 나그네여

이 밤에 어디를 가는가
그대 밤길 가는 나그네여
차창 가에 밤바람은 세차게 부딪쳐 오는 데
고요한 달빛 아래 개천을 거니는 학의 다리는 길고
어둠에 묻힌 저편 마을은 조는 듯이 희미한 불빛만 깜빡인다

눈 내리는 밤을 어딜 가는가
그대 밤길 가는 나그네여
눈 내리는 숲속은 소리 없이 밝건만
눈발 쌓이는 눈길은 춥고 시리다

소낙비 내리는 여름밤 그대는 어딜 가는가
건너편 담쟁이 진 석조건물 불빛 새는 창가에
비 피하는 소녀의 모습 애잔하고 정겹다

누구에게나 가야 할 길이 있다
폭풍우 내리는 여름밤에도 가야 할 길이 있다
눈보라 휘몰아치는 겨울밤에도 가야 할 길이 있다
우리에게는 하나님이 허락하신 길이 있다

고통을 참고 가야만 하는 주의 길이 있다
맨발에 피 흘려도 가야 하는 나의 길이 있다
인생의 방황을 멈추고 가야 할 길이 있다
힘들어 쉬고 싶어도 멈출 수 없는 걸음이 있다
십자가 지시고 피 흘리며 가신 주의 길이 있다
자기를 부인하고 십자가 지고 따라야 하는
제자의 길이 있다
먼 훗날 그 길 끝 가에서 인생의 무거운 짐 벗고
십자가 내려놓을 때 주님 말씀하시리
수고했다 착하고 충성된 종아
내 고난에 참여했으니 이제 내 영광에 참여하라
내 죽음에 참여했으니 이제 내 생명에 참여하리라
나는 오늘도 주께서 허락하신 나의 길을 가리라
나는 이 밤도 주께서 예비하신 주의 길을 가리라

복음 나무에 붙어 있는 가지

나는
복음 나무에 붙어 있는 가지
가지에 눈이 쌓일 때도
비바람에 휘어지고 꺾어질 때도
찬 서리 내리고 이슬 맺힐 때도
소쩍새 울고 까마귀 머무를 때도
가뭄으로 말라오고 혹한으로 얼어올 때도
나무가 가지를 붙들고 있다

나는
복음 나무에 붙어 있는 가지
나무에서 말씀의 진액이 나와 가지를 유지시킨다
성령의 수액이 흘러나와 가지를 자라게 한다
죄와 허물로 죽었던 가지가
생명 나무에 접붙여 살아나고 의의 가지로 자라간다
싹 나서 잎 자라고 꽃 벌고 열매 열어 새들 날아든다

나는
십자가 나무에서 자라는 의의 가지

뿌리 깊은 나무가 바람에 쓰러지지 않듯이
시냇가에 심긴 나무가 가물에 마르지 않듯이
나는 복음의 생명으로 늘 푸르고
복음의 능력으로 시절을 좇아 열매 맺는다
나를 십자가 나무 밑에 수장해 달라
그리하면 부활의 생명으로 살아나리니
그 나무에 수많은 열매 열리고
그 그늘 아래 새들 깃들고 아이들 뛰놀리라

42

영혼아 어찌하여 낙망하느냐

나의 영혼아 어찌하여 내 속에서 낙망하느냐
나의 마음아 어찌하여 내 속에서 낙심하느냐
너는 내 속에서 너를 낙심케 하는 것들을 바라보지 말고
오직 내 영혼 속에 거하시는 살아계신 하나님을 바라보아라
오직 내 마음속에 거하시는 부활하신 구주 예수님을 바라보아라
마음이 답답하고 불안하고
때로 쪼개질 듯 아프고 상할지라도
너는 환경과 사람을 보지 말고
오직 내 속에 거하시는 살아계신 보혜사 성령님을 바라보아라
오직 내 속에 살아서 역사하시는 하나님의 말씀을 바라보아라
내 앞을 가로막고 서 있는 저 산을 바라보지 말고
믿음의 눈을 열어 저 산을 지으신 하나님을 바라보아라
그리하면 구원이 하나님께로부터 오는 것을 보리니
나의 구원은 날 사랑하사 날 구원하시는 하나님에게서로다

43

잔을 비워드립니다

나의 잔을 비워드립니다
성령의 기름으로 채우소서
나의 잔을 비워드립니다
말씀의 기름으로 채우소서
나의 잔을 비워드립니다
예수님의 보혈로 채우소서
나의 잔을 비워드립니다
예수님의 생명으로 채우소서
그릇은 비울수록 커지고
잔은 비울수록 채워집니다
나의 자아 깨뜨리고 빈 잔 되게 하소서
나의 욕망 태우시고 당신의 임재로 채우소서
엉터리 같은 나를 벗기시고
성령님 충만하게 제 안에 임하소서
주님이 제 삶의 주인으로 제 안에 오실 때
주님의 은혜가 제 영혼과 육체의 빈 잔에 넘치나이다
엉터리 같은 나를 벗기시고
성령님 제 안에 충만하게 거하소서
오직 하나님의 은혜가

내 영혼과 육체의 빈 잔에 넘치리이다

영혼의 청소부

내 마음은 정원
나는 영혼의 청소부
오늘도 정원에 떨어진 쓰레기를 줍는다
잡초 뜯고 돌 고르고 가시덤불 뽑는다
자고 나면
정원에 떨어져 있는 무수한 쓰레기들
누가 나의 정원에 쓰레기를 던지느냐
내가 그 손목을 결박하리니
오직 말씀과 성령으로
깨끗케 하시기를 바라며 쓰레기를 줍는다
내 마음 옥토 되어 말씀 씨앗 떨어지면
삼십 배 육십 배 백 배 결실 맺을 것을 소망하며
마음의 정원에서 쓰레기를 줍는다
쓰레기를 버리는 영혼들의 황폐한 마음에도
새롭게 하실 부흥의 날 오기를 소망하며
오늘도
캠퍼스 구석구석 복음을 전한다
캠퍼스 구석구석 쓰레기를 줍는다

45

하나님의 은혜의 단비는

던킨앤도넛에서는
선인도 커피와 도넛을 사고
악인도 커피와 도넛을 사 가는 것처럼
하나님의 은혜의 단비는
선인의 밭에도 내리고
악인의 밭이랑도 흡족히 적시운다
하나님의 사랑의 햇살은
선인의 집 마당에도 비추고
악인의 마당 깊은 집 안채까지 깊숙이 비추어 들어간다
하나님의 사랑은
선인이나 악인이나 차별이 없고
하나님의 은혜는
선인이나 악인을 차별하지 않는다
하나님은 각자를 인격적으로
사랑하시고 은혜로 이끄신다
오직 지상에 나 한 사람 있는 것처럼
그렇게 사랑하신다
하나님이 기름 부으신 나를
오직 우주에 나 하나 있는 것처럼

그렇게 사랑하신다
나의 기름 부은 자를
건들지 말라
그 기름 부은 자를
만지지도 못하게
사탄에게 엄중 경고하신다
대저
하나님께로서 나신 이가 저를 지키시나니
악한 자가 저를 결단코 만지지도 못하리라
무릇
영접하는 자 곧 그 아들의 이름을 믿는 자에게는
하나님의 자녀가 되는 권세를 주셨으니
이는 혈통으로나 육정으로나 사람의 뜻으로 나지 아니하고
오직 하나님께로 난 자니라

이제 주님 한 분만으로

님의 달콤한 음성에
내 귀는 먹어 버렸고
님의 황홀한 모습에
내 눈은 멀어버렸습니다
님의 신성한 향기에 내 후각은 마비되었고
님의 거룩한 임재 앞에 내 혀는 굳어져 버렸습니다
님의 놀라운 영광 앞에 마비되었던 심장은
님의 기이한 사랑을 느꼈을 때 다시 박동질했고
님께서 흘리신 피가 내 영혼에 떨어졌을 때
멈추었던 맥박이 다시 뛰기 시작했습니다
님께서 십자가에서 죽으실 때 나도 죽고
님께서 다시 사셨을 때 나도 부활했습니다
님의 음성에 육신의 귀는 먹었으나 영의 귀가 열렸고
님의 모습에 육신의 눈은 멀었으나 영의 눈이 열렸습니다
님의 향기에 육신의 후각은 마비되었으나 영의 후각이 살아났고
님의 임재에 육신의 몸은 죽었으나 영의 몸은 살았습니다
님의 영광 앞에 내 육은 벙어리가 되었으나
내 영은 말을 할 줄 알게 되었습니다
육 된 나는 육체와 함께 정과 욕을 십자가에 못 박고

영이신 주님과 함께 사는 영의 사람이 되었습니다
이제 주님 한 분만으로 만족하고 주님 한 분만을 사랑합니다
내 안에서 주님의 삶을 사시고 주님의 생명과 사랑을 나타내소서
이제 주님 한 분만을 바라고 주님 한 분만을 믿고 의지합니다
내 육체를 통해 주님의 지혜와 능력과 신성을 나타내사
사람들로 저를 통해 주님의 영광을 보게 하시고
주님이 제 몸의 주인 되셔서 제 안에서 주님이 늘 사시는 것을 알게 하소서

내가 그리스도와 함께 십자가에 못 박혔나니
그런즉 이제는 내가 산 것이 아니요 오직 내 안에 그리스도께서 사신 것이라
이제 내가 육체 가운데 사는 것은
나를 사랑하사 나를 위하여 자기 몸을 버리신 하나님의 아들을 믿는 믿음 안에서 사는 것이라

너는 내 사랑하는 아들이요

수양관 뒷산 언덕에 누워
섬 하늘의 밤을 수놓은 별들을 세어본다
장마 물러가 비 갠 밤하늘엔
별들이 씻은 듯이 총총히 빛나고 있다
나는 누워서 별들을 바라보고
별들은 저 하늘에서 나를 내려다본다
나는 누워서 말간 달을 바라보고
달은 휘영청 떠올라 나를 내려다본다
밤이 깊어갈수록 별빛은 희미해져 가고
달은 기울어 저편 숲에 걸렸다
밤하늘 가득한 것은 그분의 얼굴
하나님이 희미한 별빛 사이로 보고 계시다
달처럼 환하게 웃으시며 날 향해 말씀하신다
너는 내 사랑하는 아들이요 내 기뻐하는 자라

48

저희를 용서하여 주옵소서

용서는 용서받지 못한 자를 위해 있는 것
사랑은 사랑받지 못한 자를 위해 있는 것
십자가에서 예수님은
용서받지 못한 나의 죄를 용서하셨다
사랑받지 못한 나의 영혼을 사랑하셨다
아버지여 저희를 용서하여 주옵소서
자기들의 하는 것을 알지 못함이니이다
기도하시며 주님을 욕하고 찌르는 나를 용서하기 위해
말없이 피 흘리셨다
그 피가 내 영혼에 흘러 용서받지 못한 나의 죄를 씻고
그 피가 내 몸에 흘러 사랑받지 못한 내 존재가 사랑받게 되었다
그 피가 내 안에 흘러 나로 용서받지 못한 형제를 용서하게 하시고
그 피가 내 속에 흘러 나로 사랑받지 못한 자매를 사랑하게 하신다

49

하나님의 말씀은

하나님의 말씀은
태초에 천지를 창조하신 것처럼
지금도 살아 역사하신다
말씀이 육신이 되사 우리 안에 거하셨던
하나님의 말씀은
지금도 살아 움직이신다
사망에 매일 수 없어 죽은 그리스도를 다시 살리셨던
하나님의 말씀은
오늘도 살아 자기 백성의 죄를 정결케 하신다
만물을 붙들고 계신 능력의 말씀은
지금도 나의 사지백체四肢百體 오장육부 언행 심사를 붙들고 계신다
너는 말씀을 선포하여 스스로 일하시게 하라
말씀을 믿고 영접하여 스스로 역사하시게 하라
말씀을 순종하여 말씀이 너를 자유하게 하라
이 땅에 마귀 들끓어 우리를 삼키려 하고
친척과 재물과 목숨을 다 잃는다 해도
하나님의 말씀은 살아서
혼과 영과 및 관절과 골수를 찔러 쪼개기까지 하며
마귀의 일을 반드시 멸하시리로다

하나님의 말씀은 살았고 운동력이 있어
좌우에 날 선 어떤 검보다도 예리하여
혼과 영과 및 관절과 골수를 찔러 쪼개기까지 하며
또 마음의 생각과 뜻을 감찰하나니
지으신 것이 하나라도 그 앞에 나타나지 않음이 없고
오직 만물이 우리를 상관하시는 자의 눈앞에
벌거벗은 것 같이 드러나느니라

50

주의 것이오니

오늘 하루도 주께서 허락하신 주님의 날입니다
제게 있는 자녀들도 주께서 허락하신 주님의 자녀들입니다
제게 있는 양들도 주께서 허락하신 주님의 양들입니다
저의 몸과 마음도 주께서 허락하신 주님의 것입니다
제게 있는 모든 것이 주께서 허락하신 주의 것입니다
주의 것이오니 주님의 뜻대로 하소서
주의 것이오니 주님께서 친히 붙드시고 만지소서
주의 것이오니 주님께서 친히 붙드시고 쓰옵소서
주의 것이오니 살든지 죽든지 제 몸에서 그리스도께서 나타나사 높임 받으소서
내게 사는 것은 그리스도시오니 죽는 것도 유익함이니이다

51

때로는

때로는 느리게 걸을 때도 있어야 한다
때로는 늦게 일어날 때도 있어야 한다
때로는 쉴 때도 있어야 한다
때로는 하던 일을 멈추고 손놓고 있을 때도 있어야 한다
때로는 기도조차 멈추고 숨소리마저 죽여야 할 때도 있어야 한다
지금 막 하나님이 움직이셨기 때문이다
지금 막 하나님이 일하기 시작하셨기 때문이다
모든 것이 하나님의 은혜로 되어지기 때문이다
하나님은 졸지도 않고 주무시지도 않고 일하는 분이시기 때문이다

52

당신을 알수록

나는 자유로와집니다
당신을 알수록
나는 깨끗해집니다
당신을 알수록
나는 순결해집니다
당신이 하신 일을 알수록
나는 거룩해집니다
당신이 하신 일을 온전히 알 때
나도 당신처럼 영화롭게 됩니다
당신을 처음 만났을 때
이 땅에 태어나 단 한 번도 죄짓지 않고 죄를 알지도 못하는 당신처럼
저도 당신의 본성을 부여받은 완전한 생명체로 거듭났기 때문입니다
오, 놀라운 십자가 대속의 능력이여
내가 그것을 알수록 나는 거룩하여졌고
내가 그것을 알면 알수록 나는 영화롭게 변화되는도다
오, 놀라운 하나님의 피의 능력이여

그분의 의를 힘입어

일을 아니 할지라도 의롭다 하시는 하나님의 의에 대하여
누가 말했던가
내가 일을 할지라도 그분의 의를 조금도 더할 수 없다는 것을
누가 알려주었던가
내가 십자가에 못 박히신 그분을 만났을 때
그분의 의가 옷처럼 내게 덧입혀졌음을
누가 알았던가
나는 나를 거듭나게 한 그분의 의를 힘입어
오늘도 완전한 의인처럼 하나님께 나아가
의인의 간구를 드릴 수 있음을
내 영의 원수가 어찌 알 수나 있었겠으랴
의인의 간구가 역사하는 힘이 많음을
온 세상이 알게 되리

폭풍우 지나간 날

간밤에 무섭게 천둥 치고 폭우 쏟아졌던 주말
화창하게 갠 캠퍼스 곳곳에 들국화가 활짝 피었다
들국화는 잠긴 꽃 봉우리에 천둥소릴 먹고 폭풍우를 맞아야
봉우리를 열고 꽃망울을 활짝 터뜨리는가 보다
가녀린 꽃잎이
모진 비바람을 어찌 견뎠는지
간밤의 시련을 죄다 잊었는지
폭풍우 지나간 날
홀로 꿋꿋이 피어나 진노란 꽃잎을 활짝 터트렸다
하나님께서는 내 영혼에 어떤 꽃을 피우시려고
이 밤에 무서리를 이다지도 내리시고 천둥소리 소낙비 소리에
잠 못 이루게 하시는가
무서리를 맞고 천둥과 폭풍의 밤을 지나야만
활짝 피어나는 들국화 같은 내 영혼을
하나님께서 폭풍우 속에서
꽃잎같이 꼭 붙들고 돌보신다

그것은 바다였다

그것은 바다였다
십자가에서 자기 목숨을 내어주신 외아들을 만났을 때
그날밤 바다같이 넓은 하늘 아버지 품에 누웠었다
그것은 강이었다
인생의 실패로 강가에 앉았을 때
도도한 강물이 성령의 흐름 되어 유유히 흘렀었다
다시 그 바다에 섰다
검푸른 바다는 끝없이 펼쳐져 있었고
하얀 언덕에 올라서야 파아란 하늘과 맞닿은 끝이 보였다
바다 물결은 거대한 파도가 되어 절벽에 부딪혔다가
흰 거품을 일으키며 절벽을 타고 내려가 짙푸른 바닷속으로 다시 떨어졌다
피 묻은 발바닥을 씻겨 내렸던 강물은 그렇게 바다로 흘러가
태곳적부터 파도를 일으키며 절벽을 때리는 것이다
바다는 그렇게 창조주의 섭리와 말씀을 쉬지 않고 전하는 것이다
물이 바다를 덮음같이 하나님을 아는 지식이 온 세상을 덮을 때까지
파도는 소리쳐 울면서 절벽에 몸을 던져 하얗게 부서지는 것이다

군부대 앞에서

군부대 앞에서
한 농부가 트랙터를 끌고 논갈이를 하고 있다
논바닥을 뒤집으며 느리게 나가는 트랙터 뒤를 학들이 졸졸 따라다닌다
학들은 갈아엎어진 논바닥에서 다슬기와 우럭을 긴 부리로 쪼아 삼켰다
그렇게 농부와 트랙터와 학들은 한나절 어울렸다
때마침 지나가는 장갑차 소리에 학들은 동작을 멈추고 가만히 서서 불안한 듯 떨고 있다
학들도 농기구와 전쟁 기구를 아나보다
장갑차들이 다 지나간 후에야
농부의 트랙터를 앞서거니 뒤서거니
나래질 하며 먹이를 줍는다
이 땅에 언제나 전쟁의 위협이 사라지고
학들도 마음 놓고 농부의 트랙터를 따라다니며 놀 수 있을까
이 땅에 평화와 풍요를 주신 하나님께서
북녘땅에도 평화와 풍요의 날 주시기를
총검을 부수어 보습과 쟁기로 만들고 전쟁연습 안 해도 되는
그리스도의 계절이 이 땅에 속히 오기를 학들도 간절히 기다리고 있다

57

십자가 앞으로 나오라

욕이 변하여 칭찬이 되는 곳
저주가 변하여 축복이 되는 곳
더러움이 변하여 깨끗함이 되는 곳
질병이 변하여 치료가 되는 곳
원수가 변하여 친구가 되는 곳
불신이 변하여 믿음이 되는 곳
미움이 변하여 사랑이 되는 곳
실패가 변하여 성공이 되는 곳
연약함이 변하여 강함이 되는 곳
궁핍이 변하여 풍요가 되는 곳
불안이 변하여 평안이 되는 곳
슬픔이 변하여 기쁨이 되는 곳
절망이 변하여 희망이 되는 곳
그런 곳에 살고 싶은 자
다 십자가 앞으로 나오라
십자가는
부정한 것들을 정결하게 바라보시는 하나님의 마음
아버지의 원대로 죽기까지 순종하신 예수님의 마음
모든 악이 변하여 선이 되게 하시는 성령님의 능력

십자가를 마음 못에 품어라
그러면 쓴 물이 단물로 바뀌리니
샘 근원 터져 생수의 강물 흘러나리라
내가 십자가로 만물을 깨끗케 하였나니
내가 깨끗하게 한 것을 다시는 부정하다 말라

58

나를 좇으라

인생의 길을 알지 못해 방황할 때
들려오는 주님의 음성
나를 좇으라
어디로 가야 할지 몰라 길을 잃고 헤맬 때
들려오는 주님의 음성
나를 좇으라
무엇을 해야 할지 몰라 우두커니 있을 때
들려오는 주님의 음성
나를 좇으라
시험과 유혹이 살며시 다가와 마음을 흔들 때
들려오는 주님의 음성
나를 좇으라
고난과 십자가가 무거워 주저앉고 싶을 때
들려오는 주님의 음성
나를 좇으라
두 갈래 길에서 어느 길로 가야 할지 고민될 때
들려오는 주님의 음성
나를 좇으라
나는 길과 진리와 생명이니

너는 넓은 길로 가지 말고
좁고 협착하더라도 생명 길로 가라
나는 생명 나무니
너는 선악과나무를 택하지 말고 생명 나무를 택하라
그리하면 네가 정녕 죽지 않고 살리니
생명의 실과를 먹고 네 영혼이 잘됨같이 범사가 잘되고 강건케 되리라
너는 세상 인정 구하지 말고 오직 하나님의 영광을 구하라
너는 세상 자랑 구하지 말고 오직 하나님의 은혜를 자랑하라
너는 세상 정욕 구하지 말고 오직 그 이름의 유익을 위해 살라
나는 온유하고 겸손하니
오직 나를 본받으라
나의 믿음과 사랑과 순종을 배우라
삶의 순간마다 육신의 음성과 소욕을 좇지 말고
말씀을 붙잡고 성령님의 인도하심을 구하며 순종하라
그리하면 너의 삶 속에서 나의 열매가 풍성히 맺히리니
세상 사람들이 네게서 나의 향기로운 체취를 맡고
하나님께 영광 돌리고 너를 나의 제자라 부르리라

때로는 [2]

때로는 맨발로 잡초 우거진 논두렁을 걸어보라
어머니 젖가슴처럼 부드러운 개흙벌에 빠져보라
때로는 비 내리는 외딴 섬 해안가를 돌아보라
모래톱에서 아무도 찾지 못한 소라껍질을 주워보라
때로는 보슬비 내리는 깊푸른 산속을 올라보라
오르다 연초록 이끼 덮인 나무 등을 쓰다듬어보라
때로는 밤 기차 타고 어둔 새벽 해안역에 내려
검은 바다 위로 떠오르려 틈임하는 해오름을 보라
때로는 벌판을 형형색색 수놓은 꽃 무리 속으로 들어가 보라
밤에는 언덕에 올라 팔베개하고 별이 빛나는 밤하늘을 보라
그러면 지천에 깔린 아름다움을 발견하리니
세상을 아름답게 창조하신 분이 너를 아름답게 창조하시고
기쁨을 주체하지 못하셨음을 알게 되리라

내 마음 항아리

내 마음에 항아리 있네
눈물을 담은 슬픔 항아리
고난에 대한 물음이 클수록 항아리는 커졌고
속으로만 눈물을 삼켰던 긴 세월의 흐름 속에
항아리는 슬픔으로 가득 찼네
빛이 보이지 않는 끝 모를 고난의 터널 속에도
빛이 있다는 것을 알려주는 희미한 빛 있었네
말씀의 빛이 다가왔을 때 터널에도 끝이 있고
광명한 빛의 세계가 있다는 것을 알게 되었네
빛 되신 그분이 돋는 해처럼 떠올라
터널 속 슬픔 항아리에 들어오셨네
항아리에 해 담자 슬픔의 눈물
기쁨의 샘물 되어 흘러넘쳤네
내 안에는 돋는 해가 있네
돋는 해되신 그분의 빛에
항아리 속 잡풀 말라버리고
벌레와 악한 것들 사라지네
해에서 나오는 빛 어둠 이기고
모든 슬픔의 눈물 말려 버리네

슬픔의 눈물로 문둥이처럼 짓물러진 영혼
새 살이 돋고 하나님의 형상으로 회복되네
나 이제 아네
이유 모를 고난의 시간들이 은혜의 때였음을
내 항아리에 예비하신 축복을 채우시기 위해
항아리를 키우는 고난의 시간이 필요했음을
나 이제 아네
까닭 모를 슬픔의 길목에 아름다운 손길이 놓여있었음을
항아리에 기쁨의 샘물 넘쳐나기 위해
먼저 슬픔의 눈물로 채워졌던 것임을
내 육체의 항아리에 해 담았다네
질그릇 같은 내 육체의 항아리에서
햇빛 쏟아져 나와 어두운 세상 비추고
돋는 해되신 예수님께로 온 세상 나오리
네 항아리를 비우라
내가 성령의 기름으로 채우리니
네 항아리를 깨뜨리라
그 속에서 성령의 불 흘러나오리니
사람들 제 항아리에서

구원의 샘물 길으리라

그의 손에

희랍의 전설에
황금을 좋아하는 왕이 있었다네
신은 그의 소원을 들어 그의 손이 닿는 대로 다 황금이 되게 해 주었다네
그 손길이 닿자 아내도 나무도 꽃도 열매도 다 황금으로 변해
황금의 집 속에서 굶어 죽었다네
미다스의 손이라네

옛 유대 땅에 한 젊은 목수가 있었네
그의 손길이 닿으면 병든 자 나음받고
귀신들린 자 온전해지고 죽은 자도 살아났네
그의 손에 들어가면 보리떡 다섯 개와 물고기 두 마리가
장정만 오천 명 배불리 먹이고도 열두 광주리나 남았다네
그의 손에 폭풍이 들어가면 잔잔한 미풍이 되어 나오고
그의 손에 거친 파도가 들어가면 잔잔한 호수가 되었네
그 손이 갑자기 십자가에 못 박혀 피를 흘렸네
너와 나의 죄를 위해 우리 모두의 죄를 위하여
쇠못에 걸려 가늘게 떨던 그 손 축 늘어졌네
십자가에 못 박혀 죽은 목수에게 전능하신 손길이 임하였네

젊은 목수 부활하여 그 제자들에게 나타나 못 구멍 난 그 손을 보여 주었네

못 구멍 난 그 손 흔들며 하늘로 올라가 성령을 보내주셨네

성령님 못 구멍 난 그 손으로 전 세계를 운행하시며

상처 난 자 쓰다듬고 병든 자 치료하시네

귀신들린 자 온전케 하시고 죽은 자 살리시네

못 구멍 난 그 손에 들어가면

운명이 바뀌어 섭리가 되고

상처가 바뀌어 치료가 되고

쓴 뿌리가 바뀌어 약재료가 되네

우리를 위하여 질그릇같이 약하게 된

예수님의 아름다운 손이여

당신의 손길이 닿으면

악한 것도 선하게

추한 것도 아름답게

더러운 것도 깨끗하게

약한 것도 강하게

병든 것도 건강하게

죽은 것도 살아나게 됩니다

오
구세주의 능력의 손길이여
오
전능하신 하나님의 손이여

내 마음은 설렜다

너의 반짝이는 눈동자를 볼 때
내 마음은 설렜다
너의 백옥 같은 얼굴을 볼 때
내 마음은 설렜다
너의 빛나는 머릿결을 볼 때
내 마음은 설렜다
너의 빼어난 자태를 볼 때
내 마음은 설렜다
빠알간 장미를 볼 때
마음이 설렜듯이
타는 듯한 저녁놀을 볼 때
마음이 설레듯이
새하얀 눈밭을 밟을 때
마음이 설레듯이
네 겉 사람에 숨은 속사람을 볼 때
내 마음은 설렜다
첫사랑에 마음이 설레듯
오직 너 하나뿐인 것처럼
설레는 마음을 주체할 수 없어

나는 십자가에서 너 위해 몸 버렸다
너와 함께 살고 싶어서
설레는 마음으로
지금도 문밖에 서서 네 마음 문을 두드린다
이제 네 마음 문 열고
나로 네게 들어가게 하라
네 영과 내 영이 하나 되어
설레는 마음으로
우리 서로 사랑하자
설레는 마음으로
나는 너로 말미암아 먹고
너는 나로 말미암아 먹자

북한산 여름 등정기 登頂記 [9]

해는 얼마 남지 않았는데
아직 올라야 할 산등성은 멀고 높다
유난히도 비가 많이 온 까닭에
계곡마다 물이 불어 골마다 폭포다
천년 묵은 노목은 초록빛 이끼로
온몸을 둘렀고 시냇가에 심긴 나무는
가지로 냇가를 덮고 물속에 뿌리를 서리었다
날 저물어 재촉하는 나그네 발길을
어디선가 우짖는 까마귀 소리 붙잡는다
눈을 들어 계곡 위를 보니 까마귀들
어지러이 배회하다 이 숲 저 숲 날아든다
길섶 아래로 너럭바위가 놓였고 바위 사이로
물들이 바위를 때리며 우다당탕 소리와 함께
흰 거품을 일으키며 계곡 아래로 흐르고 있었다
하나님 품같이 넓은 너럭바위에 누워
가만히 눈을 감고 물소리를 듣는다
많은 물소리가 전쟁터 총포 소리
포성처럼 뒤섞여 혼을 빼어놓는다
누가 이 너럭바위를 지어 이 계곡에 놓았는가

계곡을 채운 풀벌레 소리를 삼켜버린 이 많은 물소리는 누구의 음성인가
숲은 자기 뺨을 스쳐 지나가는 바람을 붙잡지 않고 보내주고 있었고
바위도 자신을 때리며 휘감아 흐르는 물결을 말없이 보내주고 있었다
바람은 계곡을 함몰시킬 듯 요란한 물소리를 싣고 어디론가 사라졌다 도로 왔다
빛은 점점 거두어져가고 어둠 내리는 산길
갈 길 바쁜 나그네의 발밑에 돌소리만 요란타
계곡은 계곡대로 숲은 숲대로 바람은 바람대로
물들은 물들대로 돌들은 돌들대로 풀벌레처럼
제각기 다른 소리를 가지고 말하는 것이었다
그들은 하나같이 말씀으로 지어진 말씀의 아들들이었다
산꼭대기에 가까울수록 시내는 잦아들고 물은 없었다
산이 거대한 물이었다
산이 눈물을 흘려 그 눈물이 모여
거대한 물줄기가 되고 폭포처럼 흘렀던 것이다
산은 거대한 몸짓으로 숨을 쉬고 있는 거인이었다
하나님이 주신 생기를 들며 내쉬며
사람들에게 하나님의 호흡을 전해주는 거대한 생명체였다

그 산속에 행궁을 지어 왕도 몸을 숨겼었고
그 산 계곡 맑은 정자에서 학자도 시를 읊었다
왕도 학자도 사라지고
행궁도 정자도 무너져
한 무더기 돌과 잡풀만 우거졌는데
산은 여전히 산으로 서 있고
물은 여전히 물로 흐르면서
인간사 무상 타고 말해준다
외길 가는 나그네 인생길에
산처럼 우뚝 서 계신 하나님이
이 산의 주인이라 말해준다

64

차고 넘치게 역사하시는

엘 샤다이

차고 넘치는 은혜로 역사하시는 하나님

엘 샤다이

차고 넘치는 능력으로 역사하시는 예수님

엘 샤다이

차고 넘치는 지혜로 역사하시는 성령님

엘 샤다이

주님의 은혜가 내 잔에 차고 넘치나이다

엘 샤다이

주님의 능력이 내 삶에 차고 넘치나이다

엘 샤다이

주님의 지혜와 지식과 총명이 내 육체에 차고 넘치나이다

주님이 역사하실 때

홍해가 차고 넘쳐나 바다가 갈라지고 길이 났고

주님이 역사하실 때

하늘에서 만나와 메추라기가 내려와 지면을 차고 넘치게 덮었나이다

주님이 역사하실 때

바위가 터지고 바위샘에서 생명수가 차고 넘치게 흘러나와 온

백성과 가축이 흡족히 마셨고

주님이 역사하실 때
오병이어로 광야에서 오천 명의 남자와 그보다 많은 여자와 아이들이 흡족히 먹고 떡과 물고기가 열두 광주리에 차고 넘쳤나이다
엘 샤다이 하나님은
우리 가운데서 역사하시는 능력대로 우리의 온갖 구하는 것이나 생각하는 것에 더 차고 넘치도록 능히 하실 하나님
엘 샤다이 예수님은
양으로 생명을 얻되 차고 넘치도록 얻게 하기 위해서 자기 목숨도 십자가에서 아낌없이 내어주신 하나님
엘 샤다이 성령님은
능히 모든 은혜를 우리에게 차고 넘치게 하사 우리로 모든 일에 항상 모든 것이 넉넉하여 모든 착한 일을 차고 넘치게 하시는 하나님
엘 샤다이
오늘도 주님의 차고 넘치는 은혜로 놀랍게 역사하소서
엘 샤다이
오늘도 주님의 차고 넘치는 은혜로 넘치도록 채워주소서
엘 샤다이
하늘에서와 같이 땅에서도 주님의 뜻이 차고 넘치게 이루어지게 하소서

엘 샤다이
차고 넘치는 은혜를 우리에게 부으사 우리를 통해 주님의 뜻을 차고 넘치게 이루소서
엘 샤다이
차고 넘치는 영광으로 나타나사 하늘과 땅에 찬송과 기도가 사무치게 하소서

말씀이 육신이 되어

여자가 남자를 둘러싸리라 한
옛 선지의 예언처럼
한 여자가 남자 아기를 둘러쌌네
처녀의 자궁이 한 아기를 둘러쌌네
아기의 이름은 태초에 계신 말씀
하나님의 말씀이 처녀의 몸에 착상했네
성령이 처녀에게 임하시고 지극히 높으신
하나님의 능력이 처녀를 덮었을 때
말씀이 육신이 되사 한 아기가 되었네
하나님이 우리를 위하여 한 몸을 예비하셨으니
말씀이 육신이 되신 예수 그리스도이시네
본체가 하나님이신 말씀이 사람이 되셔서
하나님과 사람 사이에 참 중보자가 되셨네
처녀가 자궁을 내어주어 하나님의 아들을
태중에 품고 세상에 내보내었던 것처럼
우리도 마음을 내어주어 예수 그리스도를
가슴에 품고 세상에 나타내는 통로가 되어야 하리

영에 속한 사람

나는 영의 사람
혼을 가지고 있고
몸을 입고 살고 있는
영에 속한 사람
나는 영의 사람
영에 예수님의 생명을 담고
성령님을 모시고 사는
영에 속한 사람
나는 영의 사람
혼은 보이는 것으로 생각하고
몸은 느끼는 것으로 판단하지만
보이지 아니하는 말씀을 믿고 사는
영에 속한 사람
나는 영의 사람
혼은 도저히 믿을 수 없다고 불신을 강변하고
몸은 몸이 말하는 것을 속이지 말라고 하지만
영 안에 계신 성령님의 음성을 믿고 의지하는
영에 속한 사람
나는 영의 사람

세상은 화려하고
육체도 그 아름다움을 자랑하며
혼과 몸을 유혹하고 흔들어대지만
세상과 육체 너머 계시는 보이지 않는 영이신 하나님과
보이지 않는 영으로 계신 말씀을 믿고 흔들리지 않는
영에 속한 사람
나는 하늘에 속한 영의 사람
모든 보이는 것이 사라지고
화려한 육체의 장막집이 무너질 때
몸의 눈으로 보지 못했던 예수님을
영의 눈으로 얼굴을 마주보고 알리라
하늘의 별들이 흔들리고 땅이 꺼질 때
몸의 눈이 볼 수 없었던
하늘의 영광과 천군 천사를
영의 눈으로 밝히 보고 주 찬양하리라

67
주의 이름으로 나를 인도하소서

야훼 이레
모든 것을 미리 아시고 예비하사 내게 공급하시는 하나님
야훼 닛시
전쟁에서 이기게 하사 나로 승리의 깃발을 흔들게 하시는 하나님
야훼 샬롬
두려움과 불안에 떠는 나에게 평안을 주시는 하나님
야훼 로이
나의 목자 되셔서 푸른 초장 쉴 만한 물가로 늘 인도하시고 지팡이와 막대기로
언제나 안위하시는 하나님
야훼 찌드케누
나의 의가 되셔서 부정하고 불의한 나를 깨끗하고 의롭게 하시는 하나님
야훼 라파
병들고 약한 나를 치료하사 강건하게 회복시키시는 하나님
야훼 삼마
내 몸을 성전 삼아 언제나 함께하시고 어디로 가든지 동행하시는 하나님
하나님

주의 이름으로 나를 인도하소서
하나님
주의 이름으로 나를 보호하소서
하나님
주의 이름을 위하여 친히 싸우소서
하나님
주의 이름으로 나를 거룩하게 하사
주님의 이름을 높이는 도구로 써 주옵소서
오직 주님의 이름만 높임받기를 원하나이다

바람에 흔들리는 것은

바람에 이는 것은 잎새만이 아니었다
바람에 이는 것은 물결만이 아니었다
바람결에 반짝이는 잎새를 보고
내 마음도 기쁨으로 일렁이었다
바람결에 반짝이는 물결을 보고
내 마음도 기쁨으로 반짝이었다
바람에 흔들리는 것은 풀잎만이 아니었다
바람에 흔들리는 것은 갈대숲만이 아니었다
바람결에 흔들리는 풀잎처럼 내 마음도 나부끼었고
바람결에 흔들리는 갈대숲처럼 내 마음도 출렁이었다
하나님이 바람을 놓아 보내셨을 때
잎새도 풀잎도 물결도 갈대숲도 몸을 흔들어 춤추고
기쁨으로 반짝이기 시작했다
내 마음속에도 노래가 차올라 입술을 열어 하나님을 찬양하기 시작했다

당신은 생명의 빛이십니다

당신은 빛이십니다
빛 가운데 거하시며 모든 빛들의 아버지이십니다
당신은 어두움이 없는 빛이십니다
회전하는 그림자도 없고 어두움이 조금도 없는 빛이십니다
당신은 세상의 빛이십니다
세상은 어두움 가운데 있었고 빛을 알지 못했지만
빛은 처음부터 어두움을 향해 비추이고 있었습니다
당신은 나의 빛이십니다
각 사람에게 비취었던 그 빛이 나에게도 찾아와
어두움의 일을 벗고 빛 가운데 나오게 하였습니다
당신은 구원의 빛이십니다
어두움이 짙어 내 안에서 깊을지라도
어두움이 빛을 이기지 못하고
빛은 내 안의 짙은 어두움을 이겨내고 몰아냅니다
당신은 생명의 빛이십니다
빛 되신 당신을 따라갈 때 내게도 생명의 빛이 넘쳐납니다
하나님 당신은 빛 가운데 계신 아버지이십니다
예수님 당신은 어두운 세상에 오신 빛이십니다
성령님 당신은 내 안에 빛으로 계신 하나님이십니다

우울증 산책 [10]

나는 숲속을 거닐고 있었지
나무 사이로 빛이 들어오고
발등엔 이슬을 잔뜩 머금은 풀들이 차이는 숲이었지
숲속을 지날 때 나는 신발과 무릎까지 이슬에 젖었지
숲은 연이어져 끝이 보이지 않았고
어느새 숲이 끝난 벼랑 끝에 서 있었지

우울증 산책 끝에 막다른 벼랑이라니

나는 반짝이는 이슬을 통해
그분의 인자하심이 생명보다 나음을 깨달았지
나의 생명은 이슬 같지만 그분의 사랑과 긍휼은 영원히 빛나고 있었던 거야
나는 원수를 피해 몸을 숨긴 동굴에서
새벽에 깨어 비파와 수금을 들어 그분을 찬양했지

그 때 원수가 목전에서 물러가고
벼랑 밑을 흐르던 큰 물길이 갈라지고 길이 열리는 놀라운 기적이 일어났지

나는 우울의 숲에서 빠져 나와
그제야 언제 끝날지 몰랐던 우울증 산책을 마쳤던 거야

주의 인자하심이 생명보다 나음으로
내 입술이 주를 찬양하리이다
비파야 수금아 깰지어다 나의 영광아 깰지어다
내가 새벽을 깨우리로다

때로는 벼랑 끝에 서서

때로는 깎아지른 듯한 절벽 앞에 설 때도 있다
때로는 벼랑 끝에 서서 망망한 대해를 바라볼 때도 있다
좌우에는 칼날처럼 절벽이 둘러서 있고 앞에는 검푸른 바다가 넘실거리는데
뒤에서는 원수들이 창검을 높이 쳐들고 전차타고 질주해 왔던 때처럼
하나님께서 우리를 막다른 골목으로 몰아넣으실 때가 있다
바다를 가르시고 바다 사이로 길을 내서 물 벽 사이로 지나는 구원을 체험케 하기 위해
쇄도해 오는 원수를 열린 바다로 유인하여 바닷물로 쓸어버리기 위해
나를 홍해가 넘실대는 벼랑 끝으로 인도하실 때가 있다
매번 새로 나타나는 절벽과 낭떠러지와 홍해와 벼랑 앞에서
또다시 낙심하고 두려워하는 우리에게
하나님은 오늘도 여전히 말씀하신다

너희는 두려워 말고 가만히 서서 야훼께서 오늘날 너희를 위하여 행하시는 구원을 보라
너희가 오늘 본 원수를 또 다시는 영원히 보지 못하리니
야훼께서 오늘날 너희 가운데 살아계심을 보리라

날마다 기적

날마다 사는 것이 기적입니다
날마다 해 뜨는 것이 기적입니다
숨 쉬는 것마다 호흡하는 것마다 기적입니다
날마다 살아 움직이는 것이 기적입니다
날마다 죽은 것도 은혜입니다
때마다 소나기 쏟아지고 비갠 후 무지개 뜨는 것도 은혜입니다
때마다 일용할 양식을 먹고 마시며
가을날, 햇살 가득한 들녘에서 늦더위로 여물어진 곡식과 과실을 거두는 것도 은혜입니다

날마다 살 힘과 일할 수 있는 힘을 주사 당신이 부탁하신 일을 할 수 있는 것도 은혜입니다
날마다 매 순간마다 기적이고
날마다 매 순간마다 당신의 은혜로 사는 것도 기적입니다

73

아무것도 할 수 없을 때

아무것도 할 수 없을 때
두 손 들고 주님을 바라보라
내 힘으로 되는 것이 아무것도 없을 때
손 높이 들고 주님을 찬양하라
그리하면 아카시아 나무 언약궤에서
말씀이 나와서 스스로 역사하시리니
하나님이 스스로 일하시는 분이심을 온 세상이 알리라
하나님이 자기 영광을 위하여 싸우시는 분이심을 내가 보고 알리라
내 육체 아카시아 나무 언약궤처럼 연약하고 부족할지라도
내게 능력 주시는 자 안에서 내가 모든 것을 할 수 있음을 알게 되리라

74

그대로가 가장 아름답다

꽃은 꽃으로 있을 때 아름답다
풀잎은 풀잎으로 있을 때 아름답다
나무는 나무로 있을 때 아름답다
사람은 사람으로 있을 때 아름답다
무엇이든지 지음 받은 그대로가 아름답다
꽃이 꺾여질 때 더이상 꽃일 수 없다
풀잎을 따낼 때 더이상 풀잎일 수 없다
나무를 꺾을 때 더이상 나무일 수 없다
사람을 가지려 할 때 더이상 사람일 수 없다
지으신 이의 모습 그대로가 가장 아름답다

절망 속에서 피어나는 꽃

누가 희망이 없다고 말했던가
누가 절망뿐이라고 말했던가
희망은 절망 속에서 피어나는 꽃인걸
절망은 희망을 싹틔우기 위한 거름인걸
칠흑 같은 어둠 속에서도 실낱같이 새 날이 밝아오는 것처럼
빛 되신 그분이 마음속에 있는 한
깜깜한 내 속에서도 날마다 해는 떠오르는 걸

한 편의 시가 되기 위해

북극점에 사는 작은 바닷새는
북극 바다에 얼음이 얼면 먹이를 찾아 남극점을 향해 날고
버려져
절해고도絶海孤島의 해변에 묻힌 바다거북은 알에서 깨어나자마자
어미가 사는 대륙大陸 해안을 향해 헤엄을 치기 시작한다
자연은 그것을 생존의 본능이라고 말하고
성경은 보이지 않은 하나님의 능력과 신성이 보이는 만물 가운데 나타난 섭리라 한다
나는 오늘도 본능적으로 생존을 위해 살지만
하나님의 섭리에 붙잡혀 어쩔 수 없이 한 편의 시를 쓴다
우리 모두는 그의 지으신 작품이요
그의 손에 붙잡혀 쓰여지는 한 편의 시가 되기 위해
남은 생을 모눈종이 위에서 살고 있다

77

영혼 샘 근원에서

태초에 천지를 창조하시니라
말씀하셨을 때 천지와 만물은 무에서 완벽한 형체를 이루었다
빛이 있으라 말씀하셨을 때
태양과 달과 별들이 있기 전 빛들은 완벽한 형체로 궁창에 있었다
우리 형상과 우리 모양대로 사람을 만들자 하시고 흙에 숨을 불어 넣으셨을 때
완전한 성년 남자와 여자가 생령이 되었다
하나님은 그렇게 성년 우주를 창조하시고 심히 기뻐하셨다

아버지여 저희를 사하여 주옵소서 기도하시고 다 이루었다 선포하셨을 때
나의 과거와 현재와 미래의 모든 죄는 완벽하게 용서되고 깨끗케 되었다
예수님이 십자가에서 죽으셨을 때 나의 옛 자아도 완전히 죽고
예수님이 부활하셨을 때
나도 예수님의 부활 생명으로 완벽하게 거듭나 새로운 피조물이 되었다
성년 우주를 6일 동안 말씀으로 창조하신 하나님께서
내 안에도 예수님의 십자가 죽음과 부활과 승천으로 이루신 하나님

나라를 완벽하게 심으셨다
이제 나도 영혼에 심겨진 하나님의 생명과 본성을 따라
내 안에 있는 예수님의 용서와 사랑을 흘려보내야 하리
용서와 사랑과 축복을 내 안에 가둘 때 고인 물처럼 썩지만
내 마음을 열고 내 몸을 통해 흘려보낼 때 영혼 샘 근원에서
한없이 솟아 나와 너와 세상을 치료하는 치료의 물이 되리라

가을 논

길가엔 코스모스가 활짝 피었고
코스모스 위로 떼 잠자리가 하늘을 날았다
누렇게 익어가는 벼가 수줍은 듯 고개를 숙인 논에는
백로가 놀라서 날개를 펼쳐 파란 하늘 속으로 하얀 비행을 하고
오소리는 놀란 듯 황급히 볏 속으로 기어 들어갔다
가을은 수많은 기도 소리와 함께 그렇게 여물어가고 있었다

79

청년 때 걷던 그 숲속

숲속엔 낙엽이 수북이 쌓였다
잎사귀 사이로 하늘이 잠깐 들어왔다 스치운다
청년 때 걷던 그 숲속을
중년이 되도록 걷고 있다
밟히는 것은
낙엽이 아니라 세월이었다
숲은 변한 것이 없었지만
숲을 지나는 동안 세월이 서리었다
홀로 걸어간 숲길이 아니었기에
숲을 나왔을 때 그분의 향취가 영혼에 서리었다

회개가 능력인 것을

회개하라
부담스럽지만
아름다운 말

죄를 고백하라
떨리지만
영광스러운 말

내가 잘못했습니다
하기 싫지만
기뻐하시는 말

모든 것이 내 잘못입니다
시인하기 싫지만
시인해야만 할 말

용서해주십시오
고개를 들 수 없지만
믿음으로 해야 할 말

회개가 힘이고
회개가 능력인 것을
회개에서 모든 문제가 해결되는 것이거늘
천국은 회개한 자에게 임하는 선물이거늘

우리는 왜 이다지도 회개를 싫어하고
죄를 시인하고 고백하기를 어려워한단 말인가
왜 아무도 몰래 죄를 가슴에 파묻고
영혼 깊이 대못을 박는단 말인가

주여
회개가 되지 않은 강퍅한 심령에
말씀의 은혜를 부우소서
회개가 되지 않은 무딘 심령에
회개의 영을 부우소서

이 땅에 회개 소리 높을 때
예수 보혈 덮이고
혼탁한 영혼 맑아지는 것을 알게 하소서

하늘에 회개 소리 사무칠 때
하늘의 문 열리고
성령님 비둘기같이 내려오사
부흥의 불길 강물같이 타 흐르는 것을 알게 하소서

주님은
의인 아흔아홉보다
회개한 죄인 하나를 더 기뻐하시기 때문입니다

이겨야 한다는 것은

이겨야 한다는 것은 부담스러운 일임에도 불구하고
우리는 이겨야 한다는 부담감을 안고 살아간다
이겨내야 한다는 속다짐을 털어내지 못하고 산다
무엇을 위하여
누구를 위하여
늘 이겨야 하는가
이제 이겨야 한다는 부담감을 털어내고 살자
사랑이 이기기 때문이다
우리를 사랑하시는 이로 말미암아 우리가 넉넉히 이기기 때문이다
우리에게 이김 주시는 이로 말미암아 우리가 항상 이기기 때문이다
사랑으로 하는 것이 이기는 것이요
믿음으로 하는 것이 이기는 것이다
하나님은 사랑이시고
우리 마음에 부은 바 된
그 사랑은 항상 이긴다

말씀이 육신이 되사

예수님은 물과 피로 임하신 분이니
물로만 아니라 물과 피로 임하셨다
물은 하나님의 말씀이라
세상이 물로 말미암아 물에서 나왔나니
말씀으로 말미암지 않고 나타난 것은 하나도 없다
말씀이 육신이 되사
물과 피로 오셨나니
곧 육체로 세상에 오신 예수 그리스도시라
물과 피가 옆구리에서
나뉘어 흘렸으니
곧 예수님께서 십자가 위에서
우리 죄를 위하여 자기 생명을 내어주심이라
부활하여 하늘에 올리우신 예수님은
성령님으로 내 안에 오셨나니
이제 내 안에서 증거하시는 이가
성령과 물과 피 셋이시라
성령님과 말씀과 예수 피 생명이
내 안에서 나는 죽고 예수 그리스도께서 살아계심을
늘 한목소리로 증거하고 계신다

탐욕인가 사랑인가

우리는 너무나 오랫동안
자기만을 위해 살아왔다
주님은 이제
자기를 위해서가 아니라
타인을 위하여 살라신다
하나님을 위하여
이웃을 위하여 살라신다
하나님은 세상을 위하여
독생자도 아낌없이 주셨고
독생자는 우리를 위하여
자기 목숨을 아낌없이 주셨다
자기를 위하여 사는 것은 탐욕
타인을 위하여 사는 것은 사랑
이제는 탐욕을 버리고 사랑으로 살라신다
탐욕의 최후는 무덤이지만 사랑은 너와 나를 살리고
우리를 천국으로 인도하기 때문이다

오직 믿음으로 [11]

sola fide

sola gratia

sola scriptura

soli Deo gloria

오직 믿음으로

오직 은혜만으로

오직 성경으로

오직 하나님의 영광을 위하여

그는 살기로 했다

오직 주 예수님만이

교회의 왕이요 주인 되심을 드러내기 위해

그들은 죽기로 했다

하나님의 말씀에 사로잡힌

그의 양심은 타협할 수 없었고

하나님의 성령에 사로잡힌

그들의 영혼은 죽음도 두려워하지 않았다

교황도 황제도 군주도

그들을 굴복시킬 수 없었다

나는 누구를 위해

무엇을 위해 왜 사는가
나는 누구를 위해
무엇을 위해
왜 죽는가
나는 누구 때문에
무엇 때문에
왜 사로잡혀 사는가
오늘도
말씀은 살아서
오직
하나님의 영광을 위하여
믿음으로 행하고
은혜로 사는 자의
양심을 사로잡으신다
오늘도
성령님은 살아서
오직 주 예수의
왕 되심과 주인 되심을
드러내고자 하는 자의

영혼을 사로잡으신다
주여
나를 사로잡아
주의 영광을 위한
도구로 써 주옵소서
기도하는 자를
사로잡아 쓰시기
위해 찾아오신다

목숨을 걸 때

우리는 사소한 것에
목숨을 걸면서
정작 중요한 것에는
목숨을 걸지 않는다
목숨조차 걸지 않고
그럭저럭 살고 싶어 한다
목숨을 걸지 않을 때
아무것도 이룰 수 없다
이제 다윗처럼
하나님의 이름에 목숨을 걸자
바울처럼
예수 그리스도의 이름에 목숨을 걸자
하나님의 영광과 주의 이름을 위하여
목숨을 걸 때
생명의 주가 너를 구원하시리라

86

몸과 마음이 하기 싫을 때

마음이 생각이 지시한 것을
하기 싫어하는 때
몸이 마음이 지시한 것을
하기 싫어할 때
조용히 그분의 음성을
들어보라

하나님의 사랑이 강권하시는도다

성령을 통해 내 영에 부어진
하나님의 사랑이
하기 싫어하는 나의 마음과
거부하는 나의 몸을
사랑으로 강권하시는 음성을
들어보라

성령을 통해 내 마음에 부어진
그리스도의 사랑이
아직 변화되지 않는 나의 생각과

나의 감정과 소원을 설득하고
아직 옛사람의 본성이 남은 나의 육체를
강권하시는 음성을
들어보라

하나님은 채찍이 아닌
긍휼 가득한 사랑의 마음으로
변화되지 않는 나의 마음과 육체에
끊임없이 호소하시고 설득하신다
그리스도의 사랑의 법에 순종하라고
하나님 사랑의 계명에 순종하라고

마땅히 해야 할 일을
하기 싫어하는 나의 마음과
거부하는 나의 육체를 위하여
채찍에 맞으시고 십자가에 못 박혀 피 흘려 죽으신
그리스도의 사랑이
나를 강권하사 마땅히 해야 할 일을 하게 하시고
마음이 하기 싫어하고 육체가 하기를 거부하는

그것을 하게 하신다

마음과 몸을 움직이게 하는 것은
의지가 아닌 예수님의 사랑이다

그리스도의 사랑이 나를 강권하시는도다

다시 들려오는 주님의 음성

나는 물같이 쏟아졌다
내가 할 수 있는 것은 아무것도 없었다
목에 쓴 칼이 어깨를 천근만근 눌러오고
아무것도 할 수 없는 무력감으로
쓰러져 엎드러졌었다

나는 무덤 속에 갇혀 있었다
몸에서는 진물이 흘러나오고
썩어가는 냄새가 풍겨났었다

그때 다시 들려오는 주님의 음성
내가 그리스도와 함께 십자가에 못 박혔나니
이제는 내가 산 것이 아니라 내 안에 그리스도께서 사신 것이라
내 말이 네가 믿으면 하나님의 영광을 보리라 하지 아니하였느냐

믿음은
내가 하나님을 위해
무엇을 하는 것이 아니라
하나님께서 나를 위해 하시는 것을

수용하는 것임을 깨닫고 나서야
어깨를 짓누르던 칼이 벗겨지고
무덤에서 일어나 빛 가운데로 나올 수 있었다

88

내 안에 머물러 계신 빛

가을 저녁
나뭇가지에 홍시처럼 걸렸던
해가 밤새 바닷물로 멱을 감고
빠알간 능금처럼 익어 동산 위로 말갛게 떠오른다
맑고 밝고 환하게 빛나던 해가
하늘 위로 떠 올랐을 때는
눈부신 빛으로만 남아 있었다
예수님에게는 어둠이 없으시고
빛이 가득하셨다
인생의 죽음에서도 하나님의 빛을 보셨고
눈먼 자의 어둠을 밝히는 세상의 빛이 되셨다
해가 그 빛을 잃었으니
십자가에 못 박히셨을 때라
예수님의 얼굴에서 떠난 그 빛이 부활의 광채로 무덤 속을 밝혔다
하늘로 올리운 그 빛이 세상에
찾아 오사 내 안에 머물러 계신다
해는 오늘도 동녘 하늘을 밝히며 떠올라
서편 하늘을 붉게 물들이며 저물어가지만
빛 되신 예수님은 내 안에 계셔서

생명의 성령의 빛을 어둔 세상을 향해 비추신다

사랑은 믿음을 통해서만

나는 오늘도
너를 사랑과 믿음으로 감싼다
너를 사랑과 믿음으로 축복한다
사랑과 믿음으로 너를 위해 기도한다

나의 부족한 사랑과 믿음 위에
온전하신 하나님의 사랑과 믿음을 더해
너를 나와 그의 사랑으로 두르고
감싸고 축복하고 널 위해 기도한다

믿음은 사랑을 통해서만 역사하나니
사랑은 믿음을 통해서만 열매 맺나니
너는 하나님과 나의 사랑의 열매요
하나님의 영광을 나타낼 축복의 그릇이어라

가을 강

가을 강은
비췻빛 하늘을 담고
단풍으로 물든 산을 담았다

가을 강은 단풍으로 붉고
초록 숲으로 초록졌다

가을 강은
수많은 낙엽과 나뭇가지를
물결에 싣고 세월처럼 흘러간다

가을 강은
뚝 떨어진 기온으로 잎새들을 물들이신 분의 마음을 담고
지나간 계절의 아픔일랑은 잊어버리고 담담히 흘러간다

가을 강가에서 나는
누구의 마음을 담고
아픈 세월의 상처를 잊고 모든 것을 품고 흘러가랴

● 91

믿음과 사랑과 용서

믿음은 항상 사랑을 통해 역사하고
사랑은 항상 용서를 통해 역사한다
믿음과 사랑과 용서는 항상 함께
역사한다
믿음과 사랑과 용서는 예수님의 마음
성령님께서 내 영에 심으신 하나님의 성품
육신은 항상 불신과 욕망과 복수를 꿈꾸지만
육신의 일을 벗고 예수 그리스도로 옷 입자
마음을 진리로 새롭게 하여 예수 그리스도의 마음을 품자
마음을 회개로 새롭게 하여 영으로 육을 쳐서 복종시키자
그리할 때
사람들이 너를 통해 예수님의 모습을 보고
하나님께 나아와 영광을 돌리리라

용서한다고 하면서

우리는 용서한다고 하면서
어찌하여 용서하지 못하고 살아가는가
용서한다고 하면서
왜 잘못을 잊지 못하고 앙금을 남기는가
하나님은 우리 잘못을
용서하시고 기억치도 않으시는데
다른 사람의 잘못을
기억하고 앙갚음하고자 하는 나는
얼마나 옹졸한 사람인가
아무리 믿음의 고백을 하고
기도를 오래 해도
용서하지 못하고
다른 사람의 잘못을 기억하고
앙갚음하고자 하는 마음 때문에
스스로를 속박하고 옥에 갇혀
사는 영혼들이 얼마나 많은가
하나님은
믿음의 고백이 부족하고
기도가 많지 않더라도

차라리 잘못을 용서하고
잊어버리고 앙갚음하지 않는
마음을 얼마나 기뻐하시는가
하나님은
언제나
우리가 즉시
잘못을 고백하고 용서를 구하면
즉시
우리를 용서하시고
전혀 잘못을 기억치 않으시는 분이시다
하나님이 하시는 것처럼
자녀 된 우리도
언제나
즉시 용서하고
잘못을 잊어버리고
다시는 기억치 않기를 원하신다
회개와
용서와
구원은
언제나 동시에 이루어진다

93

하루에 일곱 번씩 일흔 번이라도

하루에 일곱 번씩 일흔 번이라도
용서하라고 주님은 말씀하셨다
예수님은 오늘도 나를
하루에 일곱 번씩 일흔 번이라도
회개하면 용서하신다
나는 내게 잘못한 이를 하루에
몇 번이나 용서하고 사는가
주님은 주님이 나를
하루에 일곱 번씩 일흔 번이라도
용서하신 것처럼
나도 내게 잘못한 이를
하루에 일곱 번씩 일흔 번이라도
용서하라고 하신다
하루해가 지기 전에
노를 풀고 용서하라고 하신다
우리는 용서받으면서 사는 존재이고
용서하면서 사는 존재이기 때문이다
내가 사는 이유는 사랑받고 용서받으며
사랑하고 용서하는 존재가 되기 위해서다

나는 오늘도 내게 잘못한 이를
일곱 번씩 일흔 번이라도 용서한다
일곱 번씩 일흔 번이라도 축복한다
오늘도 내 안에서 나를
하루 일곱 번씩 일흔 번이라도
용서하시고 축복하시는 그분처럼

가을이 여무는 소리

노랗게 물들어가는
단풍은
소리 없이 가을이 오는 소리

도토리나무에서 뚝 떨어지는
도토리 가지는
가을이 여무는 소리

밤나무에서 떨어져
떼구루루 구르다 벌어진
밤송이 밤알은
가을이 익은 소리

저녁놀 지는 수도원
차가운 밤 기도 소리는
가을이 깊어가는 소리

근심 없는 나무

수도원 입구
계곡에 서 있는
나무는
근심 없이 컸다
잔가지 없이
고개를 쳐든
굵은 가지에
커다란 잎들이 달렸다
수백 년 세월이
흐른 것을 아는지 모르는지
세월을 잊은 듯이 서 있다
뿌리를 계곡에 내리고
계곡을 흐르는 맑은
계곡물 정기를 먹은 듯
가지를 하늘로 뻗어
맑고 푸른 하늘
정기를 받은 듯
근심 없이 컸다
나도 근심 없는

믿음의 나무이고 싶다

뿌리로 맑은 계곡물 정기를 먹고

가지로 하늘 정기 받고 크는 나무처럼

세상사 잔 근심을 잊어버리고

굵고 긴 인생 가지에

커다란 잎과 열매를

맺고 싶다

말씀과 성령의

정기 받아 크는

믿음의 거목이고 싶다

96

빈 무덤에서 발견한 진실

수도원 기도 동산엔
산속으로 난 산책로를 따라 많은 조각과 부조물이 있다
예수님이 어린아이를 품에 안고 있는 조각
병든 자의 머리에 안수하시고 기도하시는 조각
풍랑 이는 뱃전에 서서 바다와 바람을 잠잠케 하시는 조각
여인이 향유를 붓고 머리를 풀어 예수님의 발을 씻겨드리는 조각
최후의 만찬 부조와 베드로의 발을 씻겨주시는 조각과 그 옆에 만들어 놓은 옹달샘

겟세마네 동산으로 올라가는 회개의 계단과 동굴 속 바위에 엎드려 기도하시는 조각
주님을 십자가에 못 박으려고 끌고 가는 군병들과 손을 내밀고 울부짖는 여인들의 부조 사이에 높이 달린 십자가 위의 예수님 조각

무덤 밖에서 놀란 세 여인과 두 손을 펼치고 서 계신 부활하신 예수님 조각
엠마오로 가는 두 제자와 동행이 되어 들리신 주막에서 떡을 떼시는 부활하신 예수님 부조
이 많은 아름다운 조각과 부조들이 불편하게 느껴지는 이유는 무엇

인가
그것은 실제實際가 아닌 모형에 불과하기 때문이었다
본질이 아닌 모방이라는 불편한 진실 때문이었다
빈 무덤 속에 들어가서야 나는 비로소 진실을 발견했다
누우셨던 곳 머리맡에 개켜진 수건과 발치에 개켜진 세마포
그리고 빈 무덤
예수님의 시신을 만든 조각은 없었다
주님이 부활하셨기 때문이다
오직 빈 무덤 속에 들려오는 음성은
너희가 십자가에 못 박히신 나사렛 예수를 찾는구나 그가 살아나셨
고 여기 계시지 아니하니라 보라 그를 두었던 곳이니라는
성경 말씀뿐이었다
형상은 본질이 아니었다
말씀과 그 말씀을 내 마음과 영혼에 들려주시는 성령님이 본질이었다
빈 무덤은 말씀이 증거하시는 부인할 수 없는 진실이었고 실재實在
였다
부활하여 승천하신 예수님은
빈 무덤에 계시지 않지만
주님의 말씀과 성령님으로 지금도 살아계셔서 주님의 부활하심을

증거하고 계신다
빈 무덤은 우리를 위해 십자가에 못 박히시고 사흘 만에 부활하신 예수 그리스도의 표지다
예수님은 지금도 내 마음 빈 무덤에 말씀과 성령님으로 살아계셔서
그분의 십자가 죽으심과 부활하심이
나 때문인 것을 증거하고 계신다
너 때문인 것을 증거하고 계신다

바리스타 선교사 [12]

평생 주님을 섬겼던 종에게
주님은 말씀하셨다
너는 너를 위해 살았지
나를 위한 삶은 아니었다
노종은 모든 것을 버리고
오지奧地 선교사로 종의 길을 찾아 나섰다
종의 이름으로 사는 나는
나를 위해 주님을 섬기는 자인가
주님을 위해 나를 버리는 자인가
나를 위해 주님을 섬기는 자는
천국 말석에 앉고
주님을 위해 나를 버리는 자는
천국 상석에 앉으리라는
천국 환상을 보고
노종은 오지를 돌아다니며
가난하고 헐벗은 이방 양들을
사랑과 헌신으로 섬기고 있다
생명의 말씀과 바리스타로 내린
따뜻한 커피 한 잔에 사랑을 담아

종의 길을 가고 있다
빛도 영광도 없는 그 길을 가고 있다
천국에서 빛날 그 날을 소망하며
주님의 양들을 섬기는 길을 가고 있다

98

내게 믿음 주소서

내게 믿음 주소서
나의 믿음이 아닌
하나님의 믿음을
주소서
나의 뜻을 행하기 위한 믿음이 아닌
하나님의 뜻을 행하기 위한 믿음 주소서

내게 능력 주소서
나의 능력이 아닌
성령님의 능력을
주소서
나의 영광을 나타내기 위한 능력이 아닌
예수님의 사심을 나타내기 위한 능력 주소서

내게 지혜 주소서
나의 지혜가 아닌
성령님의 지혜를
주소서
나를 자랑하기 위한 지혜가 아닌

하나님의 깊은 모략을 드러내기 위한 지혜 주소서

내게 사랑 주소서
나의 사랑이 아닌
하나님의 사랑을
주소서
나를 위한 사랑이 아닌
나를 위해 몸 버리시고
값 주고 피 흘려 영혼을 사신
예수님의 사랑을 주소서

내게 겸손 주소서
나의 겸손이 아닌
주님의 겸손을
주소서
아무것도 아니면서 뭐라도 된 양 자신을 높이는 교만이 아닌
모든 것이 되시면서 아무것도 아닌 것처럼 자신을 낮추시는
예수님의 겸손을 주소서

나는 더이상 내가 아니요
하나님의 생명을 받아 하나님의 뜻을 행하는 하나님의 아들이요
나의 육체와 정과 욕심은 십자가에 못 박고 그리스도의 생명으로
그리스도의 삶을 사는 작은 그리스도이기 때문입니다
하늘에서 이루어진 하늘의 뜻을 이 땅에 이루는 하나님의 대사요
예수님께서 십자가에서 다 이루신 구원을 예수님의 이름으로
이 땅에 선포하고 나타내는 그리스도의 사신이기 때문입니다

99

초록색 생명과 밝은 빛과 붉은 피로

잎에는 세 가지 색소가 있다

엽록소葉綠素는 햇빛과 물을 흡수하여 광합성을 통해 탄수화물을 만든다

엽황소葉黃素는 가을에 기온이 떨어져 입자루에 균열이 생겨 쌓인 탄수화물로 잎이 산성화되면

파괴되는 엽록소를 대신해서 엽록소가 잘 흡수하지 못하는 다른 파장의 빛을 흡수할 수 있게 한다

엽홍소葉紅素[13]는 곤충과 벌레를 물리쳐 주고 자외선에 약한 잎사귀를 보호하여 잎에서 영양분이 줄기로 보내지게 한다

엽록소는 봄에 생겨나 기온이 떨어지는 가을까지 나뭇잎을 푸르게 한다

엽황소는 엽록소와 함께 생겨나 엽록소가 파괴될 때까지 숨어있다 가을에 나뭇잎을 노랗게 물들인다

엽홍소는 늦여름에 생겨나 나뭇잎과 열매를 파먹는 벌레와 곤충들을 물리치고 나뭇잎을 붉게 물들인다

하나님은 이렇게 세 가지 색소로 산과 들을 초록색과 노란색과 붉은색으로 물들이신다

예수님은 이렇게 초록색 생명과 밝은 빛과 붉은 피로 내 영과 혼과 육을 새롭게 하신다

성령님은 이렇게 생명과 빛과 피로 우리 삶을 활력 있게 하시고 희망차게 하시고 깨끗케 하신다

주님의 생명으로 내 영혼과 육신이 살아갈 힘을 주시고 주님의 빛으로 내 영혼을 변화시켜 열매맺게 하신다

주님의 피로 해로운 곤충과 벌레들을 물리쳐 주시고 낮의 해와 밤의 달로부터 상치 않게 지켜주신다

초록 빛깔 노란 빛깔 붉은 빛깔 단풍으로 내 영혼을 철 따라 곱게 물들이신다

100
오늘 하루를 마지막 날처럼 [14]

전철은 다리 위로 숨 가쁘게 달리고
강물은 다리 밑으로 천천히 흐른다
하늘에는 해가 빛나고
물결은 고기 떼처럼 은빛으로 파닥거린다
해를 보는 것이 마지막이라면
어떻게 살아야 하나
오늘이 해를 보는 마지막 날일 수 있는데도
우리는 항상 해를 볼 수 있는 것처럼 산다
항상 해가 저 하늘에 떠 있을 것처럼 산다
살날이 짧은 줄 모르고
살날이 오랠 줄로 안다
오늘 보는 해가 마지막 보는 해인 것처럼
사는 것이 지혜다
만물이 마지막 때를 향해
줄달음질 하는 것을 아는 것이 지혜다
해 아래는 새로운 것이 없고
해도 등도 없는 새날이 오는 것을
아는 것이 지혜다
빛 되신 하나님이 해 대신 빛나고

어린양 예수님이 등 대신 빛나는
새날이 오고 있는 것을 아는 것이
지혜다
오늘 하루를 마지막 날처럼 살 때
허투루 살지 않고
만물의 마지막 때를 정한 분의 뜻대로
똑바로 살게 되리라

생선 가운데 토막

자식에게는 생선 가운데 토막을 건네시고
자신은 머리와 꼬리가 맛있다며
항상 머리와 꼬리만 발라드시던 어머니
철모를 때에는 정말 머리와 꼬리가 맛있는 줄
알았는데 나이 들어서야 가운데 토막을 건네시던
어머니의 마음을 알 듯 하다
철모르는 나는
가운데 토막은 내가 먹고
머리와 꼬리는 하나님께 드렸었다
가운데 토막 같은 시간과 정성과 노력은
나를 위해 쓰고 머리와 꼬리만
드리면서도 대단한 것을 드린 양 생색을 냈었다
철들어서야
하나님께 내 인생과 삶의 가운데 토막을 드릴 마음이 생겼다
이제야 가운데 토막 같은 독생자를 나를 위해 아끼지 않으신
하나님 아버지의 마음을 알 듯하다
하나님은 머리나 꼬리가 아닌 가운데 토막을 받으시기에
합당하신 분임을 알고
시간과 정성과 노력의 가운데 토막을 드린다

그리스도가 삶의 중심이시기에
마음 가운데를 예수님께 드린다
나도 이제 철 들었나보다
하나님 경외할 줄 알고
나도 이제 하나님을 사랑하는가보다
삶의 소중한 가운데 토막을 하나님께 드릴 줄 알고

알게 하소서 [15]

알게 하소서
하나님이 함께하시는 것이 가장 큰 은혜임을

알게 하소서
하나님이 함께하시는 것이 가장 큰 축복임을

알게 하소서
하나님이 함께하시는 것이 가장 큰 능력임을

알게 하소서
하나님이 함께하시는 것이 가장 큰 지혜임을

주님께서 함께하심을 알았을 때
두렵고 놀라던 마음이 진정되었나이다
주님께서 함께하심을 알았을 때
고된 종살이도 힘들지 않았나이다
주님이 함께하심을 알았을 때
차꼬에 매여 말씀이 응할 때까지
감옥에 갇혔어도 절망치 아니하였나이다

주님이 함께하심을 알았을 때
모든 이들에게 버림받았어도
외롭지 않았나이다
주님은 나의 힘이요 위로요 소망이시라
주님의 사랑이 나를 안위하였나이다
주님의 진리가 나를 시험과 유혹에서 지켰나이다
주님이 계심으로 나는 행복하였고
주님이 함께하시므로 나는 자유로왔나이다
내가 주의 말씀을 전할 때 성령의 불로
등 뒤에서 불을 때 비 오듯 쏟아지는 땀이
눈 앞을 가려 말씀을 볼 수 없었나이다
시시각각 사망의 골짜기로 접어드는 양에게
주님은 생명을 결탁한 목자이시었나이다
병들고 실패해 험난한 세상을 두려워하던
종에게 주님은 함께 한다고 약속하셨고
떠나지 않고 버리지 아니하리라 다짐하셨나이다
자신의 연약함과 능력의 한계 앞에 좌절했던
종에게 주님은 성령의 임재로 나타나셨나이다
바퀴가 벗겨져 달리기가 극난하여 엎어지고

자빠졌을 때도 주님은 저와 함께하셨나이다
말씀이 응하여 스스로 영광을 나타내실 때까지
주님은 차꼬에 메인 종과 함께하셨나이다
말씀이 응했을 때 하나님의 신에 감동된 사람인
종에게 왕은 수의囚衣를 벗기고 왕복을 입혔나이다
말씀이 응하였을 때 비로소 흉악의 결박이 풀어지고
멍에의 줄이 끌러지고 기름짐으로 멍에가 부러졌나이다
이제 세상 영광의 땅에서 주님이 약속하신 땅을 바라봅니다
세상의 영광이 소망이 될 수 없는 것은 지나가는 그림자처럼
쉬 변하는 까닭이요 주님만이 나의 상급이기 때문입니다
이제 백골이라도 당신의 땅에 들어가기를 소망하오니
주님의 임재와 영광의 나라로 나를 이끄소서
주님이 함께하시는 것만이 내게 기쁨이기 때문입니다
주님의 영광을 위하여 세상을 분토처럼 버리겠나이다
내 인생 실타래처럼 얽히고 양장羊腸처럼 심히 꼬였어도
주님이 함께하시므로 모든 것이 합력하여
선을 이루었나이다
형제들은 나를 해하려 하였으나
하나님은 그것을 선으로 바꾸사

만민의 생명을 구원하셨나이다
내가 세상의 영광에 머무를 수 없는 것은
당신과 함께 하는 더 좋은 영광의 날이
아직 내게 오지 아니한 까닭이요
세상 것은 온전한 것의 그림자일 뿐이기 때문입니다

● *103*

생명이란

생명이란
콘크리트 더미 틈이라도
싹을 틔우고
줄기를 내고
잎을 내는 것

생명이란
바위틈이라도
싹을 틔우고
줄기를 내고
잎을 내는 것

생명이란
공기도 물도 흙도 희박한 수목한계선이라도
뿌리박고
잎을 내어
수천 년 사는 것

생명이란

고난 속에서
싹을 틔우고
이파리를 내며
피어나는 꽃

생명이란
내가 약할 때
내 속에서 강해지는
내 안에 계신 분의
신비스러운 힘

스스로 자라나는 풀처럼

스스로 자라나는 풀처럼
스스로 피어나는 꽃처럼
스스로 믿음이 자라난다면
믿고 싶어 하는 믿음이 아닌
믿어지는 믿음이 주어진다면
그리되고픈 희망 사항이 아닌
반드시 그리된다는 믿음이라면
스스로 자라는 힘이 풀씨에 있는 것처럼
스스로 자라는 힘이 꽃씨에 있는 것처럼
내 안에는 스스로 자라는 말씀의 씨가 있다
내 안에 있는 씨는 들음으로 크고
들음은 그리스도의 말씀에서 난다
말씀을 통해서 인격적인 하나님의 음성을
들을 때
비로소 내가 하나님을 믿는 것이 아닌
하나님이 믿어지는 믿음으로 살게 된다
내가 그리되기를 희망하는 것이 아니라
하나님이 그리하실 것이라는 믿음이 생긴다
귀를 기울여 씨가 자라는 소리를 들어보라

마음을 기울여 지금 하나님이 말씀하시는
음성을 들어보라
마음속에 씨가 성큼 성큼 크는 소리가 들리리라

105
예수 죽인 것을 짊어지자

날마다
예수 죽인 것을 짊어지자
예수님의 죽음을 나의 죽음으로 받아들이고
나의 육체를 예수님의 죽음에 넘기우자
예수님의 생명을 나의 생명으로 받아들이고
예수님의 생명을 나의 육체에 받아들이자

날마다
예수 죽인 것을 짊어지자
예수님의 죽음에서 나의 죽음을 발견하고
나의 본성과 감정을 예수님의 죽음에 넘기우자
예수님의 부활을 나의 부활로 받아들이고
예수님의 부활을 나의 영혼에 받아들이자
자기를 부인하고 십자가를 질 때
나의 육체는 예수님에게 넘겨 죽음이 되고
예수님의 죽음은 나에게 와서 생명이 된다

날마다
예수 죽인 것을 짊어지자

내가 죽음으로 예수가 살고
예수가 죽으심으로 내가 사는
삶을 살자
예수님의 죽음에서 나의 생명이 살아나고

나의 죽음에서 예수님의 생명이 살아나는
부활의 삶을 살자
자기를 부인하고 십자가를 질 때
예수님의 죽음이 내 죽음이 되고
예수님의 생명이 내 생명이 된다
나의 죽을 육체에 예수님이 나타나신다

날마다
예수 죽인 것을 짊어지고
나의 생명을 예수님의 죽음에 넘기우고
예수님의 생명을 나의 죽음에 받아들이자
이제 사는 것은 내가 아니요
내 안에 계신 그리스도가 되리라
너의 죽을 몸에서 부활하신 주님이

주님의 삶을 살게 되리라

우리가 항상 예수 죽인 것을 몸에 짊어짐은 예수의 생명도 우리 몸에 나타나게 하려 함이라
우리 산 자가 항상 예수를 위하여 죽음에 넘기움은 예수의 생명이 또한 우리 죽을 육체에 나타나게 하려 함이니라

Love Is a Touch [16]

Love is a touch

Because of your touch,

I awake

Through your hands,

the Holy Spirit wakes my sleepy, weary soul

Sometimes, He touches me by His lovely hands through people

You are truly a man of God having lovely tender hands

Always, He is God who has His hands touching me with love and truth

Love is a Kiss

Love is a kiss.

As winds kiss leaves softly,
Bees kiss flowers sharply.

As sunset kisses the west of the sky,
Lover kisses the cheek of the beloved.

As a sinful woman weeping kissed the feet of the Son of God,
The Blood of the Son flowed in her heart like waste, dried land

Soon, There were full of the lovely kisses of God in the universe.

108

Love Is an Art

Love is an art

Art giving instead of taking

Art respecting instead of being respected

Art being humble instead of being proud

Art serving instead of being served

Art being not for self[17] instead of self seeking

Art becoming sacrifice instead of requiring sacrifice

How great an artist Jesus Christ has been in the world

Because He gave up everything to save you

Because He died for you not at all lovable

As He has done for us

Let's be men who love one another

Let's be an artist of love like Him

109
두려워 말고 믿기만 하라

큰 시험 앞에 아무것도 한 것이 없어 두렵고 떨릴 때

들려오는 음성

두려워 말고 믿기만 하라

연이은 실패로 헤쳐 나가야 할 인생의 파도가 겁날 때

들려오는 음성

내가 너와 함께 하리니 내가 너를

결코 버리지 않고 떠나지 아니하리라

홀로 무거운 십자가 지다 지치고 피곤하여 쓰러져 갈 때

들려오는 음성

네가 어디로 가든지 내가 너와 함께하리니

내가 네 길을 평탄케 하고 형통하게 하리라

해야 할 일 앞에서 자신의 한계와 연약함으로 몸부림칠 때

들려오는 음성

믿는 자에게는 능히 하지 못할 일이 없느니라

마지막 시도와 노력조차 수포로 돌아가 좌절하여 엎드려 있을 때

들려오는 음성

네가 믿으면 하나님의 영광을 보리라

어둠과 혼돈 속에서

영혼이 방황하고

온갖 영들로 정신과 육체가
방해를 받을 때
하나님의 말씀은 살았고 운동력이 있어
혼과 영과 관절과 골수를 찔러 쪼개며
섬광처럼 들어와
내 영혼과 육신에 달라붙은 두려움과 절망과 낙심과 공포와 불안과
의심의 영들을 좌우에 날선 검같이
찔러 쪼개시고
세미한 음성으로 찾아오신다
고요한 음성으로
세상 온갖 풍파와 마음과 육신의 온갖 풍랑을
잠잠하게 하시며
약한 나를 통해
주님의 뜻을 이루신다

그분이 그런 나를 십자가에서

나는 너를 용서하기 위해 부름받았다
나를 너를 선대하기 위해 부름받았다
나를 너를 축복하기 위해 부름받았다
나를 너를 위해 기도하기 위해 부름받았다

네가 나를 향해 욕을 해도
네가 나에게 무례히 행해도
네가 나를 저주하며 해하려 해도
나를 부르신 분을 위해
나는 너를 용서하고 선대하고
축복하고 너의 구원을 위해 기도한다

나도 너처럼 그분을
욕하고 무례히 행하고
저주하고 없애고자 하는 자였기에

그분이 그런 나를 십자가에서
용서하시고 선대하시고 축복하시고
나의 구원을 위해 기도하셨기에

육성(肉聲)은 네게 함부로 말하라고 하지만
네게 좋게 말하라는 영의 음성을 듣는다
육성(肉聲)은 너의 뺨을 한번 후려치리라 하지만
내가 더 맞으면 된다는 영의 음성을 듣는다

육성(肉性)은 너를 비방하고 저주하라고 하지만
너를 칭찬하고 축복하라는 영의 음성을 듣는다
육성(肉性)은 너를 해치고 없애버리라고 하지만
너를 보호하고 너의 성공과 번영을 구하라는 영의 음성을 듣는다
육성은 너를 향한 기도를 중단하라고 하지만
너를 위해 무릎 꿇고 눈물로 기도하라는 영의 음성을 듣는다

이렇게 하는 것이 쉽지 않고 고통스럽기까지 하지만
이렇게 하는 것이 나를 부르신 이를 조금이라도
닮을 수 있는 길이라면 그렇게 하라고 하신다
이것이 나를 향하신 부르심의 상이라 하신다

내가 너를 용서할 때 하늘 문이 열리고
내가 너를 선대할 때 예수님이 빙긋 웃으시고

내가 너를 축복할 때 하나님이 함빡 웃으시고
내가 너의 구원을 위해 눈물로 기도할 때
아버지와 아들이 성령 안에서 얼싸안으시고
저도 우리와 하나가 되었다고 기뻐하신다

원수를 용서하는 것이
하늘의 상급이요

원수를 축복하는 것이
하늘의 축복이요

원수를 선대하는 것이
하늘의 은혜요

원수의 구원을 위해
무릎 꿇고 눈물로 기도하는 것이
하늘의 응답이다

나는 오늘도

원수를 용서하고 선대하고 축복하고 원수를 위해 기도하라는

사랑의 법에 순종하기 위해

나의 육성을 치고 영의 음성에 무릎 꿇는다

하늘 뜻이 이 땅에 이루어지기까지

너와 내 안에 그리스도의 사랑의 법이

온전히 이루어질 때까지

기쁨으로 너를 용서하고

감사함으로 너를 선대하고

사랑으로 너를 축복하고

눈물로 너의 구원을 위해

기도한다

111

인생은 기다림이다 [18)]

인생은 기다림이다
봄이 오면 여름을 기다리고
여름이 오면 가을을 기다린다
가을이 오면 흰 눈 오는 겨울을 기다리고
겨울이 오면 꽃피는 봄을 또 다시 기다린다
한 해가 가면 또 다시 새 해가 오기를 기다리며
새해 첫날 바다에서 떠오르는 해오름을 보고자
바다와 땅이 맞닿은 곳까지 해돋이를 보러간다
수험생은 초조하게 합격자 발표를 기다리고
직장인은 월급날 통장에 월급이 찍히기를 기다린다
약속 시간은 지나가는데 아직 오지 않는 버스를
애타게 기다리다가 늦게 도착한 버스에
원망과 분노를 폭발하며 올라타면서도
다음날 또 다시 버스가 오기를 기다린다
내일이 되면 더 나은 날이 되겠지 기대하며
기다림에 지친 시간들을 소일거리로 달랜다
내일이 와서 오늘이 되어 어제와 다를 바 없어도
내일이 오면 내달이 되면 내년이 오면
뭔가 달라지겠지 라고 막연한 기대를 하면서

오늘이 속히 가고 내일이 오기를 기다린다
보다 나은 내일을 기다리면서
오늘의 무료와 고통과 슬픔을 견디어낸다

연극 '고도를 기다리며'를 보고 나서
정체불명의 고도가 오면 구원을
줄 것이라는 막연한 기대 가운데
그와 만나기로 한 약속을 지키기 위해
약속만 하고 끝내 오지 않는 고도를
기다리는 주인공을 생각해 보았다

약속 시간에 나가 기다리다 허탕치면서도
나는 양이 약속을 지킬 날이 올 것을 믿고
약속 장소에 또다시 나가 양을 기다렸다
양이 변화되기를 기다리면서 오랫동안
기도하여도 도무지 변화되지 않는 그가
변화될 것을 소망하며 또다시 무릎을 꿇었다
부흥이 오기를 애타게 기다리면서
아직 오직 않은 부흥의 날 보기를

소망하며 애타게 기도하고 전도했다
그리스도의 계절이 오기를 기다리다
곳곳에 흰머리가 돋아난 머리카락을 보았다
쓰임받기를 기다리다 주름진 얼굴을 보았다

기다리다 죽을지도 모를 인생이지만
그래도 기다림을 멈출 수 없는 것은
내게는 그가 남기신 사랑의 편지가 있기 때문이다
그 편지에 남긴 약속이 나를 향한 진심임을 믿기 때문이다
믿음은 소망을 낳고 소망은 연단을 낳나니
연단을 통해서 그리스도의 형상에 이름을 믿기 때문이다
시인을 기다리다 어느새 시인이 되어 있었던 소년처럼
소망을 기다리는 내가 연단을 통해 소망에 이를 것이라는
그분의 약속이 있기 때문이다
약속하신 그분이 바로 내 안에 계셔서 그분의 형상을
이루어가고 계시기 때문이다
약속하신 그분이 바로 내 안에 계셔서 그분이 하신
약속을 친히 이루어가고 계시기 때문이다

오늘도 나는 그분의 약속을 기다리며
나의 최상의 것을 드려 기다림의 순간들을 채워간다
기다림이 그리움이 되고 그립기에 또
기다려지는 그분과의 진실한 만남을 위해

기다리다 내가 먼저 지쳐 죽을 것 같을지라도
그가 약속하신 그 일을 반드시 하시리라 고백한다
그가 나를 사랑하심을 믿기에

나의 가는 길을 내가 알지 못하나니
그가 약속하신 일을 반드시 하시리라
그가 나를 단련하신 후에는 정금같이 나오리라

기다림이 그리움이 되고 그리움이
다시 기다림이 되는 까닭은
그분의 애틋한 사랑과 약속이
내 마음에 새겨졌음이라

사랑하였음으로 기다렸고

그리움으로 행복하였노라

망부석

기다리고
기다려도
오지 않은 님을
기다리다
망부석望夫石이 되었다네

기다림은
사모함이 되고
사모함은 그리움이 되어
마음에 사무쳤다네

내 마음에도
망부석이 섰다네
주님 향한
일편단심一片丹心 새겨진
심비心碑라네

하나님 당신은 어디에 계십니까 [19]

더이상 버림받을 수 없는 처절한 주검 앞에서
속에서 울부짖는 말
하나님 당신은 어디에 계십니까

더이상 고통스러울 수 없는 참혹한 고통 앞에서
속에서 터져 나오는 말
하나님 당신은 어디에 계십니까

사랑하는 이들을 연이어 떠나보내고
시도했던 일들이 연이어 좌절될 때
속에서 새어 나오는 말
하나님 당신은 어디 계십니까

앞을 봐도 그가 아니 보이고
옆을 봐도 그가 아니 보이고
뒤돌아봐도 그가 아니 보일 때
허공에 대고 부르짖는 말
하나님 어디 계시나이까
하나님이 없는 것 같은

버림당함과 고통과 이별과 실패의 순간에
바로 하나님이 계셨던 것을
시간이 흘러서야 깨달을 수 있었다

바로 그가 버림받은 사체를 부둥켜안고
나와 함께 울부짖었던 것을
고통 속에서 허연 동공瞳孔으로 뚫어지게 쳐다봤던
죽어가는 소녀의 눈동자 속에 그가 계셨던 것을
나도 내 곁을 떠났던 이들처럼 훌쩍 세상을 떠나고 싶고
실패하고 좌절하고 절망하여 더 이상 일어나고 싶지 않을 때
그분이 내 곁에서 나를 말없이 지켜보고 계셨음을

세월의 진액이 마음속 상처에 머물러 옹이졌을 때
나는 깨달았다

그 많은 버려짐과 고통과 이별과 좌절과 패배의 순간들이
나를 향한 그분의 속 깊은 연단임을
어둠 속에서 상처로 신음하던 그날 밤
꿈결에 그분의 손이 나를 만지실 때

내 안에 그분의 믿음과 소망과 사랑이 새로 옹이진 것을

버림당함과 고통과 실패와 좌절과 상처를 통해
나는 하나님이 어디에 계신지를 알았다

버림받은 자 고통당하는 자 상처 입은 자
실패하고 좌절하여 더 이상 일어날 힘이
없는 자와 함께 계신다는 것을

나를 실패와 좌절과 패배로 연단하시는 것이
실패한 자들을 섬기라는 하나님의 마음인 것을

114
고난당함이 내게 유익이라

고난당함이 내게 유익이라
이로써 내가 주의 율례를 배웠나이다
고난을 통해 나는 깨어졌고
고난을 통해 나는 낮아졌다
고난을 통해 나는 정결해졌고
고난을 통해 나는 순결해졌다
고난을 통해 나는 인생을 배웠고
고난을 통해 나는 인간을 알았다
고난을 통해 나는 세상을 알았고
고난을 통해 나는 하나님을 배웠다
고난은
하나님의 지성소요
나의 신학교다

115

씨 뿌리는 자 [20]

낙심하지 말고 꾸준히 선을 행합시다
꾸준히 계속하노라면 거둘 때가 올 것입니다
푸른 눈의 선교사는 이 말씀을 늘 외우면서
환자들을 진료하고 학생들을 가르쳤다

벽안碧眼의 선교사를 백안시白眼視하고
마음을 열어주지 않던 이 땅에
씨 뿌리는 자
전쟁 통에 잿더미가 되었는가 싶었는데
잿더미에서 싹 나고 자라 열매 맺어
제자 중 하나가 그가 늘 외우던 말씀을
큰 돌에 새겨 병원 어귀에 세워놓았다

매양 그 돌을 지나면서
씨 뿌리러 나갔다가
빈손으로 돌아올 때마다
나도 그 선교사처럼 이 말씀을
마음으로 외우면서
눈물로 기도의 씨를 뿌린다

낙심하지 말고 꾸준히 선을 행합시다
꾸준히 계속하노라면 거둘 때가 올 것입니다
라는 선교사의 외침이 기도 소리 되어
낙심하려는 나의 마음을 추슬러 주어
다시 꾸준히 선을 행할 수 있도록 다잡아준다

그가 황폐하고 황량했던 이 땅에
씨 뿌리는 자가 되어 외롭게 일구었던 밭에
이제는 아름드리 나무와 꽃들과 열매가 빽빽했던 것처럼
이제 그 밤나무 상수리나무 다 베어져 넘어가고
이 땅엔 그루터기밖에 없어
또다시 황폐하고 황량할지라도

나는 눈물로 기도의 씨앗을 뿌린다
그 선교사처럼

나도 기도로 말씀의 씨앗을 뿌린다
동일한 약속을 붙잡고

겨울이 오기 전에 돌아오오

다시 캠퍼스엔 은행나무들이 황금빛 사열을 시작하였소
노란 비처럼 쏟아지던 은행잎을 툭툭 찼던 그대가 그립소
학교 뒷산 오솔길은 단풍으로 형형색색形形色色 물들었소
그대와 걷던 단풍 그늘 아래 낙엽 밟히던 소리가 그립소
이제 은행잎이 다 떨어지면 앙상한 줄기만 팔을 들고
하늘을 찌를 것이오
눈을 감아도 환한 단풍 그늘 아래서 내 영혼은 황홀하오
이제 단풍잎도 다 떨어지면 앙상한 가지만 시리게 떨 것이오
그리운 이여
겨울이 오기 전에 어서 돌아오오
올 때 두터운 겉옷과 특별히 가죽 종이에 쓴 두루마기 책도 잊지 마오

청년 목수

사람들은 청년을 목수라고 불렀지만
청년이 자란 곳은 나무보다 돌이 많은 동네였다
청년은 어린 시절부터 건축자였던 양부를 따라
돌을 고르고 쪼개고 다듬어 길을 놓고 수로를 놓고 집을 건축하는 건축자였다
청년이 전도자가 되어 그의 제자들과 함께
옛 성城에 와 거대한 대리석 기둥으로 세워진 성전 황금지붕이 석양에 눈부시게 반짝이는 것을 보았다
성전 안에는 예배와 찬송과 회개와 말씀과 믿음의 고백 대신
비둘기 파는 장사치와 환전상들의 돈 바꾸는 소리만 요란했다
청년은 아버지의 집을 강도의 굴혈로 만든 자들에 대한 분노로 상을 뒤집어엎고
가죽으로 채찍을 만들어 장사치들을 내쫓았다
항의하는 자들에게 이 성전을 허물라 내가 사흘 만에 지으리라고 선포했다
성전의 건축자들은 굴러온 돌이 박힌 돌을 쳐서 빼낸다고
청년을 미워하여 십자가에 못 박아 죽였다
하나님은 죽은 청년 예수를 사흘 만에 부활시키사
건축자들이 버린 돌로 모퉁이 돌을 삼아

살아있는 성전을 만드셨다
태초에 천지를 창조하셨던 말씀이셨던 청년은
지금 내 안에 성령님으로 들어오셔서
내 안에서 거룩하고 아름다운 성전을 짓고 계신다
우주의 대건축자였던 청년이
지금도 내 안에 소우주를 건축하고 계신다
청년은 십자가 죽음과 부활로 다 이루어 놓은 설계도대로
성전이 파괴되고 황폐해진 이 땅 구석구석에 아름다운 성전을 짓고 계신다
내 안에 지어지는 성전이 다른 이들 안에 지어지는 성전과 연결되어
견고한 진리의 기둥과 터가 되도록
그 집들이 하늘로 올라가 거룩한 새 예루살렘 성城 되어 이 땅에 내려올 때까지
청년은 쉬지 않고 돌들을 깨고 다듬고 연결해 아름다운 성전을 짓고 계신다

아 그때로 돌아가고 싶다

이기심과 욕망을 좇다 죄악과 질병의 암초에 부딪혀 산산이 부서진 난파선 같던 때

십자가에서 하나님의 아들이 나 같은 죄인을 위해 자기 목숨을 잃으신 것을 깨닫고
목 놓아 울었었다 나는

내면과 삶이 부정한 날 구원할 구주가 되기 위해 하나님의 말씀이 육신을 입어
이 땅에 오신 것을 깨닫고 성탄예배 드리던 체육관 강당에서 찬송을 부르다가 의자에 주저앉아
목 놓아 울었었다 나는

질병과 병마의 방해로 시험에서 실패하고 양도 시험 들어 떠나 일어날 힘조차 없던 때 무덤 속에 누워 있는 나를 향해 불신을 꾸짖고 부르시는 부활과 생명의 주의 음성을 듣고
목 놓아 울었었다 나는

자신도 원치 않는 세력에 시달려 하나님을 거스르며 저주의 하늘 아

래 살고 있던 나를 정죄치 아니하시고 용서하시는 예수님의 사랑을 깨닫고
목 놓아 울었었다 나는

죄악된 마음과 생각 때문에 예수님의 용서와 사랑을 확신할 수 없었던 나를 또 찾아오사 상한 마음 만져 주시고 숯불 같은 사랑으로 먹여주시는 부활하신
예수님의 사랑을 깨닫고
목 놓아 울었었다 나는

어떻게 이천 년 전에 돌아가신 예수님이 나의 죄를 담당하실 수 있는가 의심하다가 성령님의 역사로 주님이 과거와 현재와 미래의 내 모든 죄를 담당하시고 용서하시고 깨끗케 하시고 구원하신 것을 깨닫고
목 놓아 울었었다 나는

목자 없는 양같이 방황하다 시시각각 파멸의 구렁텅이로 다가가는 날 위해
예수님이 자기 생명을 내걸고 손 내밀어 내 손을 붙잡으신 것을 깨닫고
가슴이 북받쳐 쓰러졌었다 나는

아 그때는 말씀을 읽으면 꿀처럼 달았지
읽어도 읽어도 또 읽고 싶고 읽을 때마다 새롭게 깨달아졌었지

아 그때는 찬송을 불러도 아주 자유했었지

시험을 코앞에 두고서도 하나님을 기쁘시게 하고자 하는 마음으로
찬양을 올려드렸었지

아 그때는 말씀을 전해도 불같은 것을 느꼈었지

말씀을 처음 전하던 때 등 뒤에서 불을 때주는 것 같은 성령님의 불
길을 느꼈었지

아 그때는 양을 사랑해도 열심이 있었지
뜨거운 열심과 순수한 사랑으로 양을 강권해 주님께 인도했었지
아 그때는 공부를 해도 자신의 유익보다
하나님의 영광을 먼저 생각하고 하나님을 기쁘시게 하고자 했었지

아 그때는 전도를 해도 불같이 했었지

그때 우리는 부흥의 물줄기 속에 있었고 부흥의 불길 속에 있었지

아 그때로 돌아가고 싶다
내 나이 이십대 가장 순수했던 시절로

다시 돌아오라 순수의 시절이여

다시 돌아오라 부흥의 계절이여

절정絶頂[21]

누가 너를 꽃보다도 아름답다했던가
가을이 다 가기까지도 순전을 굽히지 않던 네가
모든 나뭇잎이 노랗게 붉게 물들어가도 청청했던 네가
마침내 부끄러운 듯 끝자락부터 붉게 물들었구나
가지마다 수없이 펴든 네 손가락 끝에 순정처럼 붉은 물로
손톱부터 곱게 물들였구나
너를 물들일 줄 아는 마음이여
누구를 향한 연정이기에 이다지도
잎새마다 활활 불타오르는가
숱한 밤과 낮이 교차하고
서릿발과 찬 이슬과 더 차가와진 바람 맞고
절정을 이루었구나 너는
셀 수 없이 활짝 펴든 너의 손바닥에
붉은 순정을 물들이신 그분께
나도 절정에 이른 듯 몸살을 앓으며
사랑을 고백한다
아프기에 더 사랑한다고
그 아픔이 나를 절정에 이르게 하기 위한
그분의 시린 마음임을 알기에

120 주님은 십자가 아래로 데려가

용서할 줄 모르고 용서받기만 원하던 나를
주님은 십자가 아래로 데려가
그분의 음성을 듣게 하셨다

아버지여 저희를 용서하여 주옵소서 자기의 하는 것을 알지 못함이니이다

섬김받기만 원하고 섬길 줄 모르던 나를
주님은 십자가 아래로 데려가
그분의 음성을 듣게 하셨다
여자여 보소서 아들이니이다 보라 네 어머니라

인생의 목마름으로 도심 속에서도 사막 한가운데서처럼
오아시스에 핀 꽃을 찾아 방황하던 나를
주님은 십자가 아래로 데려가
그분의 음성을 듣게 하셨다
내가 목마르다

강도처럼 거칠고 사나와 함부로 원망하고 욕하다

정죄감에 떨고 있는 나를
주님은 십자가 아래로 데려가
그분의 음성을 듣게 하셨다
네가 오늘 나와 함께 낙원에 있으리라

끝 모를 불신과 죄악과 질병과 실패로 인해
세상에서 버림받고 하나님께마저 버림받았던 것 같던 나를
주님은 십자가 아래로 데려가
그분의 음성을 듣게 하셨다
엘리 엘리 라마 사박다니
나의 하나님 나의 하나님 어찌하여 나를 버리셨나이까

수없이 회개하고 죄를 고백해도 변화되지 않아
어그러지고 말 것 같은 불신과 두려움에 떨던 나를
주님은 십자가 아래로 데려가
그분의 음성을 듣게 하셨다
다 이루었다

아버지께 맡기지 못하고 무엇이든 자기가 붙잡고

염려하고 근심하며 불안해하던 나를
주님은 십자가 아래로 데려가
그분의 음성을 듣게 하셨다
아버지여 내 영혼을 아버지 손에 부탁하나이다

험한 십자가 위에 못 박히신 그분의 음성을 들었을 때
비로소 짐을 벗고 자유로울 수 있었다

십자가 아래서 나를 향한 그분의 음성을 들었을 때
굽은 인생이 펴지고 날 위해 다 이루신 뜻이 온전히 펴졌다

내 인생 팔할八割(80/100)은 십자가다 [22]

121

수정되어야 할 번역 [23)]

하나님이 빛도 만들고 어둠도 창조하고 소경도 되게 하고 벙어리도 되게 한다는 성경 번역은
수정되어야 한다
소경의 눈을 뜨게 하기 위해 일부러 소경되게 하시는 분이 아니기에
벙어리를 말하게 하기 위해 일부러 벙어리 되게하시는 분이 아니기에
제자들이 나면서 소경된 자를 보고서 이 사람이 소경된 것은 누구의 죄 때문이니이까
부모의 죄니이까 자기의 죄니이까 물었을 때 예수님은 대답하셨다
이 사람이나 그 부모의 죄 때문이 아니라 그에게서 하나님의 하시는 일을 나타내려 하심이니라
이 말씀은 하나님이 그 하시는 일을 나타내려고 부러 그를 소경으로 태어나게 하신 것이 아니라 소경된 그를 고치는 것이 지금 하나님이 하고자 하시는 일이다는 뜻이다
한 청년이 갑자기 실명을 하게 되어 실직을 하고 아내에게 버림당하고 넥타이에 목을 매 스스로 목숨을 끊으려고 한 것은 하나님이 그리 되게 한 것이 아니었다
한 소년이 축구공에 눈을 맞아 두 눈을 실명하고 부모가 그 충격과 질병으로 운명하고
공장에 다니던 누이마저 소년을 두고 과로사한 것은 하나님이 그리

되게 한 것이 아니었다
빼앗고 죽이고 멸망시키는 것은 언제나 흑암의 권세였고
양으로 생명을 얻되 더 풍성하게 얻도록 하는 것은 언제나 하나님의 일이었다
하나님은 넥타이를 맨 못이 벽에서 빠져 방바닥에 나뒹그러진 청년에게 음성으로 찾아오셨다 성경 320쪽을 읽어 보아라
지나가는 이에게 부탁해 들은 성경에는 두려워 말라 놀라지 말라 내가 너와 함께 하리니 너를 버리지 않고 결단코 떠나지 아니하리라는 하나님의 말씀이 살아있었다
이 말씀이 청년을 일으켜 청년처럼 눈먼 자들의 목자가 되게 하였다
청년은 육신의 눈은 잃었지만 영의 눈을 떠 하나님을 보았고 영혼을 보게 되었다
소년은 천애의 고아가 되어 맹학교에 들어가게 되었지만 자원봉사 나온 어여쁜 여대생이 소년을 불쌍히 여겨 소년에게 세상의 빛으로 오신 분을 소개해 주고
눈먼 소년의 지팡이가 되고자 평생의 반려가 되었다
소년은 그 마음속에 들어오신 빛 되신 예수님을 힘입고
그의 지팡이가 되어준 반려자의 도움을 받아
눈뜬 자들도 할 수 없는 일을 하기 시작하였다

눈 뜬 자들도 올라가기 힘든 가장 높은 봉우리에 올라가
눈 뜬 자들에게 세상의 빛 되신 분을 증거하는 증거자가 되었다
우리 안에 선한 소원을 주시고 착한 일을 시작하신 하나님께서는
그리스도 예수의 날까지 그 일을 쉬지 않고 온전히 이루신다
하나님은 빛도 지으시고 어둠도 창조하시지만
흑암의 권세가 그리되게 한 소경의 눈을 뜨게 하시고
벙어리를 말하게 하시고 귀머거리를 듣게 하신다
하나님을 사랑하는 자 곧 그 뜻대로 부르심을 입은 자에게는
모든 것이 합력하여 선이 되고 어둠도 합력하여 빛이 된다

하나님은 제한받지 않으시는 분

하나님은 제한받지 않으시는 분이신데
나는 얼마나 제한이 많은 사람인가
하나님은 시간에 제한받지 않으시는데
나는 얼마나 시간에 많이 제한을 받는가
하나님은 공간에 제한받지 않으시는데
나는 얼마나 공간에 많이 제한을 받는가
하나님은 능력에 제한받지 아니하신데
나는 얼마나 한계적인 능력의 소유자인가
하나님은 지혜와 지식에 제한을 받지 아니하신데
나는 얼마나 한계적인 지식과 지혜의 소유자인가
하나님은 사랑에 제한이 없으신데
나의 사랑은 얼마나 한계적이고
하나님의 용서는 제한이 없는데
나의 용서는 얼마나 한계적인가
하나님은 장소에 제한받지 않으시는데
나는 얼마나 장소에 많이 제한을 받는가
제한받지 아니하시는 하나님이
제한받는 내 안에 들어오셔서
얼마나 답답하실까

얼마나 안타까우실까
하나님은 오직 나의 믿음을 통해
제한받지 아니하시는 삶을 사실 수 있다
하나님은 오직 나의 순종을 통해
제한받지 아니하시는 삶을 사실 수 있다
하나님은 오직 나의 소망과 기대를 통해
제한받지 아니하시는 삶을 사실 수 있다
하나님은 오직 나의 사랑과 용서를 통해
제한받지 아니하시는 삶을 사실 수 있다
하나님은 약하고 부족하고 무지하고 무능한 나를 통해
제한받지 아니하는 하나님의 영광을 나타내시고자 한다
영광의 하나님은
약한 자를 통해서 제한받지 않는 그의 강함을 나타내시고
부족한 자를 통해 제한받지 않는 그의 부함을 나타내시고
무지한 자를 통해 제한받지 않는 그의 지혜를 나타내시고
무능한 자를 통해 제한받지 않는 그의 능력을 나타내신다

너 기도의 사람아

인생에는 싸움이 있나니
선과 악의 싸움이라
세상에는 싸움이 있나니
강한 자와 더 강한 자의 싸움이라
누가 나의 편이 되어 나의 싸움을 싸우랴

세상 처처에 기근과 지진과 홍수와 전쟁과 재난이 끊이지 않으니
세상 곳곳에 굶주린 자와 아픈 자와 핍박과 사고와 죽음의 재난을
당하는 자 많으니
누가 나의 손이 되어 그들에게 손을 펼치고
누가 나의 발이 되어 그들에게 달려가 도움을 줄까
누가 하늘에서 불을 당기어 나의 영광을 나타내고
누가 하늘에서 물을 당기어 목마른 내 백성을 마시울까
누가 바사왕의 궤계를 파하고
나의 군대장관으로 구원의 소식을 전하게 할까
누가 산 자와 죽은 자 사이에 서서
향로를 높이 들고 기도의 향 피워
백성 가운데 퍼진 염병을 그치게 할까
누가 나의 마음을 품고 죽어가는 영혼들을 위하여

자기 이름을 생명책에서 지워달라고 기도를 할까
너는 예루살렘을 향해 열린 창으로 기도의 손을 들었다가
사자 굴에 던져진 기도의 사람이라
너는 멸망의 위기에 처한 동족을 위하여 죽으면 죽으리라
결심하고 식음을 전폐했던 기도의 사람이라
내가 어찌 너의 기도를 외면하고
내가 어찌 너의 간구를 못들은 체 하랴
내가 너를 위하여 젖은 하늘에서도 불을 내려주고
내가 너를 위하여 마른 하늘에서도 소낙비를 내려 주리라
내가 너의 기도의 팔을 붙들고
내가 너의 기도의 손을 붙잡아 주리라
네가 손을 들 때 내가 하늘에서 우레를 발하고
네가 손을 들 때 내가 하늘에서 뇌성을 발하리라
악한 자가 이 땅에서 멸하여질 때까지
만군의 하나님이 악한 자를 치고 또 치리라
인자의 온 것은 마귀의 일을 멸하고 죽은 자를 살리려 함이니
너의 담대한 기도의 선포로 무덤에서 죽은 영혼들이 살아나리라
성령이 오신 것은 악한 자를 이기고 포로 된 자를 자유롭게 하려 함이니

이는 힘으로 되지 아니하고 능으로 되지 아니하고
오직 나의 신으로 됨이니라
세상에서 쓰러지는 자가 누구더냐
힘이 없어 쓰러짐이요 능이 없어 쓰러짐이 아니더냐
너 기도의 용사여
내가 네게 성령의 권능을 덧입혀 주리라
기도로 지샌 숱한 밤과 새벽을 깨웠던 부르짖음과
눈물 젖은 눈동자와 잠겨버린 목소리를 어찌 내가 잊을까
내가 말씀을 보내어 너를 역경에서 건지고
성령의 불을 보내어 너를 회복시키리라
내 집은 만민이 기도하는 집이 아니더냐
세상에서 지치고 피곤한 영혼들이 내 집에 와서
너 기도의 사람을 통해 나의 음성을 듣고
나를 만나 위로와 격려를 받고 돌아가는구나
내 집은 기도하는 종들의 집이라
내가 나를 찾는 자를 반드시 만나고 나의 음성을 밝히 들려줌으로 나의 구원을 보이리라
내 집을 지키는 너 기도의 사람아
너는 내 집을 찾는 영혼들 사이에 숨어있던 나를 보지 못했겠지만

나는 고통 받는 형제자매의 모습으로 와서 너의 위로와 섬김을 받고
한없는 위로를 받고 기쁨을 회복하여 돌아가곤 했었다
해맑은 미소와 함께 네가 건넨 한 조각 과일과 떡과 음료가
나의 지치고 곤고한 마음에 달콤한 만족을 주었구나
내 너의 사랑과 섬김의 수고를 잊지 않고 하늘에서 비할 수 없는
상급으로 갚아 주리라
이제 세상은 점점 더 어두워가고 사람들이 점점 악해져 가
악한 자가 수많은 영혼들을 시험하고 지옥으로 몰아가고 있구나
너 나의 집을 지키는 기도의 사람아
기도의 무릎을 굳게 하여 나의 올 날을 앞당기라
내가 큰 군대와 천사장의 나팔과 천군 천사들을 데리고 너를 만나러 올 때까지
기도의 무릎을 좀 더 꿇자
내가 너의 기도를 응답하여 네 기도가 세상을 덮고 만국 가운데 기도의 집을 세워
연년세세年年世世 나를 향한 기도의 향불이 끊이지 않게 하리라
너의 기도가 향방을 잃고 허공에 흩어지지 않고
나의 말씀과 영을 실어 마귀의 일을 멸하고 내가 만세 전에 구원키로 한

그 영혼을 반드시 살게 하고 구원하게 하리라

사랑한다 축복한다
너 만민을 위하여 기도하는 집에서 기도의 향불을 끄지 않는 기도의 종들이여

희한한 일

희한한 일이다
새벽 전에 나와 기도하는 데 새소리가 들렸다
이제껏 들어보지 못했던 청아한 새소리다
맑고 고운 가락이 내 영혼에 희망을 일깨운다
맑은 폭포수 흘러내리는 잔잔한 호수가 그림처럼 고여 있고 하늘을
찌를 듯한 나무 사이로 햇살이 부서져 내리는 깊은 숲에서나
들을 수 있을 새소리다

창문을 열고 밖을 내다보니 가을 찬 공기에 나무들은 움츠려 서 있었
고 감나무처럼 익어가던 나뭇잎들이 찬 서리 맞고
뜨락에 수북이 쌓여있다
나무 위에도 하늘에도 뜨락에도 희망을 노래한 파랑새는 없었다
날아간 모양이다 생각하고
다시 기도의 무릎을 꿇는 데 햇살 부서지는 깊은 숲속 나뭇잎에 맺힌
맑은 물방울이 호수에 떨어지는 듯한
청아한 새소리가 다시 들린다

다시 창문을 열어 보면 여전히 새는 보이지 않고 가을 냄새 가득한
뜨락뿐인데

기도하면 들려오는 청아한 가락은
아!
비둘기 같은 성령님께서
내 영혼에 둥지를 틀고
내시는 맑은 하늘가락인가 보다

125

하나님은 열린 하늘에서

성경대로 우리 죄를 위해 십자가에 못 박히신 예수님은
무덤에 장사 지낸 바 되시고
성경대로 사흘 만에 무덤 문을 열고 부활하셨다
부활하신 예수님은 낙심 가운데 엠마오로 내려가던 두 제자에게
나타나사 성경을 열어 그리스도의 부활을 가르치셨다
성경을 열어 그리스도의 부활을 가르치시자 두 제자의 마음은 뜨거워졌고
예수님은 그들의 눈을 열어 그들과 함께 식탁에 앉으신 부활하신 그리스도를 보게 하셨다
눈이 열리자 두 제자의 마음도 열려 예수님께서 길가에서 가르치신 성경을 믿고
영접하여 다른 제자들에게 달려가 예수님의 부활을 증거하였다
부활하신 예수님은 그 따르는 표적과 기사로 예수님의 부활하심을 확실히 증거하시고
제자들이 보는 앞에서 하늘 문을 열고 승천하셨다
열린 무덤에서 나오신 예수님은
열린 성경으로 제자들을 가르치셨고
열린 눈으로 제자들이 계시를 보게 하시고
열린 마음으로 제자들이 부활하심을 믿게 하시고

제자들이 보는 앞에서 하늘 문을 열고 승천하셔서
열린 하늘을 통해 성령님을 제자들에게 보내주셨다
예수님께서 한번 열어놓으신 하늘은 주님 오실 날까지
결코 닫히지 않고 새 하늘과 새 땅이 도래할 때까지
심판 날까지 보존되어 있다
우리가 열린 하늘 아래서 성경을 열면
하나님은 우리의 감긴 눈을 열어주시고
우리 마음 문을 열어 부활하신 예수님을 믿어
의에 이르고 입으로 시인하여 구원에 이르게 하신다
우리가 열린 하늘 아래서 기도를 하면
하나님께서 열린 하늘을 통해 성령님을 부어주시고
우리 구한 것에 놀랍게 응답해 주신다
예수님께서 열어놓으신 열린 하늘 아래서
우리가 무한한 은혜와 자유와 축복을 만끽하고 모든 영광 주께 돌릴 때
예수님은 열린 하늘 위에서 우리를 보고 흐뭇한 미소를 지으신다
하나님은
열린 하늘에서
우리를 다 보시고
우리를 다 아시고

기도를 다 들으시고
하늘의 창고를 열고
복을 쌓을 곳이 없을 정도로 넘치게 부어주시는
열린 아버지시다

계절이 지나가는 길목 [24]

계절이 지나가는 길목에는
수많은 낙엽이 편지처럼 떨어져 있었습니다
수많은 사연이
붉은색 편지지에
노란색 편지지에
초록색 편지지에

빛바랜 사랑의 고백처럼
누렇게 바랜 편지지에 쓰여 있었습니다

낙엽은 나를 밟고 겨울로 가라는
가을이 겨울에게 쓴 편지입니다

발길에 채이는 수많은 낙엽은
세월이 남긴 무수한 상처를 덮고도 남을 듯 합니다

낙엽이 숲을 수북이 덮은 것은
매서운 겨울을 잘 보내달라고
보이지 않은 씨알들의 이불이 되고픈 까닭입니다

호주머니 속에 품었던
철없던 짝사랑의 연애편지는
수취 거부가 되어
손에 구겨지고 찢겨져
낙엽처럼 버려졌습니다

숱한 세월이 머리 위로 흘러
이제 붉은 단풍잎을 주어
첫사랑이 되어주신 당신께 사랑 고백을 적어
가을바람에 실어 보내렵니다

당신을 밝힐 수 있다면
기꺼이 타들어가는 촛불이 될 수 있노라고
당신께 드릴 수 있다면
기꺼이 생수의 강물에 녹여지는 소금이 되겠노라고

계절을 찬란하게 빛냈던 단풍잎들은
시들어 찬 바람에 어두워진 저녁 하늘로 흩날리건만

언제나 더 큰 사랑의 만남을
기약하는 그리움의 고백들은
품속에서 붉은 잎보다 뜨거운 사랑의 편지로 남아
모진 겨울을 나고도 남을 듯 합니다

이제는 잔치를 벌일 때다

자 이제는 잔치를 벌일 때다
아버지가 실직하시던 날
어머니는 아끼시던 목걸이를 팔아
내 생애에 잊을 수 없는 큰 잔치를 벌이셨지

사람들은 어머니의 대책 없는 씀씀이에
정신 나간 짓이라고 비방했지만
훗날 어머니는 말씀하셨지
그때만큼 우리 가정에 기쁨이 필요한 적은 없었어
그 날의 잔치로 아버지는 위로와 용기를 얻어
새 출발을 하셨고
나는 인생의 어떤 절망 속에서도 긍정과 감사를 발견할 수 있는 안목을 얻었지

성경에서 누군가도 말했었지
비록 외양간에 소가 없고
들판에 양떼가 없고
과수원에는 무화과나무가 없고
들녘에는 추수할 곡식이 없어도

나는 구원의 하나님으로 인해 기뻐하고 기뻐한다고

들리는 소식은 흉흉하고
보이는 것들은 절망과 낙심과 한숨거리일지라도
또 내게는 여전히 풀리지 않은 오해와 비방과 공격뿐이고
잘 되는 일이 없어 보일지라도
내게는 감사하고 기뻐해야 할 일이 있는 것이야

모든 것을 아시고 모든 것이 되시고
모든 것을 주관하시는 분이
나의 구원의 하나님이시기 때문이지
모든 것을 잃어버려도
결코 잃어버려지지 않는 한 가지
하나님이 날 사랑하시고 구원하신다는 약속이야

자 이제는 잔치할 때다
날씨가 꾸물꾸물
몸도 기분도 꾸물꾸물할 때가
기쁨의 잔치 상을 펴놓고

감사와 찬양의 제사를 드릴 때인 거야
모든 것을 잃어도 잃어버릴 수 없고
결코 잃어버리지 않는 그분이 나와 함께 있기에

그리스도 예수님 안에서

나는 당신보다 조금도 낫지 않습니다
그리스도 예수님 안에서

학벌 높은 자가 학벌 낮은 자보다
조금도 낫지 않습니다
그리스도 예수님 안에서

창녀보다 성녀가 조금도 깨끗하지 않습니다
그리스도 예수님 안에서

수위보다 사장이 조금도 높지 않습니다
그리스도 예수님 안에서

청소부보다 대통령이 조금도 높지 않습니다
그리스도 예수님 안에서

평신도보다 목사가 조금도 낫지 않습니다
그리스도 예수님 안에서

양보다 목자가 조금도 낫지 않습니다
그리스도 예수님 안에서

살인강도보다 성인이 조금도 낫지 않습니다
그리스도 예수님 안에서

그리스도 예수님 안에서는
천한 자도 높아지고
추한 자도 깨끗해지고
악한 자도 선해지고
무능한 자도 유능해지고
무명한 자도 유명해지기 때문입니다

마지막 날 그리스도의 심판대 앞에
서게 될 때
그 사람은
그의 직분이 아닌 역할로
그의 지위가 아닌 인격으로
그의 자격이 아닌 삶의 열매로

그리스도를 얼마큼 드러냈냐로
평가받을 것입니다
그 속에 있는 성령님을 얼마나
나타냈는가로 평가받을 것입니다

그리스도 예수님 안에서
나는 당신보다 조금도 낫지 않습니다
그리스도 예수 안에 있는 당신이
그분의 왕 같은 제사장이요 거룩한 나라이기에

황금빛 임재

네모난 의자에는
당신의 빛이 머물러 있습니다
동그란 탁자에는
당신의 빛이 황금색으로 머물러 있습니다
이 고적하고 아늑한 실내에
당신의 황금빛 임재가 머물러 있습니다
창밖의 아침 햇살을 통해서
더 많은 빛으로 오소서
성령님
당신은
빛으로
오시는
황금빛 임재이십니다

갈매기의 꿈 [25]

부산 앞바다에서
오륙도 행 유람선을 타니
갈매기들이 배 주위로 선회하며
손에 쥔 먹이를 채간다

갈매기들의 나래질과
갈매기들의 부리질과
갈매기들의 물갈퀴를
손바닥에서 보니
갈매기와 친구가 된 듯
갈매기의 꿈을 꾼다

더 높이 나는 새가
더 멀리 본다는
갈매기의 꿈은
자유에 대한 무한한 갈망이런만
현실에서 본 갈매기는
과자부스러기를 두고
유람선 관광객 손에서

먹이 사냥질하는
자유 잃은 새가 되었다

갈매기는 갈매기답게
높고 푸른 바다 위를 날으며
깊고 푸른 바닷속을 헤엄쳐야
하거늘
먹을 것을 위하여 목숨을 건
비행한다면
더 높은 곳을 날지 못해
더 멀리 보지 못하는
새가 되고 말리라

배가 오륙도를 돌아
항구로 다시 돌아올 때
갈매기들은 배가 불렀는지
더 이상 보이지 않았다
온통 잿빛이던 하늘이 갈라져
서편으로 쪽빛 가을 하늘이 드러나고

물안개가 피어오르는 항구에는
무지개가 떠올라
돌아오는 나의 귀항을 환영해준다

사랑하는 자여
너는
무엇을 위해
왜 사는가

너는
하나님이
주신
자유의 복음을
더 깊이 더 넓게 보고
자유의 복음을
더 높이 더 멀리 전하는
갈매기 소리가 되어야 하리

배가 항구에 가까이 오자

갈매기들이 다시 날아들었으나
먹이가 떨어져
더 주지 못하고
배에서 내려왔다

귓전을 때리던 갈매기 울음소리가
아스라이 귓가에 맴돌다 사라져버린다

당신의 오후 빛 [26]

당신의 빛이 단풍잎 사이로 비춰 들어올 때
붉고 노랗게 초록진 환한 단풍 그늘 아래서
숨을 멎고 멈춰 설 수밖에 없었습니다

당신의 아침 빛들이 이름 모를 들풀 위에 머물러
형형색색 제각기 다른 빛깔로 흔들리는 모습에
걸음을 멈추고 머물러 서 있을 수밖에 없었습니다

당신의 오후 빛에 지는 잎들이 선뜻 찾아온 겨울 찬바람에
불타오르듯 환하게 마지막 정념을 품어내는 모습에
추운 겨울바람에 종종걸음 하던 발걸음도 멈춰지고 말았습니다

하나님
주님의 아름다운 임재 앞에서
저는 머물러 설 수밖에 없습니다
나를 붙드는 주님의 아름다움이
나를 당신 앞에 머무르게 합니다

132
빛 되신 그분이 계시기에

예수님 한 분만으로 충분하다는 말은
인생에서 항상 승리만 있고 패배는 없다는 말은 아니다
인생에서 항상 성공만 있고 실패는 없다는 말도 아니다
인생의 앞길에 장미꽃 뿌려진 탄탄대로가 열렸다는 말도 아니다
예수님 한 분만으로 충분하다는 말은
우리 인생에 실패도 패배도 고생도 있을 수 있다는 말이다
우리 인생에 있는 실패와 패배와 고생이 무의미하게 끝나지 않는다는 말이다
빛 되신 예수님이 있기에 내 인생이 사망의 음침한 골짜기를 지날지라도
내 인생에 드리운 어둠의 그늘이 빛 가운데 계신 주님의 형상을 그리는 그림자가 될 수 있다는 말이다
예수님의 얼굴을 일생 한번 보기를 소원했던 사진가가
눈밭을 찍으라는 음성에 햇볕에 녹아내린 눈밭을 향해 렌즈를 돌려 셔터를 눌렀을 때 눈 녹아내린 검은 땅이 빚어낸 주님의 얼굴을 현상하였던 것처럼

주님은 내 인생을 점점이 수놓은 실패와 패배와 고통과 슬픔과 절망을 통해 빛으로만은 그려낼 수 없는 아름다운 점묘화를 그려내신다

나를 망하게 할 것 같았던 실패와 패배와 고통과 슬픔과 절망과 낙심과 두려움들이
나에게서 주님의 형상을 드러내는 점묘화가 되도록
주님은 내 인생에 빛과 어둠을 정교하게 수놓으신다
하얀 눈밭에 햇볕을 비추사 눈 녹아 얼룩덜룩한 검은 땅이 보이게 하신다
예수님만으로 충분하다는 말은 만사가 형통하다는 말이 아니라 어둠을 통해서라도 내 인생을 가장 아름다운 작품으로 만드시는
빛 되신 그분이 계시기에 내 인생에는 부족함이 없다는 말이다

바람 부는 날

바람 부는 대로
물길 흐르는 대로
불길 흐르는 대로
기름 부어지는 대로
말씀하시는 대로
인도하소서

바람 부는 곳에
물길 흐르는 곳에
불길 흐르는 곳에
기름 부어지는 곳에
말씀하시는 곳에
있게 하소서

바람 부는 대로
물길 흐르는 대로
불길 흐르는 대로
기름 부어지는 대로
말씀하시는 대로

가게 하소서

바람 부는 날
물길 흐르는 날
불길 흐르는 날
기름 부어지는 날
말씀하시는 날

바람에 붙들려
물결에 휩쓸려
불길에 휩싸여
기름 부으심 받고
말씀에 붙잡혀
쓰임 받게 하소서

오직 하나님 영광 위해
오직 예수님 영광 위해
오직 성령님 영광 위해
다만 양들의 생명 위해

탈대로 타다가 재가 되고
녹을 대로 녹아 없어져서
타다 남지는 말게 하소서
녹다 남지는 말게 하소서
세상과 나는 간 곳 없고
주님만 남게 하옵소서

어찌 이럴 수가

하나님이 살아 계시다면
어찌 이럴 수 있는가
하나님이 살아 계시다면
어찌 이런 일이 있을 수 있는가
선인은 굶주리고
악인은 배부르며
선인은 멸시받고
악인은 존경받고
선인은 쓰러지고
악인은 일어서는
일들이 있을 수 있는가
선이 악에게 삼키움 받고
선인이 악인에게 삼킴 당하는 일이
있을 수 있는가
하여 하나님의 심판은 없다 하는 이가 있다
공정한 세상은 없다 하는 이가 있다

그러나
저 높은 보좌 위에서

하나님은 다 보고 계시고
하나님은 다 듣고 계시고
판단의 다림줄로 재보시고
심판의 저울로 달아 보신다
하나님은 너무 커서
인간의 안력이 미치지 못하고
하나님의 속도는 너무 빨라
인간의 감각이 체감치 못하고
하나님의 소리는 너무 커서
인간의 청력이 수신할 수 없다

하나님은 지금도
시속 수천 킬로 속도로 지구를 돌리시고
고막이 감당할 수 없을 정도의 굉음으로
움직이신다
하나님의 심판의 수레바퀴는
너무나 천천히 돌아가
악인이 아무 해도 받지 않고
천년만년 번영할 것 같아도

바퀴 아래 들어갈 때
재도 기름도 남지 않고
불꽃 튀고 유황 연기만 자욱해진다
하나님의 보좌의 기초는
공평과 정직이다
하나님은 높은 곳에 계시면서도
마음속에 계시는 것처럼
훤하게 선과 악을 살피시며
판단하시고 심판 책에 기록하신다
그 생명책에 오를 자 누구랴
하나님이 세상을 이처럼 사랑하사
독생자를 주셨으니 이는 저를 믿는 자마다
멸망치 않고 영생을 얻게 하려 하심이라
오직 하나님의 아들의 이름을 믿는 자가 아니면
세상을 이길 자 누구랴
오직 그 아들을 믿는 믿음만이 심판을 이기고
그 생명책에 이름이 오르게 한다

성령님 역사하실 때

성령님이 역사하실 때 사탄도 역사한다는 말은 수정되어야 한다
구더기 무서워 장 못 담그랴 하면서도
그릇 깨질까 무서워 설거지 못하랴 하면서도
실패할까 두려워 시도하지 못하는 자가 있다
패배할까 두려워 도전하지 못하는 자가 있다

성령님 역사하실 때 사탄의 역사도 있을까봐
성령님 역사 나타나는 것을 두려워하는 자가 있다

빛이 역사할 때 흑암이 틈탈까봐
때가 아직 낮인데도 아무 일도 안하는 자가 있다
시대가 어둡다고 팔짱만 끼고 있는 자가 있다
잊지 말아야 할 것은
주께서 자기 백성의 터진 자리를 싸매시고
매 맞은 상처를 치유하시는 날에
달빛이 햇빛이 될 것이요 햇빛은 일곱 날들의 빛과 같이
일곱 배가 될 것이라는 약속
빛이 너무나 강렬하면 어둠이 틈탈 수 없다는 것이다
성령님 너무나 강렬하게 역사하시면 사탄의 역사가 틈탈 수 없다는

것이다
시대가 아무리 어둡고 죄악 되더라도
말씀이 강력하면 어떤 죄인들도 무릎 꿇는다는 것이다

우리에게 필요한 것은
말씀에 사로잡히기까지 자신을 말씀에 믿어 순종시키는 일
성령님께 사로잡히기까지 기도에 자신을 복종시켜 무릎 꿇는 일
하나님과 영혼에 대한 사랑을 회복하기까지 끊임없이 회개하는 일
이다

주여
일곱 날의 빛이 일곱 배나 강하게 비추어질 것이라는 약속대로
일곱 날째 일곱 배 강한 빛 같은 성령님의 역사를 나타내소서
일곱 날째 일곱 배 강한 빛 같은 말씀의 역사를 이루어주소서
그리하실 때 세상이 아무리 어두워도 어두움이 빛을 이기지 못하고
일곱 날째 일곱 배 강한 빛 같은 말씀과 성령님의 역사 나타날 때
우리는 하나님의 온전한 빛 가운데 자유로운 빛의 자녀로
빛 가운데 온전히 걷게 될 것이기 때문입니다

첫눈, 사랑의 엽서

우중충한 하늘을 보니 눈이 내릴 것 같다
찬 바람이 불고 빗방울이 흩어진다
우리는 왜 첫눈을 기다리는가
눈은 하늘에서 내려오는 엽서
순결하게 살라고 순백으로 내린다
온전하게 살라고 육각결정으로 내린다
보듬고 살라고 차가운 나무와 대지를 포근하게 덮는다
눈을 맞으면 누구나 동심으로 돌아가
개구쟁이처럼 공을 만들어 던지고
눈사람을 만들어 골목 가에 세운다
사랑하는 사람이 없는 사람은
첫눈이 내리는 날 첫사랑의 눈꽃이 피기를 원하고
사랑하는 사람이 있는 사람은
하염없이 내리는 눈을 맞으며 함께 눈길 걷기를 원한다
눈은 살얼음 어는 추운 겨울을
따스하게 보내라고 하늘에서 보내는
사랑의 엽서
사랑이 있는 곳에는
눈 내리는 밤도 따뜻하다

스트라디바리우스

나의 고향은
알프스
산꼭대기 북쪽 벼랑 끝
나는 북풍한설을 맞고 자라
허리가 구부러졌다
찬바람이 매서울수록 눈보라가 세찰수록
나는 허리를 웅크리고
가지를 아래로 폈다
날씨가 풀리면
어디선가 벌레가
날아와 내 몸을 파고 들어와
곳곳에 구멍이 생기고
눈보라 몰아치는 날
가지가 부러지고
생채기 투성이가 되었다
나의 몸은 살에는 추위와 속타는 가뭄에
쩍쩍 갈라졌다
아무도 나를 귀히 여기지 않고
쓸모없다 지나쳤는데

한 악공이 나를 알아보고
목숨 걸고 나를 베어
그의 집에 가져가
나를 자르고 다듬고
내 속을 파
악기를 만들었다
나의 울림통에는
벌레 먹은 구멍과
비바람 눈보라에 금 간 틈새와
가뭄과 혹한이 만든 깊은 옹골이
져 있어 무슨 소리를 낼까 기대하지 않았는데
그가 내 몸에 현을 달아 활대로
나를 켰을 때
내게서는
산꼭대기 만년설 위에 푸른 하늘같이
청명한 소리가 났다
나의 금에서는 벼랑 끝 바람 소리 같이
처연한 소리가 났고
나의 생채기 진 옹이에서는

눈 녹은 계곡의 시내 소리 같이
해맑은 물소리가 났다
나의 주름진 나이테에서는
늙은 목동의 콧노래 소리가 나고
나의 벌레 먹은 구멍에서는
하늘의 신비한 새소리가 흘러 나왔다
모든 사람이 나를 외면하고 버렸지만
악공이 나를 만들어 그의 손에 쥐고
연주하였을 때
사람들은 숨을 멎고 내 소리에 머물렀다
나는 누구의 손에 붙들려 누구의 소리를 낼까
나는 하나님의 손에 붙들려 그의 소리를 내는
스트라디바리우스[27]이고 싶다

밴댕이 속

하나님은 마음이 넓으신데
나는 왜 마음이 밴댕이 속처럼 좁은가
하나님은 다 용서하셨는데
나는 왜 아직도 용서하지 못하고 뒤끝을 남기는가
하나님은 용납하셨는데
나는 왜 용납하지 못하는가
하나님은 이미 기도를 들으셨는데
나는 아직 훈련이 덜 끝났다고 하는가
하나님은 분을 다 푸셨는데
나는 아직도 왜 분을 다 풀지 못하는가
하나님
밴댕이 속같이 좁은 속을 넓히사
고래 속같이 넓어지게 하소서
모든 죄를 용서하고
모든 것을 용납하고
값없이 축복하고
값없이 베풀어 주는
고래 뱃속 같은 넓은 심보를 주소서
그 넓은 심보에 지극히 크신

하나님의 마음을 담고
하나님처럼 용서하고
하나님처럼 용납하고
하나님처럼 값없이 축복하고
은혜 베풀게 하소서

너무나 크시고 깊으시기에

이름은 이름이 추상하는 관념과 크기를 담는 것
우리 하나님은 이름이 없다
너무나 크시기에
너무나 깊으시기에
너무나 많으시기에
너무 옛적부터 계셨기에
그래서 나는 나다 고 하셨다

이름은 이름이 추상하는 본질과 깊이를 담는 것
우리 예수님은 이름이 없다
너무나 크시기에
너무나 깊으시기에
너무나 많으시기에
너무 옛적부터 계셨기에
그래서 나는 길이요 진리요 생명이라고 하셨다

이름은 이름이 추상하는 개념과 넓이를 담는 것
우리 성령님은 이름이 없다
너무나 크시기에

너무나 깊으시기에
너무나 많으시기에
너무 옛적부터 계셨기에
그래서 진리의 영이라고 하셨다

그분은
너의 지성으로 측정할 수 없는 분
그분은
너의 이성으로 판단할 수 없는 분
그분은
너의 지각으로 이해할 수 없는 분
그분은
너의 감각으로 감지할 수 없는 분

그분은
빛으로 계시고
영으로 계시고
말씀으로 계신다

그분의 얼굴을 그리려 말라
그분의 형상을 만들려 말라
그분의 모습을 보려고 말라

세상 어느 언어도
세상 어느 재료도
세상 그 무엇으로도
그분을 표현하는 데 한계가 있다

우리 하나님은 이름이 없는데
우리 편하게 야훼라고 부르고
우리 쉽게 예수님라고 부르고
우리 좋게 성령님이라 부른다

하나님께서
우리를 위해서
이름 속에 자신을 낮추시고
이름 속에 자신을 한정지셨다

이름으로도 알지 못하기에
말씀이 육신을 입고
우리 가운데 오셔서
우리로 그 얼굴을 보고
그 눈을 보고 그 음성을 듣고
그 몸을 만져보게 하셨다

육신이 되신 그 아들을 통해
우리가 아버지를 알게 되어
우리가 알 수 없었던 하나님을
아버지라 부르고
우리가 알지 못했던 예수님을
그리스도라 부르고
우리가 전혀 몰랐던 성령님을
보혜사로 부르게 되었다
그 이름이 나에게 와 생명이 되었다

의심이 일어나는 이유 [28]

하나님을 믿어라
누구든지 이 산더러 들리어
바다에 던지우라 하며
그 말하는 것을 의심치 아니하면
그대로 되리라 하셨는데
왜 하나님을 믿기만 하면
의심이 생기나
왜 하나님을 위해 뭔가 해보려고 하면
의심이 일어나나
왜 뭔가 가치 있고 의미 있는 일을 시작해 보려고 하면
의심이 꼬물꼬물 일어나나
왜 양과의 약속 시간이 가까워지면
의심이 스멀스멀 일어나나
예수님은 이 산더러 들리어 바다에 던지우라고 하셨다
예수님 말씀하신 예루살렘 근처엔 높은 산도 없는데 무슨 산
태백산인가 한라산인가 백두산인가 에베레스트 산인가
이 산은 흑암의 권세를 말하는 것
하나님의 영광 나타나는 것을 시기하여 의심을 심어 하나님의 역사를 훼방하는 악한 자라

예수님은 우리 앞을 가로막는 보이지 않은 영적인 실체를 산이라고 말씀하신 것이다
우리가 우리 앞을 가로막고 버티고 서 있는 영적인 산들을 어떻게 하랴
악한 자는 꾸짖어야 한다
냉큼 들려 바다에 던지우라고 추방 명령을 내려야 한다
우리가 의심을 일으키는 악한 자를 들어 바다에 던지고
무엇이든지 기도하고 구하는 것을 받은 줄로 믿을 때
너희에게 그대로 되리라 말씀대로 우리에게 그대로 되리

내 것 내 것 하지 말자

너무 내 것 내 것 하지 말자
너무 내 자식 내 자식 하지 말자
너무 내 양 내 양 하지 말자
너무 내 식구 내 식구 하지 말자
내 건강 내 건강 하지 말라
내 물질 내 물질 하지 말라
내 장래 내 장래 하지 말라
내 인생 내 인생 하지 말라

내 안에 계신 성령님 말씀하시기를
네 것이 어디 있냐 다 내 것이지
네 목숨이 네 것이냐 내 것이지
네 소유가 네 것이냐 내 것이지
네 몸이 네 것이냐 내 것이지

나를 위하여 살 때
이기심이 올무가 되고
자기중심이 함정이 되어
항아리에 고인 물이 썩듯이

하나님의 은혜의 단비도
썩을 수 밖에 없다
은혜가 변하여 독물이 되고
축복이 변하여 저주가 된다

남을 위해 살 때
내가 복의 통로가 되고
은혜와 축복의 근원 되어
내 속에서 끊임없이
은혜와 축복이 흘러나와
남도 살리고
그 덕에 나도 산다

너희 안에 계신 성령님이 시기하시기까지
너희가 너희 자신을 사랑해서 무엇 하랴

너희 안에 계신 성령님이 근심하시기까지
너희가 너희 것을 챙긴들 무슨 유익이 있으랴

오직 너는 너를 살되 남인 것처럼 살라
오직 너는 너의 것을 지니되 주의 것처럼 지녀라
너 자신을 구하지 않고
오직 그의 나라와 그의 의를 구할 때
주께서 네게 필요한 이 모든 것을 더하시리라

헐벗은 모습 그대로

하늘을 가렸던 무성한 잎들이 다 떨어졌을 때야
가지 사이로 하늘이 보이는구나
화려했던 잎들이 다 떨어지고
앙상한 가지만 남게 되었을 때야
하늘 향해 손들고 간구하는구나

눈보라가 숲을 덮고
찬바람이 쌩쌩 휘몰아치고
혹한으로 땅조차 얼어버렸을 때라도
시린 발 구르지도 못하고
벌거벗은 몸으로
그 자리에 서 있구나

비로소
너는 내 앞에 서게 되었다
벌거벗은 모습으로
헐벗은 모습 그대로
내게로 나아오라
있는 모습 그대로

너를 감싸 안고
맞아 주리라

예수님만으로 충분하다는 말은

예수님 한 분만으로 충분하다는 말은
예수님이 모든 것의 주인이라고
시인하는 것이다
예수님이 모든 것의 주인이시기에
주인께 모든 것을 맡긴다는 뜻이다
내 뜻대로 살지 않고
주인 뜻대로 산다는 말이다
예수님만으로 충분하다는 말은
예수님이 내 삶의 주인이시기에
주인만 믿고 염려하지 않는다는 말이다
예수님으로 충분하다는 말은
내 의지와 결심과 노력으로 사는 것이 아니라
나는 죽고
오직 내 안에 계신 예수님으로 산다는 말이다
내 힘으로 살지 않고
오직 새 힘의 근원이신 예수님으로 산다는 말이다

겨울이 되면

겨울이 되면
눈 내리는 설국으로 떠나고 싶다
흰 눈 쌓인 자작나무 숲으로 들어가고 싶다
흰 눈 이고 있는 메타세쿼이어 숲길로 지나고 싶다
두껍게 얼음 언 호수에서 빙판에 쌓인 눈을 밟고 싶다
차가운 물 속에서 자맥질하는 천둥오리랑 백조도 보고 싶다
눈 이고 있는 솔 나무 위에 백로가 나래질 하며
회색 하늘에 해가 낮달처럼 떠 있는 것을 보고 싶다
온통 은세계에 해가 빨갛게 떠오르는 것을 보고 싶다
온통 잿빛인 바닷가에서 찬바람 맞으며 파도가 희게 부서지는 것을 보고 싶다
겨울에는 나도 그 눈 속으로 들어가고 싶다
그 눈 쌓인 숲으로 들어가는 한 눈이 되고 싶다

단 하루를 살아도

어둠이 내린 전동차 역에서
손끝 아리는 추위에 떨면서 전동차를 기다린다
기다리는 전동차는 오지 않고
급행열차가 차창에 불을 밝히며 요란한 소리를 내며 지나간다
초특급열차가 허연 불빛을 품으며 빛처럼 순식간에 지나간다
완행열차가 천천히 도착하여 한 무리를 내놓고 천천히 출발한다
급행열차에 탄 사람들은 얼마나 급하길래 얼굴조차 알아볼 수 없나
초특급열차에 탄 사람들은 얼마나 빠르길래 형체조차 알아볼 수 없나
완행열차에 탄 사람들은 얼마나 여유롭길래 차창 밖으로 얼굴까지
다정히 보이나
사람들은 빨리 더 빨리 빨리 빨리 앞서 가고자 하지만
빨리 가는 만큼 자신을 잃어버리는 줄 모르는가 보다
존재가 속도와 질량과 소유에 반비례하는 줄 모르고
미친 듯이 달리고
미친 듯이 소유하고
미친 듯이 더 크게 더 낫게 더 빨리 더 많이 를 외쳐댄다
그리고 자기 영혼에게 세상에 쌓아둘 곳 없이 모았으니
자 이제는 먹고 마시고 즐기라고 한다
하나님은 그 밤에 말씀하신다

어리석은 자여 네 영혼을 오늘 밤에 취하리니
그러면 네 소유가 뉘 것이 되겠느냐
자기에게 부유하고 하나님께 대해 부요치 못한 자의 종말이다
하나님에게는 하루가 천년 같고 천년이 하루 같다
하나님의 임재 앞에 머무는 것이 하루를 천년같이 사는 지혜다
하나님의 영광 안에서 행하는 것이 인생을 묵직하게 사는 비결이다
단 하루를 살아도 하나님의 임재와 영광 앞에서 살라
단 몇 초를 살아도 하나님의 임재와 영광 앞에서 살라
거기에 진정한 자유와 행복과 생명이 있나니

삶은 기쁨의 축제

삶은 기쁨의 축제러니
정육점 주인은 제사장처럼 큰 칼로 고기를 잘라
인심 넉넉하게 아낙의 품에 안겨준다
삶은 기쁨의 축제러니
오늘도 다윗처럼 수많은 인파를 헤치고
출근길을 달린다
삶은 기쁨의 축제러니
오늘도 수많은 손을 맞으며
하나님께서 그 손길에 안겨주신 선물을 받는다
삶은 기쁨의 축제러니
오늘도 수많은 영혼을 만나 전도하며
갈급한 알곡 같은 심령을 만난다
삶은 기쁨의 축제러니
오늘도 책 속에서 하나님의 말씀을 깨닫고
기도 중에 하나님의 선명한 음성을 듣는다
삶은 기쁨의 축제러니
오늘 너와 나는 기쁨으로 사랑을 나눈다
지치고 울적하여 상심한 내 귓가에
네가 두 손 모아 들려준 시 한 줄이

내 안에 있는 기쁨의 샘을 터뜨려
고난과 아픔과 슬픔과 절망을 잊게 한다
너는 하나님께서 내게 주신 위로자
내 사랑하는 하나님의 자녀이어라

복음이 무엇인가

복음이 무엇인가
복음은 예수님이 하나님의 아들이요 그리스도시다는 소식
하나님의 아들이 우리의 구주가 되시기 위해
우리 죄를 위해 십자가에 못 박혀 죽으시고
사흘 만에 다시 살아나셨다는 소식
죽음을 이기시고 부활하신 예수님이
참 하나님이요 영생이시라는 소식이다
주 예수를 믿어라
그리하면 너와 네 집이 구원을 얻으리니
주 예수를 믿는 자는
목구멍에서 항상 예수가 나온다
우리가 살아도 주를 위해 살고
죽어도 주를 위해 죽나니
주 예수를 위해 내가 죽은 것도
유익함이니이다

비저너리(visionary)

위대한 정복자였던 젊은 왕에게
신하가 물었다
왕은 왕의 몫으로 무엇을 남겨두셨습니까
왕은 침묵이 흐른 뒤 대답했다
나는 나의 몫으로 희망을 남겨두었다
병사들은 왕의 꿈에 매료되어
급료를 반납하고 왕의 꿈에 동참했다
그러나 왕의 꿈이 이루어지기 전에
병사들은 전쟁에 지쳐 행군을 멈추었고
왕은 서른셋의 나이로 병사하여
관에 두 손을 내놓고 죽었다
서른세 살의 목수께서
평화와 사랑의 복음을 전하다가
군병들의 손에 못 박혀
십자가에서 돌아가셨을 때
하나님의 나라 회복을 외쳤던
그의 꿈은 물거품이 된 듯 싶었다
그러나 죽은 지 사흘 만에 그가
부활하셨을 때

하나님 나라 도래를 꾼 그의 꿈도
부활하였다
그가 자기 피와 죽음으로 산
꿈이기에
죽음을 이기고 이루어낸 꿈이기에
그 꿈은 꿈으로 지워지지 않고
지금도 그의 제자들의 가슴에
살아 움직인다
예수님의 제자들은 이 땅에 뿌리 박으나
이 땅에 소망을 두지 않고
하나님 나라를 꿈꾸는 자들이다
예수의 꿈에 매료되고
하나님의 나라 회복의 꿈에 미쳐
자신의 생명까지 내놓은 군병들이다
우리는 현실의 유익을 위하여
살지 않고
보다 높고 푸른 십자가 나라 회복을 꿈꾸며
자신의 유익을 과감히 버릴 줄 아는
꿈쟁이들이다

하나님 나라 회복을 꿈꾸며
십자가 깃발을 높이 들고
중단 없이 행군하는
십자가의 군사들이다
영원한 승리의 깃발을 나부끼며
마귀의 군대를 정복하는
하나님의 군대다
영원한 하나님 나라의 소망에
미쳐 돌진하는 비저너리(visionary)들이다

그해 캠퍼스 뒷산엔

그해 겨울엔
눈이 하늘에서 펑펑 쏟아졌었소
눈 내리는 밤을 지새며
글을 썼었오

그해 캠퍼스 뒷산엔
흰 눈이 새하얗게 쌓여 있었소
눈 내리는 날 철조망을 붙들고
황폐한 땅에 내리는 눈처럼
부흥의 날 오기를 목 놓아 부르짖었소

기도하고 회개하고
회개하다 기도하다
쉰 목으로 내려올 때
마음속에서 들려오는 노랫소리 있었소
나를 지으시고
나를 부르신 이가
나를 위해 부르시는
사랑의 노래라오

눈 내리는 날
노랫소리는 소리 없이 쌓이는 눈 속에
파묻혔지만
수 없는 계절이 반복될 때

그 노래의 씨가 싹을 틔우고
부흥의 꽃을 활짝 피울 것을 믿소
오늘도 흩날리는 눈발 사이로
그 노래가 들려오는 것 같소
내 마음속에서
눈 쏟아지는 저 하늘 위에서

찬양하라

입이 있는 자마다
하나님을 찬양하라
그는 선하시고 그 인자하심이 영원함이로다
숨 쉬는 자마다
하나님을 찬양하라
그는 선하시고 그 인자하심이 영원함이로다
호흡 있는 자마다
하나님을 찬양하라
그는 선하시고 그 인자하심이 영원함이로다
살아있는 자마다
하나님을 찬양하라
그는 선하시고 그 인자하심이 영원함이로다
내 영혼아
하나님을 찬양하라
내 육체야
하나님을 찬양하라
내 입술아
하나님을 찬양하라
그는 지극히 선하시고 그 사랑이 영원함이로다

인생들아 하나님을 찬양하라

그는 선하시고 그 인자하심이 영원함이로다

만물들아 하나님을 찬양하라

그는 선하시고 그 인자하심이 영원함이로다

하늘이여 땅이여

하나님을 찬양하라

그는 선하시고 그 인자하심이 영원함이로다

하늘의 별들과 천군 천사들이여

하나님을 찬양하라

그는 선하시고 그 인자하심이 영원함이로다

할렐루야

하나님은 지극히 좋으시고 선하시고 온전하심이로다

세상이 험악하고 죄악이 더해가고 흑암이 깊을지라도

하나님의 선하시고 기뻐하시고 온전하신 뜻은

반드시 나를 통해 이루어짐이로다

지금부터 영원토록

하나님을 찬양할지로다

할렐루야

제2부

새로 부르는 노래

151

겨울에 내리는 눈처럼 [29]

겨울에 내리는 새하얀 눈처럼
신부로 태어난 순결한 당신

겨울에 내리는 새하얀 눈처럼
새하얀 면사포로 사랑스런 당신

겨울에 내리는 새하얀 눈처럼
새하얀 드레스로 아름다운 당신은

백마 탄 왕자처럼 눈 타고 내려오는
하늘 왕자 예수님의 아름다운 신부

백마 탄 왕자처럼 구름타고 내려오는
천국 황태자 예수님의 순결한 신부

겨울에 내리는 새하얀 눈처럼
신부로 태어난 당신은

맑고 깨끗한 눈처럼

맑고 깨끗하게 단장했네

봄여름 가을 겨울 언제나
맑고 깨끗하게 단장하네

겨울에 태어난 눈처럼 새하얀
순결한 당신을 신랑 되신 그분이
구름 마차에 맞으시고 천국으로 인도하리
눈처럼 새하얀 천국에서 영원토록 사랑하리

152

중요한 것은

우리가 청와대에 초청받았다면
우리는 대통령만 주목하면 된다
경호원이 나를 어떻게 생각하는가 눈치 볼 필요가 없다

우리가 백악관에 초청받았다면
우리는 미국 대통령만 주목하여 보면 된다
수행비서가 나를 어떻게 생각하는지 눈치 볼 필요가 없다

우리는 한국 대통령이나 미국 대통령보다 훨씬 높은 분을
모시고 살면서도 그분의 눈치를 보지 않고
사람들의 눈치를 보면서 사는 경우가 얼마나 많은가

중요한 것은 나를 초청한 대통령의 평가지
경호원이나 수행비서의 평가가 아니다

중요한 것은 나를 부르신 하나님 아버지의 평가지
세상 권세 잡은 자들의 평가가 아니다

내 안에는 세상 모든 권력을 상대화시키는 절대 권력자가 계신다

내 안에는 세상의 모든 능력과 권세를 무력화시키는 절대 권능자가
계신다

이제는 사람 눈치 보지 말고
하나님 눈만 의식하며 살자

이제는 사람 비위 맞추려 말고
하나님 마음 기쁘시게만 살자

존재한다는 것은

살아있는 것들을 모두 사랑하자
존재하는 모든 것들을 사랑하자

살아있다는 것은 사랑해 달라는 것
존재한다는 것은 사랑하고 있다는 것

사랑받으므로 살아있게 되고
사랑함으로써 존재하게 된다

154
높은 산에서는

높은 곳에 올라
기도하면
하나님이 가까이 보이고
세상이 아래로 들어온다

높은 곳에서
기도하면
하나님이 가까워지고
사람들이 아래에 보인다

높은 곳에서
기도하면
세상을 내려다보고
사람들을 굽어보며
하나님 마음 되어 기도된다

기도의 높은 산으로 올라가자
믿음의 높은 산으로 올라가자

높은 산에서는
세상도 한없이 작아지고
사람도 한없이 작아지고
오직
하나님만 한없이 커지신다

나는 때마다

나는 찬양할 때마다
그리스도와 그 십자가 죽으심과 부활하심에 연합한다

나는 기도할 때마다
그리스도와 그 십자가 죽으심과 부활하심에 연합한다

나는 말씀을 듣고 전할 때마다
그리스도와 그 십자가 죽으심과 부활하심에 연합한다

나는 일할 때마다
그리스도와 그 십자가 죽으심과 부활하심에 연합한다

나는 공부할 때마다
그리스도와 그 십자가 죽으심과 부활하심에 연합한다

나는 움직일 때마다
그리스도와 그 십자가 죽으심과 부활하심에 연합한다

나는 걸을 때마다

그리스도와 그 십자가 죽으심과 부활하심에 연합한다

나는 호흡할 때마다
그리스도와 그 십자가 죽으심과 부활하심에 연합한다

나는 잠들 때마다
그리스도와 그 십자가 죽으심과 부활하심에 연합한다

나는 깨어날 때마다
그리스도와 그 십자가 죽으심과 부활하심에 연합한다

나는 사랑할 때마다
그리스도와 그 십자가 죽으심과 부활하심에 연합한다

나는 믿을 때마다
그리스도와 그 십자가 죽으심과 부활하심에 연합한다

나는 순종할 때마다
그리스도와 그 십자가 죽으심과 부활하심에 연합한다

나는 고난당할 때마다
그리스도와 그 십자가 죽으심과 부활하심에 연합한다

나는 감사할 때마다
그리스도와 그 십자가 죽으심과 부활하심에 연합한다

호흡할 때마다 말할 때마다 움직일 때마다 가만히 있을 때마다
내 안에 계신 그리스도께서 그 십자가 죽으심의 은혜와 부활의 생명으로
내 속에서 호흡하시고 말하시고 움직이시고 가만히 계시므로
사는 것이 내가 아니라 내 안에 계신 그리스도 예수님이시라

별이 된 사람들 [30]

그가 죽었을 때
남은 것은
폐에 가득했던 먼지와 규사덩어리들뿐
이 땅에 남겨둔 것이 아무것도 없었다

누구를 위한 열심이길래
그는 목숨을 걸고 싸웠고
목숨을 걸고 일했고
목숨을 걸고 살았던가

조국을 위해서라면
이 한 몸 기꺼이 바치리라 고백했던 대로
그는 살았고
그는 죽었다
용광로에서 쏟아져 나오는 시뻘건 쇳물처럼
뜨겁게 살다
쇳물처럼 차갑고 단단하게 굳어져 죽었다

그가 죽었을 때

남은 것은
혈액암과 합병증으로 도진 폐혈증이 남긴 망가진 몸뿐
이 땅에 남겨둔 것이 아무것도 없었다

누구를 위한 열심이길래
그는 먼 이국 땅에 가서
총알을 맞아가면서 복음을 전했었던가 자식도 직장도 다 버리고
말도 피부도 다른 남의 자식들을 품고 자식처럼 섬겼던가

이 한 몸을 불사르리라 고백한 대로
주와 복음을 위해
그는 살았고
그는 죽었다
낯선 땅 낯선 강도가 쏜
총탄도 그의 육체를 뚫었을 뿐
그의 믿음과 영혼은 뚫지 못해
그는 병상에서 다시 일어나
자기를 쏜 자들의 나라에 가
강도 만난 영혼들을 껴안고

울며 싸매다가
다시 쓰러져 병마와 싸우다
숨을 거두었다

이 땅에 남겨둔 것은 없을지라도
그들은 하늘의 이름 없는 별이 되어
저 밤하늘을 말없이 지키고 있다

나는 조국을 위해 한 몸 바쳤건만
너는 조국을 위해 무엇 바치려는가

나는 하나님 나라를 위해 목숨을 바쳤건만
너는 하나님 나라를 위해 무엇 바치려는가

오늘도 별은 차가운 밤하늘을 스치며
내 마음 이편에서 저편으로 떨어진다

한 점 불빛 되어 명멸하다 사라진다

맨발의 청춘이여

나는 맨발로 뜨거운 사막 길을 걸어 너를 만나러 갔었지
내가 맨발로 너의 집에 들어갔을 때 너는 발 씻을 물도
주지 않았어도 한 여인이 나에게 와 눈물로 나의 발을
적시며 향유를 붓고 머리털로 씻어주었지

나는 지금도 맨발로 차가운 아스팔트를 밟으며
굶주린 자 헐벗은 자 고통받는 자들을 찾아다닌다

맨발로 얼음 언 땅을 밟고 거리에서 유리방황하는
굶주린 고아들과 과부들과 노숙자들을 찾아다닌다

나는 맨발로 추위에 떨면서 한밤에 혹은 새벽녘에
네 집 문을 두드렸건만 너는 따뜻한 이불에서 나오기
싫어 울부짖는 고아와 과부와 노숙자의 소리를
애써 외면하려고 이불 속에 머리를 파묻는구나

나는 너를 만나기 위해 맨발의 그리스도가 되어
나의 맨발로 온갖 더위와 추위와 고통과 슬픔을
당하였거늘

너는 너의 맨발로 육신의 자유를 구가하며
너의 청춘을 허랑방탕하게 탕진하려느냐

맨발의 청춘이여

심판의 날이 네 곁에 다가오기 전에
육신의 겉옷을 벗고 쾌락의 신을 벗어라

내가 준 자유를 육신의 기회로 삼지 말고
나와 함께 맨발로 얼어붙은 땅을 딛고 서서
나의 발이 되어 고통받고 상처받은 영혼들
가난하고 헐벗고 굶주리고 병든 영혼을
찾아가자구나

너 맨발의 청춘이여

너의 맨발로 얼어붙은 세상을 녹이는
작은 그리스도가 되라

소중한 것이 거절당했을 때

소중한 것이 거절당했을 때의 쓰라림을 아느냐
사랑한 것이 외면당했을 때의 허전함을 아느냐

예수님께서는 가장 소중한 목숨을 바치셨지만 거절당하셨다
예수님께서는 가장 소중한 사랑을 바치셨지만 외면당하셨다

거절당하는 나의 존재를 위하여 대신 거절당하셨고
외면당하는 나의 영혼을 위하여 대신 외면당하셨다

나의 쓰라림을 담당하시기 위해 내 대신 쓰라림 당하셨고
나의 허전함을 담당하시기 위해 내 대신 허전함 맛보셨다

그가 쓰라림 당하시므로 내가 그 소망의 달콤함을 맛보았고
그가 허전함 맛보시므로 내가 그 사랑의 충만함을 누리노라

159 주님이 기뻐하시는 마음은

주님이 기뻐하시는 마음은
낮은 마음

부자여도 마음이 낮을 수 있고
가난해도 마음이 높을 수 있다

주님이 사랑하시는 마음은
낮은 마음

권세 있어도 마음이 낮을 수 있고
권세 없어도 마음이 높을 수 있다

주님이 복 주시는 마음은
낮은 마음

지식이 많아도 마음이 낮을 수 있고
지식이 없어도 마음이 높을 수 있다

주님이 은혜 주시는 마음은

낮은 마음

외모가 뛰어나도 마음이 낮을 수 있고
외모가 빈약해도 마음이 높을 수 있다

주님이 쓰시는 마음은
깨끗한 마음

금 그릇일지라도 더러울 수 있고
놋그릇일지라도 깨끗할 수 있다

주여
저를 도우사
주 앞에서
낮은 그릇
깨끗한 그릇으로
살게 하소서

그리하여

나의 빈 그릇에
오직 주님의 은혜만 넘치게 하소서
오직 주님만 넘치게 나타나게 하소서

눈 내리는 깊은 밤

눈이 내리면
우리 마을은
샤갈의 눈 내리는 마을이 된다

한낮에 시끄러웠던 공사장에도
오가는 사람들로 바빴던 길가에도
인적이 끊긴 늦은 밤
내리는 눈으로
고단한 일상을 묻고
눈 속에서 꿈꾸듯
잠을 잔다

눈은
삶의 무게로 지친
공사장과 길가와 주차장 위를
위무하듯이
소리 없이 내려
말없이 덮어준다

죄악과 허물로
뒤대였던 지붕 밑의 더럽혀진 기억들을
차갑고 순결하게 얼은 액체로 덮어 녹여준다

눈은
흰 눈보다 더 희고
갓 난 어린양의 털보다 순결하고 새하얀
하나님의 어린 양의 피로
우리 마음을 덮으시는
하나님의 눈에서 흐르다 만 눈물이다

아침이 되면
사람들은
창문을 열고
온 세상을 하얗게 덮은 눈을 보고
눈 덮인 마을 위로 떠오르는 게으른 해를
보며 부끄러워지겠지

자는 동안 눈이 와서

온 세상이 새하얗게 변했노라며

눈 내리는 깊은 밤
짙은 어둠 속을 헤매며 꾸었던 꿈들이
간밤에 차가운 가로등 밑에서
춤추듯 흩날렸던 눈 알갱이들이었음을 알고

산 자는 반응한다

죽은 자는 말이 없다
무덤에 소나기 쏟아지든
눈보라 치든 천둥과 벼락이 치든 꽃이 피든

죽은 자는 말이 없다
누군가 무덤을 짓밟고 서든
욕을 하든 비방을 하든 칭찬을 하든

죽은 자는 반응이 없다
욕망의 바람이 불든 분노의 폭풍이 몰아치든
불신과 의심과 회의의 속살거림이든 달콤한 아첨이든

나는 그리스도 예수 안에서 죄에 대하여 죽은 자요
살아계신 하나님께 대하여만 산 자라
육체와 그 정과 욕심을 십자가에 못 박은 자요
세상이 나에 대해 죽고 세상에 대해 내가 죽은 자라
이제는 내가 사는 것이 아니라 내 안에
그리스도께서 사시는 자라

나는 죽은 자이기에
근심 걱정 염려 두려움 슬픔 절망에 반응하지 않는다
불신 의심 회의 유혹 시험과 공격에 반응하지 않는다

내 자아의 무덤 위에 서서
오직 내 안에 살아 계신 하나님의 영광과
부활하신 예수님의 영광과 역사하시는 성령님의 영광을
노래하고 찬양하고 감사하고 믿음으로 선포한다

나는 죽고 내 안에 살아계신 그분의 음성을 듣고
순종하고 하나님의 변치 않는 사랑과 진실하심에
민감하게 반응하고 성령님의 인도하심을 따른다

산 자는 반응한다
그분의 영광과 임재에 대해
그분의 나타나심과 능력에 대해
그분의 기름 부으심에 대해

산 자는 말한다

그분의 음성을 듣고 그분에게 음성으로
말한다
그분의 아름다움과 신실하심과 사랑과 능력과 지혜에
대해서 쉴 새 없이 말한다

나는 나의 자아의 무덤 위에서 나의 죽음을
그분의 부활의 무덤 위에서 나의 거듭남을
선포하는 살았으면서도 죽은 자요
죽었으면서도 살아있는 자라

그리스도 예수님 안에서
그의 십자가 죽으심과 부활의 생명에
이미 연합되었으므로

그리스도의 신부여라 [31]

너를 곱게 키우기 위해
네 곁에서 기꺼이 할매꽃이 되리
너를 아리땁게 피우기 위해
네 곁에서 구부정한 고목나무가 되리
죽어가는 너를 살려내기 위해
네 곁에서 험한 십자가에 매달려 피흘렸다
너는 험한 십자가 나무에 피어난
어여쁜 꽃
하나님의 딸
그리스도의 신부여라

낙타처럼 [32]

우리는 바라보아야 하리
태양을 향해 머리를 드는 낙타처럼
햇볕이 따가워 고개를 돌리고 꽁지를 빼면
몸통이 햇볕에 달궈져 쓰러질 수밖에 없다는 것을
낙타는 알고 태양을 직면한다

우리는 바라보아야 하리
내 속에 있는 두려움과 불안과 불신과 죄악을
내 속에 그런 것이 없는 것처럼 외면할수록
두려움과 불안과 불신과 죄악의 그림자는
커져 나를 삼켜 버린다

우리는 바라보아야 하리
우리 안에 숨어있는 어둠의 실체를
빛 가운데 어둠의 실체를
숨김없이 고백할 때
나를 통제하던 어둠은 힘을 잃고
오직 빛 되신 하나님과
빛 되신 진리의 말씀과

빛 되신 진리의 영께서
나를 자유롭게 하고
통제하는 삶을 살게 되리

우리가 두려워해야 할 것은
두려워하지 않아도 될 어둠을
두려워하는 우리 자신뿐이다

우리는 바라보아야 하리
우리를 자유롭게 하시는
빛 되신 하나님 아버지를
빛을 향해 우리가 고개를 들 때
어둠은 자리할 곳도 없어지리라

164

운명이 된 남자

산을 넘으면 또 다른 산이 나오고
강물 건너면 또 다른 강이 나오고
광야를 지나면 또 다른 광야가 나오는
시험과 도전과 고난이 운명처럼 기다리는
인생길 한복판에서 당신 앞에
엎드립니다
하나님 저는 당신 없이는 살 수 없는
기도가 운명이 된 남자입니다
하나님 저는 당신 없이는 손가락
하나도 까딱할 수 없는
당신이 운명이 된 사람입니다
꺾여진 날개와 부러진 다리로
당신 앞에 엎어진 무능한
실존입니다
제 몸을 쪼개사 산 제물로
받으시고
나는 죽고 예수로 산
새 사람 만드사
써 주옵소서

저주받은 자아의 감옥에서 나와
예수 죽인 십자가 형틀에 달려
예수와 함께 죽고
예수와 함께 살아
주 예수의 생명으로 사는
새 피조물 되게 하소서
주 예수의 이름으로 일하는
주님 것 되게 하소서

165

살아있는 성전

아들아
하나님이 세우신 성전을 자세히 보아라
성전 앞에 두 기둥이 서 있으니
야긴과 보아스라
하나님이 세우시되
친히 그 힘으로 세우신다는 뜻이니라

성전이 세워진 곳을 유념하여 보아라
그곳은
아브라함이 외아들 이삭을 바쳤던 모리아산 언덕
다윗이 자신의 허물로 이스라엘 백성에게 내린
저주가 그치게 번제를 바쳤던 오난의 타작마당이 아니더냐
하나님의 독생자獨生子 예수 그리스도께서
너와 나의 죄를 위하여 십자가 지시고 올라가
나무에 못 박혀 높이 들려 피 흘리셨던 골고다 언덕이 아니더냐

성전이 타락하여
성전의 주인께서 이 성전을 허물라 내가 사흘만에 일으키리라
선포하시고 친히 나무에 달려 죽으시고 사흘만에 부활하셔서

성령님으로 들어와 계신 너의 심령이 성전 아니더냐

이제 네 심령 성전에는 두 기둥이 있어야 할지니
말씀과 기도의 기둥이라
말씀은 변치 않으시는 하나님의 뜻이요 주권이요 섭리라
기도는 성령님의 나타나심과 능력이라
이 두 기둥이 서 있는 한 어떤 원수도 네 안에 있는
성전을 무너뜨리지 못하리라
오직 말씀과 기도에 전무全務할 때
하나님께서 살아 계셔서
원수를 멸하시고
친히 그 능력으로 뭇 영혼의 육체 속에도
살아있는 성전을 세우시리라
그들도 말씀과 성령님이 살아 역사하시는
살아있는 성전이 되리라

다시 복음 앞에[33]

다시 복음 앞에
다시 복음 앞에
다시 복음 앞에
서기를 원합니다
관념이 아닌 실제로서 복음 앞에
과거가 아닌 현재로서 복음 앞에
말이 아닌 능력으로써 복음 앞에

다시 복음 앞에
다시 복음 앞에
다시 복음 앞에
서기를 원합니다
그 십자가의 죽으심과
그 무덤에서 부활하심이
현재적 감동으로 살아있는 복음 앞에
서기 원합니다

다시 복음 앞에
다시 복음 앞에

다시 복음 앞에
서기를 원합니다
어떤 문제 앞에서도
하나님이 살아계시고
그분은 전능하시다는
부인할 수 없는 복음 앞에
서기를 원합니다

다시 복음 앞에
다시 복음 앞에
다시 복음 앞에
서기를 기도합니다
하나님은 죽은 자를 살리시고
없는 것을 있는 것같이 부르시며
불가능이 없으시다는 복음 앞에
서기를 원합니다

다시 복음 앞에
다시 복음 앞에

다시 복음 앞에
서기를 원합니다
내 꼴이 말이 아니어도
예수님께서 십자가에서 나의 구원을 다 이루시고
날 위한 대속의 죽음과 부활로 마귀를 이기고 또 이기셨다는
그 피 묻은 복음 앞에 서기를 원합니다

다시 복음 앞에
다시 복음 앞에
다시 복음 앞에
살기를 원합니다

세상 사람들은 다 자기 살길 좇아 넓은 길로 갈지라도
오직 주께서 가신 십자가의 좁은 길로
자기 죽인 십자가를 걸머지고
주님 따르기 원합니다

오직 예수만이 길이요 진리요 생명임을 알기에
오직 예수 이름 말고 구원받을 만한 다른 이름 주신

일이 없는 것을 알기에

세상은 그런 내게 묻겠죠
예수면 다냐
그래 예수면 다다
예수면 다다
예수면 다다
외치면서 주님을 따르렵니다

167
하나님의 말씀은 어찌 그리

하나님의 말씀은 어찌 그리 정교하신지요
예수님의 말씀은 어찌 그리 정미하신지요
성령님의 말씀은 어찌 그리 정묘하신지요

하나님의 말씀은 어찌 그리 정확하신지요
예수님의 말씀은 어찌 그리 완전하신지요
성령님의 말씀은 어찌 그리 무오하신지요

하나님의 말씀은 어찌 그리 능력이 많으신지요
예수님의 말씀은 어찌 그리 권세가 많으신지요
성령님의 말씀은 어찌 그리 권능이 많으신지요

하나님의 말씀은 어찌 그리 지혜가 많으신지요
예수님의 말씀은 어찌 그리 지식이 많으신지요
성령님의 말씀은 어찌 그리 총명이 많으신지요

하나님의 말씀은 일점 일획도 떨어지지 않고 다 이루어집니다
예수님의 말씀은 천지가 없어져도 없어지지 않고 다 이루어집니다
성령님의 말씀은 입에서 나가 공수로 돌아오지 않고 다 이루어집니다

하나님의 말씀은 내 삶에서 정확히 이루어집니다
예수님의 말씀은 내 삶에서 반드시 성취되어집니다
성령님의 말씀은 내 삶에서 반드시 열매를 맺습니다

하나님의 말씀은 어찌 그리 내게 신실하신지요
예수님의 말씀은 어찌 그리 내게 온전하신지요
성령님의 음성은 어찌 그리 내게 달콤하신지요

168

춤추는 삼나무처럼

오직 주님만 바라보리
다른 어느 것도 보지 않으리

오직 주님만 의지하리
다른 어느 것도 의지 안 하리

오직 주님만 사랑하리
세상 자랑 영광 다 버리리

오직 주님만 자랑하리
자기 자랑 영광 다 버리리

늘 해를 바라보는 해바라기처럼
늘 하늘 우러러 팔 벌린 나무처럼
늘 주만 바라보며 흔들리지 않으리
늘 약속을 붙잡고 소망을 꿈꾸리

세상이 나를 버리고
사람들 나를 떠나도

주님만 바라보고
주님만 의지하리

태양빛에 꿈꾸는 해바라기처럼
태양 보며 춤추는 삼나무처럼

주님을 바라보고 즐거워하리
주님을 바라보고 기뻐 춤추리

169

신新주기도문

우리는 기도해야 하리
아버지의 이름이 거룩히 여김을 받으시도록
아버지의 나라가 임하도록
아버지의 뜻이 하늘에서와 같이 땅에서도 이루어지도록
나의 기도를 통해 하나님의 영광이 나타나도록
나의 간구를 통해 하나님의 나라가 임하도록
나의 간절한 기대와 소원을 통해 하나님의 뜻이 하늘에서 이루어진 것같이
이 땅에서도 이루어지도록

하나님께서는 하나님의 소원이
나의 소원이 되기까지
기도 제목을 통해 나와 씨름하시고
환도뼈를 쳐서 나로 약하게 하시고
힘을 다 빼기도 하신다
나의 소원이 하나님의 소원과 같아지도록
나를 연단하시고 조율하신다

우리가 그의 나라와 의를 두고 씨름할 때

하나님께서는 우리에게 필요한 모든 것을 더하여 주신다
일용할 양식과
우리가 우리에게 죄 지은 자를 용서할 수 있는 은혜
우리를 시험에서 건지시는 은혜
우리를 악에서 구하시는 구원의 은혜까지

그리하여
우리를 통해 주의 나라와 주의 권세와 주의 영광이 온전히 드러나서
우리에게서 영원토록 찬송받으시기까지 구원의 일을 쉬지 않으신다

너희 여호와로 기억하시게 하는 자들아
너희는 쉬지 말며
여호와께서 예루살렘을 세워 세상에서 찬송을 받으시기까지 그로
쉬지 못하시게 하라
말씀하시며 주야로 잠잠하지 못하도록 나를 격동하신다

북한산 겨울 등정기登頂記

다시 겨울 산에 올랐다
산기슭을 헤집고 올라가
산등성을 타니 산비탈에 남은 잔설殘雪이 곳곳에 보였다
봉우리를 넘고 계곡을 타 내려가면
더 험한 봉우리가 나타나는데
흐린 하늘에서 내리는 잔눈이
두렵다

쇠줄을 잡고 암벽을 타고 올라간
높은 봉우리에서 내려다보니
벌거벗은 나목들이 빽빽이
하늘을 향해 빌고 있는 갈색 숲 사이에서
소나무들이 푸른 자태를 뽐내며 초록군을 이루었다
멀리 보이는 사모紗帽 바위[34]와 거북바위가
산봉우리 위에서 떨어질 듯 솟아있었고
대머리처럼 벗어진 암벽이 허연 속내를
계곡 아래로 드러내 놓고 있었다
산꼭대기를 따라 쌓여 있는 돌무더기는
이곳이 오래전 전화에 휩싸였던 옛성이라고

말해주고 있었고
이윽고 남쪽으로 난 큰 성문
아래를 지나 산을 내려올 때
맑게 개인 하늘에서 내리는 잔눈이
반갑다

내려오는 계곡에는 큰 나목들이
벌거벗은 채 알몸을 감싸고 있었고
껍질이 벗겨져 허해진 소나무들이
머리 꼭대기에 푸른 솔을 이고
푸른 바위틈에 서려 있었다
계곡에는 두꺼운 얼음이 얼었는데
다리를 건너다 무심코
얼음 아래로 흐르는 맑은 물소리를 듣는다
계곡 아래로 내려갈수록 얼음 녹은
시냇가에 녹은 물들이 맑은 물소리를
내며 큰물이 되어 흘러가고 있었다
유난히 적게 내린 눈으로 가물어서
차갑게 얼어붙은 것 같던 겨울산이

두꺼운 얼음 속으로 맑은 물을 흘려 보내며
혹한과 가뭄에도 살아있다고 말하고 있었다

계곡 아래 바위틈 얼음장 밑으로 겨울산의 정적을 깨며
흐르는 맑은 물소리를 들으니
어릴 적 겨울에 큰 내를 건너 설 쇠러 갔을 때가 떠오른다
냇가에 놓였던 큰 바위를 밟고 물이 위로 흘러가고 있는
바위 사이로 두렵게 발걸음을 떼던 어린아이와
그 맑은 시내 사이로 허벅지가 훤히 드려다 보이는 바위쩍과
차갑게 흘러가던 물소리와 깨어질 듯 얹혀있던 살얼음이

아
나는 어느 세월에 그 살얼음판을 건너
이 다리 위에 서서 또 다른 나를 내려다 보고 있는가
그 바위쩍에 걸친 살얼음판을 언제나
다시 건너볼 수 있으려나

이제는 다시 고향 개울 살얼음판 서린 바위쩍을
건널 수 없겠지만

내게는 어릴적 고향개울보다 더 맑은 물이 고운 물소리
내며 흐르는 꿈속의 고향이 기다리고 있나니
하늘 아버지께서 구주 예수님과 함께 동구밖 싸릿문 앞에서 기다리
시는
하늘 고향집일러라

171

과도하게 사랑하지 말지니

사람을 과도하게 믿지 말지니
그리하면 실망하게 되나니

사람을 과도하게 사랑하지 말지니
그리하면 실망하게 되나니

하나님을 과도하게 믿을지니
그리하면 결코 실망치 않으리니

하나님을 과도하게 사랑할지니
그리하면 구원과 생명의 면류관을 얻으리니

사람은 믿을 수 없고 사랑할 수 없는 존재나
우리는 하나님을 믿고 사랑함으로
하나님 안에서 사람을 믿고 사랑할 수 있나니

We always trust in God

지금도 광야에서처럼

지금도 그 메추라기들 날으리
시내산 구름 덮여 산봉우리는 안보여도

지금도 그 가시덤불 불 붙으리
험한 바위와 떨기나무밖에 없는 빈들에

지금도 그 양떼 지나가리
빵과 포도주 자루 맨 목자들 지팡이 진 광야를

지금은 하늘에서 가랑비처럼 내리던 만나가 그쳤을지라도
그들이 먹었던 것은 말씀이었습니다
그들이 들었던 것은 음성이었습니다
그들이 보았던 것은 불과 구름기둥이었습니다

그 후미진 다락방 안에서
그들이 보았던 것은 당신의 눈동자였습니다
그들이 만졌던 것은 당신의 옷깃이었습니다
그들이 느꼈던 것은 당신의 숨결이었습니다

이제 알기보다 만나기를 원합니다
내 곁에 살아계신 당신을
이제 배우기보다 먹기를 원합니다
생명의 떡이신 당신의 말씀을
이제 이해하기보다 마시기를 원합니다
생명의 포도주인 당신의 피를

하나님 당신은 관념이 아닌 실재이시고
지식이 아닌 생명으로 계시기 때문입니다
말로만이 아닌 능력으로 계시기 때문입니다
지금도 내 곁에 서서 가만히 듣고 계시기 때문입니다

지금도 하늘에서 가랑비같이 내리는 당신의 말씀을
받아먹습니다
비둘기들 발길을 피하여 날아대는 차갑고 분주한 길가
불기둥 구름기둥같이 따스한 성령님의 기름 부으심 안에서

173

주 안에서

주 안에서
하나님의 사랑 안에서
예수 그리스도 은혜 안에서
성령님 내주內住 교통하심 안에서
항상 기뻐하라

주 안에서
하나님의 섭리 안에서
예수 그리스도 구원하심 안에서
성령님 인도하심 안에서
항상 감사하라

주 안에서
하나님의 선하신 주권 안에서
예수 그리스도 함께하심 안에서
성령님 영광의 임재하심 안에서
항상 찬양하라

주 안에서

마음이 힘들어도
몸이 아플 때도
되는 일이 없을 때도
실패하고 좌절할 때도
항상 기뻐하고 감사하고 찬양하라

찬양의 제사가 쌓이고
기도의 제사가 쌓이고
감사의 제사가 쌓이어
정한 믿음의 분량까지 이르면
크고 비밀한 일을 나타내시는 주께서
하늘 문을 열고 복을 쌓을 곳이 없을 정도로
부어주시리라

봄 오는 소리

목련꽃 나뭇가지에 돋아나는 움은
봄 오는 소리

얼음장 밑으로 흐르는 개울물 소리는
봄 오는 소리

나무 끝에 머물다 날으는 찌르레기 소리는
봄 오는 소리

눈 녹는 밭이랑에서 짖는 삽살개 소리는
봄 오는 소리

황량한 산과 들녘에 선 내게도
마음속 그분에게서 들려오는
봄 오는 소리

노천 숯가마 굴속에서 [35]

노천 숯가마굴에 들어가
수건 뒤집어쓰니
불길이 쏟아지는데
지옥불길 따로 없네
굴속에 잠깐 들어오는
바람이 왜 이리 반가운지

온몸은 뜨겁고 땀은
솟아나고 드러난 팔뚝은
익는 듯 하는데
불로 소금 치듯 하리라는
예수님 말씀 생각나네
지옥불로 소금 치듯 영벌 받을
날 위해 대신 지옥 불에 들어갔다
나오신 예수님 은혜 어찌 그리 감사한지

다들 숯가마에서 신음소리 내며
미동도 하지 않고 죽은 듯 불길을 견디는데
남 생각할 여유 없고 이 고통에서

건져내실 주밖에 생각 없네
주 예수를 믿고 영접하면
구원과 영생이요
주 예수를 불신하고 거부하면
심판과 영벌이라
날 불같은 시험으로 연단하사
정금같이 나오게 하시는
예수님의 은혜로
정금같은 믿음과 소망과 사랑으로
빚어져 숯가마에서 나오길 원하네
참을 수 없는 고통으로
숯가마 굴에서 나오니
차가운 겨울바람이 왜 이리 시원한지
예수님의 보혈로 죄로 고통 진 영혼
씻김 받을 때 얼마나 더 시원한지
하나님께서 숯가마 같은 인생 풀무에
날 던져넣으심도 어찌 그리 감사한지

176

이제는 알겠습니다 [36]

당신은 보고 계셨죠
차오르는 물속에 잠겨가는 내 육체

당신은 듣고 계셨죠
물속 같은 고통에 잠긴 내 영혼의 신음 소리

당신은 보고 계셨죠
내 삶의 고달픔과 힘겨움

당신은 듣고 계셨죠
내 마음의 애절한 소원과 내 영혼의 한 맺힌 간구

달려갈 길 나 몰랐어도 당신은
내 갈 길 다 아시고 앞길 열어주셨죠

당신은 거름더미 속에 있던 나를 높이시고
천한 인생 중에서 내 인생을 존귀케 하셨죠

모든 것이 우연이요 제 운이라 여기고

기고만장했던 나를 당신은 찾아오셔서
모든 것이 당신이 내 기도를 듣고 은혜로
이루어주신 것임을 깨닫게 해주셨죠

모든 것을 내려놓고 주님께 맡겼을 때
주님은 내 옆구리에 아픈 가시를 넣으셨죠

몸을 뒤척이고 숨을 쉴 때마다
잠결에도 느껴지는 가시를 통해
주님은 나를 깨뜨리시고 만지시고 다듬으셨죠

고통을 통해 나의 높은 마음을 낮추시고
나의 교만과 가식과 고집을 꺾으시고
지극히 낮은 자들을 품고 섬길 수 있는 자리로
나를 이끄셨죠

이제는 알겠습니다
제 인생이 만세 전에 당신의 섭리 가운데 예정된 것을

이제는 알겠습니다
제 인생을 낮추시고 높이심과 세우시고 폐하심으로
천한 자를 거름더미에서 높이시고 귀한 자를
높은 자리에서 낮추시는 당신의 주권에 달려 있음을

제가 죽이기도 하시고 살리기도 하시는 당신의 손에 붙들려
그리스도의 남은 생을 살고 있음을

모든 것에는 소리가 있다

모든 것에는 소리가 있다
돌멩이도 바람도 나뭇잎도 짐승도 사람도

모든 것에는 귀가 있다
돌멩이도 바람도 나뭇잎도 짐승도 사람도
창조주의 음성을 듣는 귀가 있다

하물며
소리를 만드신 분이 말씀을 하실 수 없겠느냐

할찐대
듣는 귀를 만든 분이 들을 귀가 없겠느냐

하나님은 숨소리 한숨소리 신음소리 근심소리 믿음의 말과 고백, 소원과 기도와 간구 심장 박동소리까지
내게서 나는 모든 소리를 듣고 계신다
내게서 나는 모든 소리를 듣고 말씀하신다
일을 행하는 야훼 그것을 지어 성취하는 야훼 그 이름을 야훼라 일컫는 자가 이같이 이르노라

너는 내게 부르짖으라 내가 네게 응답하겠고 네가 알지 못하는 크고 은밀한 일을 네게 보이리라

하나님은 벙어리의 소리도 듣고 벙어리 냉가슴 앓는 내 가슴소리도 들으신다
예수 그리스도의 이름으로 무엇이든지 구하면 죽은 자도 살리시고 없는 것도 있는 것같이 창조하시고 불가능한 것도 가능케 하신다

하나님의 이름과 영광을 위하여
다만 나의 유익과 기쁨을 위하여
진정 너의 구원과 생명을 위하여

부르짖는 나의 기도 소리를 듣고
우리 안에 크고 은밀한 기적을 행하신다

내 창조자를 기억하라

겨울 산에 올라 보니
풀벌레 소리는 간데없고
맑은 새소리만 들려오네
쯔르르륵 쭉쭉 찌르르륵 찍찍 뾰르르륵 뾰롱 삐리리릭 삐릭 깍 깍 가악 가악
찌르레기 노랑지빠귀 홍방울새 콩새 박새 까치 소리 까마귀 소리까지

앙상한 가지 사이로 차가운 공기를 가르면서 언산 위를 나는
저 새들은 이 겨울에 무얼 먹고 어디서 추운 밤을 지샐까
나무에 달라붙어 따따따닥 쉬지 않고 나무를 쪼는 딱따구리를 보니
하나님이 저 새들을 먹이시고 기르신다는 말씀이 절로 생각나네

저 딱따구리는 나무 속에 깊이 숨어 있는 벌레가 있는 곳을 창조주가
정확히 일러주는 대로 부리질하여 구멍을 파서 날돋힌 긴 혀로 끌어올려
제 목구멍 속으로 집어넣겠지

마른 가지만 앙상한 언 하늘과 언 땅 위에서 무얼 먹고 무얼 입고
어떻게 살꼬 근심 걱정 염려하는 우리에게 하나님은 말씀하신다

너는 저 새들보다 귀하지 아니하냐
황량한 겨울에도 새들이 배고파 울지 않고 맑은소리로 나를 찬양하듯
너희도 쉴 곳 없고 먹을 것 보이지 않는 황량한 곳에서도 나를 찬양
하면
내가 저 새들을 겨울에도 굶기지 않고 얼어 죽지 않게 하는 것처럼
능히 너희를 먹이고 입히고 재우지 아니하겠느냐

믿음이 적은 너희여
네 창조자를 기억하라

횡성산 한우 육포를 씹으며

아침부터 횡성산 한우 육포를 씹는다
딱딱한 고기를 잘게 씹어 삼키는데
잘라지지 않는 놈이 있다
소 힘줄이다
이리 씹고 저리 씹고
아침나절 씹어도 입속에 머무는
힘줄을 씹으며
힘줄이 있어 힘이 있음을 깨닫는다
힘줄을 씹으니 내게 **소힘이 줄입힌다**

나는 아침부터 밤늦까지 무얼 씹는가
씹어도 씹어도 씹히지 않는 말씀의 힘줄을
씹어야 힘줄이 내게 입히리

입에서 머물다가 나도 모르게
내 속으로 사라질 때까지
말씀이 내 피가 되고 살이 되어
말씀이 내가 되고 내가 말씀이 될 때까지
말씀의 힘줄을 질근 질근 씹는다

말씀을 밤낮 즐근 즐근 묵상한다

그럼에도 불구하고

그럼에도 불구하고
그럼에도 불구하고
그럼에도 불구하고

나는 너를 사랑한다
나는 네게 기대를 건다
나는 너를 믿는다

네가 연약할지라도
네가 부족할지라도
네가 실수했을지라도
네가 범죄하였을지라도
네가 나를 배반하고 부인할지라도
네가 나를 원수처럼 대적하고 욕했을지라도

나는 여전히 너를 사랑한다
나는 여전히 네게 기대를 건다
나는 여전히 너를 믿는다
네가 못났을지라도

네가 병들었을지라도
네가 망가져 형편없게 되었을지라도

나는 그런 너를 사랑한다
나는 그런 네게 기대를 건다
나는 그런 너를 믿는다

내가 너를 지었기에
너는 창세 전부터 내 것이었기에
내 이름을 위하여 너를 불렀고 택하였기에

나는 변함없이 너를 사랑한다
나는 변함없이 네게 기대를 건다
나는 변함없이 너를 믿는다

너를 사랑하기에
사랑이 모든 것을 이김을 알기에
그런 네 모습에도 불구하고
십자가에 못 박혀 피 흘리고 죽었기에

나는 운명처럼 너를 사랑한다
나는 운명처럼 네게 기대를 건다
나는 운명처럼 너를 믿는다

사랑의 날개로 덮으소서 [37]

사랑의 날개로 덮으소서
총알이 빗발치는 전쟁터에서도

사랑의 날개로 덮으소서
이념과 체제가 다른 나라, 말과 사상과 신념이 다른 사람들 사이에서도

사랑의 날개로 덮으소서
극심한 불신과 오해와 증오로 고문당할 때도

사랑의 날개로 덮으소서
육체와 정신이 사망의 담금질로 하늘이 보일락 말락 할 때도

하얀 독수리 날아와 날개로 내 영혼과 육체를 덮었을 때
사망의 어둠과 고통이 물러가고
영혼과 육체가 다시 소생되었나이다

주께서 사랑의 날개로 덮으셨을 때
원수도 사랑하여 용서할 수 있었고

모진 핍박에도 즐거워하고 기뻐하였나이다

주님께서 십자가에서 심한 고통과 피흘림과 사망 속에서도
용서하신 그 사랑이 날개가 되어
내 영혼을 덮고 원수들을 덮어
사랑의 날개 아래서 하나가 되었나이다

주께서 사랑의 날개로 덮으셨을 때
서로 총부리를 겨누던 원수가 형제가 되었나이다

사랑의 날개로 덮으소서
하나님의 형상과 모양대로 지음받은
우리가 주님께서 보여주신
사랑의 법에 순종하여
가난하고 헐벗고 고통당하는 이들에게
찾아가 손을 활짝 펼 때
천상에서 하얀 독수리 사랑의 날개 활짝 펴고 내려와
하늘을 덮고
꽃제비 얼어 죽는 춥고 그늘진 땅에도

봄날은 쉬 올 것입니다

의자에 앉아서

퇴근길 전철 안에 서서 가다
빈자리가 나 의자에 앉는다
의자에 앉으니 몰려든 피곤이 사라지고
평안과 안식이 밀려온다

늦은 밤 버스를 올라타
빈 의자에 몸을 얹고 다리를 난간에 올려놓는다
텅 빈 버스 안에서 왕같이 앉아
평안과 안식을 누린다

하나님 안에 앉아
평안과 안식을 누린다

누군가 앉아 쉬고 싶어 하는
의자이고 싶다

보좌 앞에 나아갑니다

보좌 앞에 나아갑니다
깜깜한 지성소 황금 그룹 날개 아래
피 묻고 금 간 언약궤 앞에

은혜의 보좌 앞에 나아갑니다
골고다 언덕 위 나무에 못 박혀
피 흘리신 그 십자가 아래

긍휼의 보좌 앞에 나아갑니다
우리 연약함을 체험하기 위해서
육체로 오사 우리가 당하는 모든 시험을
받으신 예수님 앞에

영광의 보좌 앞에 나아갑니다
우리 연약함을 동정하시고
때를 따라 돕는 은혜로 도우시기 위해
기다리시는 성령님의 임재 앞에

두려워 마음이 떨릴 때

세상이 두려워 마음이 떨릴 때
주님은 찾아와 말씀하신다
안심하라 내니 두려워 말라

사람이 두려워 마음이 녹을 때
주님은 찾아와 말씀하신다
두려워 말고 믿기만 하라

세상에서 환난을 당할 때
주님은 찾아와 말씀하신다
너희가 세상에서 환난을 당하나 담대하라
내가 세상을 이겼노라

세상에서 실패하고 낙오할까 근심하고 염려할 때
주님은 찾아와 말씀하신다
네 염려를 내게 맡기고 아무것도 근심하지 말라

영광의 주님은 내가 약할 때 찾아오사
말씀으로 나를 붙드시고 불신과 의심과 두려움과 염려에서 일으켜

세우신다

두려움 많은 나와 함께 하신다 약속하시고
바르르 떠는 세포 속에 평강을 채워주신다

평강의 하나님이 내 안에 들어오실 때
사람도 무릎 꿇고 사단도 벌벌 떤다

평화의 왕이 내 안에 들어오실 때
뺨을 스치우는 겨울 찬 바람에
훈훈한 봄기운이 느껴진다

하나님 나라는 먹는 것이나 마시는 것이나 이것이나 저것이 아니요
오직 그리스도 예수 안에서 의와 평강과 희락이니라

봄날은 오나 보다

겨울 찬 바람에 손끝이 아리는데
봄날 같은 햇살이 온몸을 감싼다

봄은 새악시같은 겨울의 시샘 속에
나물 캐는 처녀처럼 산과 들로 오나 보다

꽃 피는 것을 샘내는
앙칼진 꽃샘추위 속에
봄날은 오나 보다

사단이 시샘해도
하나님의 은혜의 날이
오고야 마는 것처럼
봄날은 오나 보다

더 가까이 나아감은

때로 하나님께 더 가까이 나오도록
주님은 우리에게 고통을 허락하신다
하나님께서는 하늘에서 우리 고통을
내려보신다
예수님께서는 이 땅에 내려와
십자가에서 우리 고통을 대신 당하셨다
성령님께서는 우리 고통을 어루만지시고
싸매시기 위해 우리 안에 와 계신다
고통 중에서도 하나님께 더 가까이 나아감은
그가 우리를 사랑하심이라
고통 중에서도 예수님께 더 가까이 나아감은
그가 우리 고통을 당하셨음이라
고통 중에서도 성령님께 더 가까이 나아감은
그가 우리 고통을 품고 없애심이라

네 신을 벗으라

네 신을 벗으라
사람 앞에서 살며
너 자신을 위해 살던
네 발에 신던 신을 벗으라
네 신을 벗으라
네 힘과 능력과 열심과 의지로 살던
네 발에서 헌 신을 벗고
내가 예비한 새 신을 신으라
네 저는 발에 내가 예비한 신을 신고
내가 준비한 은혜로 내가 예비한 삶을 살라
네 발이 절을지라도 내가 예비한 신을 신고
나가면 네 걸음이 아름다운 발자국이 되리니
새하얀 눈길에 듬성 듬성 찍힌 발자국같이
길 잃은 나그네를 인도하는 발자취가 되리라

홀로 산길에 올라

홀로 예배당에 앉아
주님을 사랑한다고 고백할 때
코끝에 백합화 향기 스몄다
홀로 산길에 올라
주님이 지은 흙길을 밟을 때
낙엽 태우는 냄새가 스몄다
주님은 보이지 않았지만
진한 향기로 곁에 계셨다
주님은 찾아 볼 수 없었지만
매콤한 냄새로 곁에 계셨다

깜깜한 어둠 속에서도 [38]

깜깜한 어둠이 네 방에 깃드는 밤
홀로 감당해야 하는 어둠이 두려워
너는 네 방에 불을 켜 놓곤 하지만
하나님께서는 깜깜한 어둠 속에서도
너를 보시고 계신단다
하나님께서는 칠흑같이 짙은 어둠 속에서도
네 편지 속 깨알같은 사연을 또렷이 읽으신단다
하나님께는 빛이나 어둠이나 동일하시단다
깜깜한 우주 속에 빛이 있으라 선포하셨을 때도
하나님께서는 충만한 빛 가운데 계셨단다
너는 깜깜함이 임하면 아무것도 할 수 없을지라도
하나님께서는 깜깜한 어둠 속에서 더 많은 일을 하신단다
네 영혼을 어둠 속에서 보듬으시고 깊이 패인 상처를 싸매시고
네 육체를 어둠 속에서 안으시고 피곤한 육체를 어루만지신단다
흙 속에서 뿌리가 자라고 싹이 나고 알이 영그는 감자처럼
어둠 속에서 네 성장판을 열어놓으시고 생명을 풀어놓으사
너를 한 뼘이나 자라게 하신단다
그래서 자고 나면 몸과 마음이 개운하고 머리를 짓누르던 고민과 고통이 가벼워지는거야

네 가는 인생길에 깜깜한 어둠이 드리워져 한 치 앞을 볼 수 없어 엉금 엉금 기어갈 때도

잊지마

하나님께서는 어둠 속에서 너를 아름답게 빗으시고 찬란한 빛 가운데로 너의 길을 인도하고 계심을
하나님께서는 어둠 속에서 푸른 지구와 저 하늘을 비추는 별들과 해와 달을 지으셨음을

사랑은 언제나

사과 한 입 베어 물면
주님의 달콤한 사랑이 맴돌고
배 한 입 베어 물면
주님의 시원한 사랑이 퍼져간다
바나바 한 입 베어 물면
주님의 달짝지근한 사랑이 머물고
포도 한 알갱이 깨물면
주님의 감미로운 사랑이 퍼져 온다
주님의 사랑은 언제나
맛있고 새 힘이 있어서
졸리운 영혼을 깨어나게 하고
피곤한 육신을 늘 새롭게 한다

산 자로 여길지어다

네 생명을 그의 죽음에 넘기우고
그의 생명을 네 죽음에 받아들이라
네 생명을 그분의 죽음에 넘기워
그분의 죽으심과 함께 죽어지고
네 죽음을 그분의 생명에 넘기워
그분의 살아나심과 함께 살아지라
십자가는 나의 생명을 죽은 그리스도께 연결하고
부활은 나의 죽음을 다시 사신 예수님께 연결한다
그런즉 너 자신을 죄에 대하여는 죽은 자요
그리스도 예수 안에서 하나님께 대하여는 산 자로 여길지어다

큰 산처럼 믿음이 크면

큰 산에는
다람쥐랑 토끼랑 오소리랑 노루랑 여우랑 늑대랑 곰이랑 호랑이랑
없는 것이 없네
큰 바다에는
새우랑 멸치랑 오징어랑 고등어랑 참치랑 다랑어랑 상어랑 고래랑
없는 것이 없네
큰 산처럼 믿음이 크면
잘난 사람 못난 사람 잘된 사람 못된 사람 좋은 사람 나쁜 사람 품지
못할 사람이 없네
큰 바다처럼 마음이 넓으면
흑인종 황인종 백인종 아시안 아프리칸 히스페닉 인디언 에스키모
식인종
못 품을 인종이 없네
하나님의 믿음은 큰 산보다 크고
하나님의 마음은 큰 바다보다 넓어
믿음이 작은 자에게
큰 믿음을 가지라 하시네
마음이 좁은 자에게
넓은 마음을 품으라 하시네

은혜의 바다 위에

밀려오는 파도에
몸을 맡겨 바닷속으로 들어가듯
주님의 임재 안에
몸을 맡겨 은혜의 바닷속으로 들어가라
고요하고 따뜻한 바닷물이
네 몸을 부양하는 것처럼
잔잔하고 부드러운 성령님의
능력이 너를 은혜의 바다 위에 떠오르게 하리
때로 바다 위로 거친 파도 일어도
잔잔하고 고요한 바닷속같이
성령님이 주시는 평안이 너를 잠잠케 하리
바닷물이 네 속으로 들어오고
네 속에 있는 것들이 바닷속으로 빠져나가
바다가 네가 되고 네가 바다가 된 것처럼
너도 내 안에 거하면 내가 네 속으로 들어가
네가 되고 너도 내 속으로 들어와 내가 되리
네 힘을 빼야 몸이 바다 위에 떠오르는 것처럼
네 자아를 포기하고 죽어야 너의 심연에서
내가 떠올라 너의 바다에서 내가 헤엄치리

때로 이유 모를 일들이

때로 이유 모를 일들이
네 삶에 다가올 때
때로 이유 모를 오해와 비난이
너를 공격해 올 때
때로 이유 모를 멸시와 천대가
너를 에워쌀 때
때로 이유 없이 관계가 막히고
하던 일들에 어긋날 때
그리하여 마음과 몸의 진액이
모두 닳아 소진될 때
무슨 말씀을 하는지 들려오지 않고
무슨 뜻이 있는지 분간되지 않을 때
주님께 맡기고 순종하라
주님께 맡기고 감사하라
주님께 맡기고 기뻐하라
그리하면 주님께서 너를 은혜로 붙드시고
네 손을 잡으시고 네 걸음을 인도하시리니
네가 수고한 밥상이 아닌 주님께서 차려논
밥상에서 먹고 힘을 내어 주님이 예비하신

새 일을 하리니
너는 내가 너를 위하여 모든 것을 예비하시는
하나님인 줄 알리라

주님만 사랑하고 따르게 하소서

세움받아도 교만하지 않게 하시고
버림받아도 상처받지 않게 하소서
높임 받아도 자긍하지 않게 하시고
낮춤 받아도 원통하지 않게 하소서
유명해져도 인기에 머무르지 않게 하시고
무명에 머물지라도 주눅들지 않게 하소서
지위가 높아져도 오만하지 않게 하시고
지위가 낮아져도 비굴하지 않게 하소서
부요해져도 자족하지 않게 하시고
가난해져도 자족할 줄 알게 하소서
열매가 많아도 자기를 자랑하지 않으며
열매가 없어도 주님을 자랑하게 하소서
유혹이 와도 흔들리지 않게 하시고
핍박이 와도 타협하지 않게 하소서
모든 사람이 나를 인정하고 칭찬해도 우쭐해지지 않게 하시고
모든 사람이 나를 멸시하고 비방해도 긍지를 잃지 않게 하소서
모든 사람이 나를 사랑하고 따라도 주님만 사랑하고 따르게 하시고
모든 사람이 나를 싫어하고 버려도 주님만 사랑하고 따르게 하소서
실패해도 절망하지 않게 하시고

성공해도 자만하지 않게 하소서
패배에도 낙심하지 않게 하시고
승리에도 도취하지 않게 하소서
내 뜻대로 이루어질 때도 감사하게 하시고
주 뜻대로 이루어질 때도 감사하게 하소서
자기 영광 구하지 않고 주님 영광 구하게 하시고
자기 기쁨 구하지 않고 주님 기쁨 구하게 하소서
이제 내게 사는 것이 내가 아니요
오직 내 안에 계신 그리스도이심이라

기름 부으심이

눈이 헬몬산 위에서
녹아내려 물이 갈릴리 바다까지 이르러
물고기들 뛰놀며 무화과 포도 열매 사시사철 열리는 것처럼
기름 부으심이
아론의 머리 위에서
수염 끝까지 흘러내려
옷자락을 적시고 발끝에 떨어지는 것처럼
성령님의 기름 부으심이
머리끝부터 발끝까지 흐르게 하라
기름 부으심이
네 삶을 형통케 하고
네 생을 평안케 하리라
기름 부으심이
모든 것을 가르치시고
진리 가운데 인도하여
진리 안에서 너를 자유롭게 하리라
네 어깨에서 무거운 짐이 벗겨지고
네 목에서 멍에가 부러지리니
기름진즉 멍에가 부러지리라

주님의 뜻을 행하는 것이

님의 뜻을 행하는 것이 내게 즐거움이니이다
원수를 용서하라고 하신
원수를 사랑하라고 하신
주님의 뜻을 행하는 것이 내게 기쁨이니이다
나를 해하는 자를 선대하라고 하신
나를 욕하는 자를 칭찬하라고 하신
주님의 뜻을 행하는 것이 내게 힘이니다
나를 핍박하는 자를 위하여 기도하라고 하신
나를 저주하는 자를 위하여 축복하라고 하신
주님의 뜻은 언제나 나를 위한 최상의 계획임을
알기 때문입니다

불어오는 바람결에

왜 새들은 꽃이 피기 전에 꽃 피는 봄을 노래하나
왜 새들은 잎이 돋기 전에 잎 돋는 봄을 노래하나
왜 새들은 메마른 가지 위에서도 봄날을 노래하나
산 너머 남쪽에서 봄바람 불어오기 때문이리
불어오는 바람결에 꽃향기 실렸기 때문이리
불어오는 바람결에 봄기운 실렸기 때문이리
새들은 보이지 아니하는 봄을 보는 것처럼 노래하고
나타나지 않은 봄날을 나타난 것처럼 즐거워하는데
보이는 것들만 믿고 나타난 것만 즐거워하는 사람아
메마른 대지에서 꽃피는 봄날을 노래하고 즐거워하라

아직 더 좋은 것은

아직 더 좋은 것은 오지 않았지
오늘의 고통을 참고 내일을 기다리는 이유야
아직 더 좋은 날은 오지 않았어
내일의 희망을 안고 오늘 씨를 뿌려야 하는 이유야
아직 더 좋은 약속이 이루어지지 않았어
오늘 소망을 붙잡고 참고 인내해야 하는 이유야
오늘은 항상 더 나은 내일을 위하여 있고
내일은 오늘의 인내와 눈물로 다가오는 거야

주님 한 분만을

이제 기뻐합니다
주님이 주신 것들이 아닌 주님 자체를
이제 간구합니다
주님의 권능이 아닌 주님 자신을
이제 감사합니다
모든 것을 잃어도 주님이 계시기에
모든 것을 얻어도 주님이 없으면
모든 것을 잃은 것과 같기 때문입니다
주님 한 분만을 기뻐하고
주님 한 분만을 간구하고
주님만으로 늘 감사하는 것이
그리스도 예수 안에서 우리를 부르신 주님의 뜻이기 때문입니다

201

당신이 하시기 나름입니다

모든 것이 주님께로부터 와서 주님께로 돌아갑니다
모든 것을 주님께서 시작하셨고 모든 것이 주님에게서 마쳐집니다
전쟁과 평화 사랑과 미움 다툼과 화해 멸망과 생성 탄생과 죽음
천사와 악마도 주재하시는 당신의 손길을 피할 수 없습니다
일과 쉼 수고와 열매 불임과 해산 성공과 실패 승리와 패배
가난과 부 저주와 복이 다 당신의 손에 달려 있습니다
우주의 생성과 소멸 역사의 흥망성쇠와 인류의 운명도
당신이 하시기 나름입니다
주는 만유시며 만유의 주시요 만유의 주재이시니
당신은 십자가에서 모든 것을 다 이루신 예수 그리스도이십니다

당신은 섭리의 사람입니다

잘생긴 얼굴
뛰어난 머리
아버지의 사랑을 독차지하고
채색옷에
열 한 별이 해와 달과 함께 절한다면
당신은 은총의 사람입니다
형들의 시기로 물없는 구덩이에 빠지고
노예로 팔려가
믿음의 순전을 지켰는데
오히려 누명을 쓰고 옥에 들어가
기약 없는 옥살이에
믿었던 사람에게조차 잊혀져 버렸다면
당신은 섭리의 사람입니다
해와 달과 열 한 별이 내게 절하더이다 자랑하던 당신이
형들은 나를 해하려 하였으나
하나님께서 만민의 생명을 구원하시려고 형들을 통해
나를 이곳에 먼저 보내셨나이다 고백하였을 때
하나님은 빙긋 웃으시며 영광 받으시는 것입니다

당신은 은총의 사람입니다

다른 사내 아기들은 강물에 던져져 악어밥이 될 때
갈대 상자에 담겨져 강물에 떠내려가다 공주의 눈에 띄여
궁중에 들어가 문무를 연마하고
말과 행사에 능한 자가 되었다면
당신은 은총의 사람입니다
동족을 구하려고 나섰다가
오히려 사람을 쳐 죽여
망명객이 되어 광야에 피신하였다가
이름 없는 목자가 되어
반평생을 할 말을 잃고 입이 뻣뻣해지고
몸도 마음도 막대기처럼 마르고
가시나무떨기처럼 상처뿐이라면
당신은 섭리의 사람입니다
하나님께서 말 못하여
다만 엎드릴 뿐인
당신의 온유와 겸손을 통해
지면에 승한 하나님의 영광을 나타내시는 것입니다

당신은 섭리의 사람

잘 생긴 외모에
뛰어난 머리까지
하는 것도 없이 일이 잘된다면
당신은 은총의 사람입니다
이유 없이 병이 걸리고
하는 일마다 실패하고
까닭 없이 사람들과 부딪치고
욕까지 먹는다면
당신은 섭리의 사람입니다
하나님께서 당신을 붙드시고
토기장이처럼 깨뜨리시고 잘게 부수사
예수 그리스도의 형상으로 빚으시고 있기 때문입니다

항상 웃으라 하신다

하 하 하 하나님은 나를 웃기시는 하나님
하 하 하 하나님은 낙이 없는 나를 웃기시는 하나님
하 하 하 하나님은 재미가 없는 나를 웃게 하시는 하나님
하 하 하 하나님은 항상 웃으라 하신다
하 하 하 하나님은 쉬지 말고 기도하라 하신다
하 하 하 하나님은 범사에 감사하라 하신다
하 하 하 웃으니 하 하 하 웃으시는 하나님이 보인다
하 하 하 하나님께 기도하니 응답하시는 하나님이 보인다
하 하 하 하나님께 감사하니 감사할 일을 더하시고 또 더하신다
하 하 하 하나님 땡큐
이는 그리스도 예수 안에서 너희를 향하신 하나님의 뜻이니라

206
주님과 함께

주님과 함께 성전의 뜰을 거닙니다
주님과 다정히 대화하며
주님과 함께 기업의 뜰을 거닙니다
주님과 함께 머리를 맞대고 상의하며
주님과 함께 천국의 뜰을 거닙니다
말을 안 해도 눈빛만으로 모든 것을 나누는
태초에 에덴을 거니시던 주님이
아담과 나누셨던 다정한 친교를 지금도 나누며
주님과 함께라면 어디든 가렵니다

207

주님 앞에서는

시간이 태양을 향해 도는 지구의 표면 위치에 의해 달라지듯이
모든 시간이 주님 앞에서는 상대화됩니다
공간이 블랙홀에 빨려 들어가 순식간에 사라지는 것처럼
모든 공간이 주님 앞에서는 상대화됩니다
물질이 한숨 에너지로 에너지가 한 줌의 물질로 변화되듯이
모든 물질도 주님 앞에서는 상대화됩니다
주님 앞에 서면 모든 권력도 힘도 능력도 권세도 지혜와 지식과 총명도
태양빛 앞에 반딧불처럼 희미해져 빛을 잃어버립니다
주님 앞에서는 사랑도 정직도 순결도 의로움도 성실함도 인내도 충성도
다 부정한 입과 같아서 시들어 버립니다
주님 앞에서는 지구 위에 사는 수십억 인류도 한숨 티끌이요 우주 속의 헤아릴 수 없는 별들도 한 줌 먼지에 불과합니다
성부 성자 성령 성 삼위일체 하나님만이 유일하신 참 하나님이십니다

나는 노래합니다

괴로울 때 나는 노래합니다
외로울 때 나는 노래합니다
힘들 때 나는 노래합니다
기다릴 때 나는 노래합니다
낙심될 때 나는 노래합니다
절망할 때 나는 노래합니다
두려울 때 나는 노래합니다
절망의 담장 너머로 희망의 넝쿨을 보며
고통의 담장 너머로 평화의 잎새를 보며
슬픔의 담장 너머로 기쁨의 꽃잎을 보며
낙심의 담장 너머로 위로의 태양을 보며
공포의 담장 너머로 주님의 음성을 듣고
인고의 담장 너머로 소망의 노래를 듣고
영광의 하나님을 노래합니다
사랑의 예수님을 노래합니다
능력의 성령님을 노래합니다

하늘과 땅의 하모니

산과 호수의 하모니
새와 나무의 하모니
꽃과 풀들의 하모니
교도소 담장 너머로 여죄수들의 하모니
음색이 다른 너와 나의 하모니
하늘과 땅의 하모니
아직 메마른 산과 들녘만 횅한 초봄이었지만
하나님께서는 대자연 속에 거대한 심포니를 준비하고 계셨다

210
잊지 말게 하소서

주여
잊지 말게 하소서

악한 자가 마음속에 악한 생각과 감정과 소원을 떠올리며 정죄할 때
예수님께서 저의 죄를 이미 용서하심으로 하나님은 저의 아버지가
되시고 저는 하나님의 아들이 된 것을

주여
잊지 말게 하소서

내가 세상에 사는 것이 아니라 이 세상에 도래된 하나님 나라의 통치
안에 살고 있음을
제가 마귀의 통치 아래 있지 않고 성령님의 능력의 통치 아래 살고
있음을

주여
잊지 말게 하소서

지금 아무것도 없는 것 같아도 저는 십자가에서 다 이루어 놓으신

예수님의 대속 은혜 안에서 모든 것을 무한히 공급받는 자임을

주여
잊지 말게 하소서

저는 예수님 안에 있고 예수님은 제 안에 있어 세상을 이기신 예수님으로 말미암아 내가 세상을 이긴 자가 된 것을

주여

마귀가 아무리 이 진실을 의심하고 부정케 할지라도

이 진리에 굳게 서서 진리를 선포하며 나감으로 마귀를 이기고 세상을 이기게 하소서

211

로사리오 [39]

그분의 음성을 듣고 싶어 헤매일 때
숲속에서 예쁜 새가 노래하는 소리를 들었지
그분의 얼굴을 보고 싶어 헤매일 때
파란 하늘 먹구름 사이로 찬란하게 빛나는 해를 보았지
그분의 체취를 맡고 싶어 헤매일 때
예배당 가득 짙은 백합 향기가 코끝을 저몄지
그분의 온기를 느끼고 싶어 헤매일 때
차가운 공기 사이로 불어오는 훈풍을 느꼈지
그분만을 사랑하고 싶어 장미 가시밭을 굴렀을 때
그분은 장미밭 가시를 없애시려 가시관 쓰시고 피 흘리시는 그분의
눈물을 보여주셨어
내가 주님의 사랑을 확신할 수 없어 헤매일 때
주님은 이 모든 것을 통해 나를 사랑한다고 고백하셨고
나의 가시를 그분의 머리와 몸에 가져가시기까지 나를 사랑하셨던
거야

예수님 사랑합니다
나의 로사리오[39]여

견고한 집이 되리라

네 가슴속 깊은 모퉁이에는 무엇이 있나

모퉁잇돌이 빠진 채 벽돌만 쌓아올리진 않았나

모퉁잇돌 없이 쌓여 삐뚤어지고 언제 무너질지 모른채 위태하진 않나

모퉁잇돌 없이 세상 것으로만 가득 쌓여 있진 않나

그 마음에 세상 헛된 우상만 가득하진 않나

신앙생활 수십 년 해도

예수님을 지식으로만 알 뿐

예수님을 실제로 체험치 못한다면

네 인생은 모퉁잇돌 없이 모래 위에 쌓은 집과 같아

땅 흔들리고 홍수 몰려올 때 견딜수 없으리니

이제 네 가슴속 깊은 곳에서 죄악된 자아를 끄집어내고

그 속에 모퉁잇돌 되신 예수를 집어넣으라

그리하면 그 모퉁잇돌이 반석이 되어

예수님으로만 가득한 집이 지어지리니

지진 나고 태풍 불고 홍수 몰려와도

흔들리지 않는 견고한 집이 되리라

봄날은 오고야 마는 것을

봄은 오고야 마는걸
왜 겨울은 봄이 오는 걸 그토록 시샘했을까
봄날은 오고야 마는 것을
왜 찬바람 불고 눈송이 내려 활짝 핀 매화송이를 얼렸을까
오는 봄을 막을 수 없건만
왜 겨울은 두꺼운 외투로 세상을 에워싸고자 했을까
하나님의 은혜의 날은 오고야 마는 것을
왜 고통과 시련의 날은 겨울처럼 모질었던가
겨울이 있었기에 봄날이 활짝 피어나는 것을 정녕 몰랐던가

노래 잘 부르는 자가 이긴다

누가 전쟁에서 이길 것인가
노래를 잘 부르는 자가 이길 것이다
누가 최후에 승리할 것인가
기쁨을 참지 못해 웃는 자일 것이다
누가 하나님의 구원을 볼 것인가
하나님으로 인해 기뻐 춤추는 자이다
하나님으로 인해 실패 속에서도 승리의 노래를 부르는 자
예수님으로 인해 슬픔 속에서도 기쁨의 눈물을 흘리는 자
성령님으로 인해 절망과 두려움 중에서도 기뻐 춤추는 자
하나님은 우리를 그런 자로 만드셨다

소나무처럼 늘 푸르게 하소서

소나무여 너는 왜 추운 겨울에 더 푸른가
대나무여 너는 왜 추울수록 잎이 청청해지는가
네 안에 내재된 힘이 있음이여
너를 붙드시는 분이 너를 돌보심이여
어찌하여 백 세 된 그이는
바랄 수 없는 중에 바라고 믿을 수 없는 중에 믿었던가
어찌하여 태가 마른지 수십 년 된 그이는
없는 것을 있는 것처럼 부르시고
죽은 자를 살리시기도 하는 분을
믿음으로 잉태할 힘을 얻었을까
그 안에 믿음이 있음이여
그 믿음을 붙드시고 부어주시는
그분의 은혜가 있었음이여
하나님이여
고난 중에 우리 믿음을 붙드사
소나무처럼 늘 푸르게 하소서
하나님이여
시련 속에서도 우리에게 은혜 주시사
대나무처럼 더 청청하게 빛나게 하소서

내게 신록新綠 올랐네 [40]

나무 사이로 새소리 들리고
흙 속에서는 새싹 돋아나고
가지에는 개나리 노란 촉수 터뜨리고
물오른 나무줄기마다 조막손 벌어지고
이런
저기 신록新綠 내렸네
멧비둘기 붉은 눈 두리번거리고
하늘에는 흰 구름 흘러가고
솔나무 사이로 보드란 바람 불어오고
누런 잔디마다 초록손 올라오고
이런
내게 신록 올랐네

부흥의 날을 맞이하리

구름이 모이면 촘촘한 수증기 입자 모여 이슬비 되듯
하나님의 임재의 구름이 임하면 은혜의 단비 내리리
구름이 더 촘촘하게 모여 먹구름 되면 소낙비 내리듯
하나님의 임재의 구름이 짙어지면 성령의 소낙비 쏟아지리
먹구름이 더 촘촘하게 모여 짙은 흑운이 되면 뇌성, 번개치듯
하나님의 영광의 구름이 짙어지면 영광의 빛 비치고 뇌성 울리리
그 날에 하나님의 임재 안에 들어가 영광의 빛을 보고
주의 음성을 듣고 성령의 소낙비 맞으며 새 영과 마음 되어
터진 하늘에서 흘러나오는 불과 터진 땅에서 솟아오르는 물속에서
정결한 육체로 부흥의 날을 맞이하리
내가 불을 땅에 던지러 왔노니 이 불이 이미 붙었으면 내가 무엇을 원하리 하시며
주께서 애태우시며 기다리시던 날이라
주께서 낫을 대시면 벌판에 고개 숙인 황금 물결 단번에 베어져
천국 곳간에 들어가는
대추수의 날이라
그대
부흥을 사모하고
기도로 준비하라

아흔아홉 번

한번 당신의 영광을 볼 수 있다면
아흔아홉 번 실패해도 좋습니다
한번 당신의 살아계심을 볼 수 있다면
아흔아홉 번 죽어도 좋습니다
한번 당신의 이름이 크게 드러난다면
아흔아홉 번 무시당해도 좋습니다
단 한 번 하나님의 영광을 보기 위해서라도
아흔아홉 번 고난 당해도 좋습니다
주의 전의 문지기가 되어 사는 단 하루가
세상 왕이 되어 궁중에서 사는 천 날보다
더 즐겁기 때문입니다
제비가 허공을 맴돌다 처마 밑이 그리워 다시 깃드는 것처럼
주님 계신 곳이 세상 그 어느 곳보다도 아름답기 때문입니다

219

봄빛이 더할수록 [41]

혹독했던 겨울 나는 한낱 잡목인 줄 알았습니다
추위와 더위가 반복되어 내 몸에서 작은 점들이 피어오를 때
나는 그것이 두드러기인 줄 알았습니다
봄날이 되자 작은 점에서 움이 돋고
그 움이 커져 솜망울처럼 되었을때 내 몸에 혹이 난 줄 알았습니다
봄날의 빛이 더해졌을 때 꽃망울은 비로소 솜털같은 껍질을 벗고
잎을 벌리기 시작하였습니다
봄빛이 더할수록 닫았던 봉오리를 열고 하이얀 잎으로 벌어졌습니다
날빛이 더할수록 수줍은 듯 까만 속내를 드러내고 노랗게 벌어졌습니다
햇볕이 더할수록 감췄던 붉은 속내를 보이며 연분홍 꽃술을 드러내었습니다
하나님 당신의 사랑을 알수록
닫힌 마음이 꽃잎처럼 벌어집니다
예수님 당신의 사랑을 알수록
꽃 속처럼 까만 속내가 드러납니다
성령님 당신의 사랑을 알수록
붉은 속내에서 연분홍 꽃술이 드러나
하얗고 노랗고 붉은 꽃들로 지천地天에 피어납니다

220

간밤에

간밤에 봄비 내리고
흙마다 파릇 파릇 풀잎 돋았네
간밤에 단비 내리고 개나리마다 노란 이슬 맺혔네
간밤에 이슬비 내리고
목련 잎마다 옥구슬 달았네
간밤에 보슬비 내리고
진달래마다 꽃구슬 달렸네
간밤에 성령님 임하시고
온 마음 구석마다 성령 열매 열렸네

221

한 알의 밀알

한 알의 밀이 땅에 떨어져 죽으면

수많은 밀알이 열매 맺는 것처럼

한 알의 꽃씨가 땅에 떨어져 죽으면

수많은 꽃씨가 지면에 흩어져 꽃들이 피어나는 것처럼

복음을 위하여 내가 땅에 떨어지고 묻혀 죽으면

복음의 꽃이 활짝 피어나고 수많은 생명의 열매가 맺혀

복음의 영광이 드러나리

한 알의 밀알이 땅에 떨어져 죽지 않으면

한 알 그대로 있고

한 알 꽃씨가 땅에 떨어져 죽지 않으면

한 알 그대로 있고

복음을 위하여 내가 죽지 않으면

나도 한목숨 살다가 한목숨 그대로 죽으리

222

마중물

어릴 적 동네 우물가에서 펌프질했던 것 기억나니
물동이들이 줄지어 늘어서 있고
네 차례가 되면 우물물이 다 바닥나 빈 통으로 돌아갈 것 같은데
물 한 바가지 펌프에 들이부으면
펌프질에 힘이 걸려 우물물이 콸콸 쏟아져 나왔지
네 안에 영생수 샘물 있어도 바닥이 드러난 듯
기갈하고 지칠 때 위로부터 임하시는 성령님을 간구해 봐
성령님께서 위로부터 마중물로 임하실 때
네 속에 있는 생수의 근원에서 물꼬가 터져
네 배에서 생수의 강이 흘러나오리라는 말씀대로
성령으로 샤워를 하게 될거야
네 마음이 시원하게 변화된 것을 보고
많은 사람이 네게 와 비결을 물을 때
말해 줘
예수님을 영접할 때 성령님께서 내 안에 계셨지만
주님이 약속하신 성령님께서 위로부터 임하셨을 때
내 삶에 진정한 변화와 권능이 임했다고
잊지마
마중물로 오시는 성령님을

떨림이 있기에 살아있는

바람에 하늘거리는 벚꽃잎 보라
바람에 흔들리는 목련꽃잎 보라
바람에 떨고 있는 개나리 철쭉 좀 보라
순간으로 포착할 수 없는 떨림의 몸짓을 보라
떨림이 있기에 살아있는 잎새를 보라
떨림이 있기에 살아있는 영혼을 보라
그분의 임재 앞에 숨죽이고
떨고 있는 흐느낌을 들어보라
꽃잎보다 아름답게 떨고 있는 영혼을 보라

누가 감히 막을 수 있을까

누가 감히 유유히 흐르는 강물을 맨손으로 막을 수 있을까
누가 감히 휘몰아 닥치는 태풍을 맨손으로 막을 수 있을까
누가 감히 빈들에 번지는 불길을 맨손으로 막을 수 있을까
누가 감히 역사의 도도한 흐름을 맨손으로 막을 수 있을까
누가 감히 하나님의 주권을 거슬러 맨손으로 막을 수 있을까
누가 감히 예수님의 구원을 거슬러 맨손으로 막을 수 있을까
누가 감히 성령님의 역사를 거슬러 맨손으로 막을 수 있을까

오 내 사랑하는 목련화야

오 내 사랑하는 목련화야
모진 추위에도 언가지에서 꿈 꾸었느냐
오 내 사랑하는 목련화야
눈 덮여 처진 가지에서 네 움이 꿈 꾸었느냐
오 내 사랑하는 목련화야
봄가물에 말라가는 가지에서 네 싹이 꿈 꾸었느냐
꽃피는 사월에
네 꿈이 영글어 가지에서 움이 돋고 싹이 나 솜털같은 꽃망울을 맺었구나
개나리 진달래 터지는 늦봄에
잿빛 꽃망울을 벗어버리고 하이얀 꽃봉우리를 열고 활짝 벌어졌구나
여왕처럼 우아하게 흔들거리는구나
네 꽃잎이 뚝뚝 떨어져 버리는 날 세상은 슬픔에 잠기련만
꽃이 떨어지면 그뿐
꽃잎 떨어진 자리에 새잎으로 돋아나 온 하늘을 덮었구나
여름내 무성한 잎도 늦가을이 되면 다 떨어져 다시 앙상한 가지로 돌아갈 터지만
네 꿈은 남아
다시 사월이 돌아오면 찬란하게 피어나리

나 목련꽃 그늘 아래서 찬란한 봄을 꿈꾸리

꽃비 내린다

꽃잎 떨어진다
꽃비 내린다
봄비다
꽃잎 흩날린다
꽃비 흩어진다
봄날이다
성령비 뿌린다
말씀비 내린다
은혜의 날이다
싹 돋는다
줄기 자란다
열매 맺힌다
구원의 날이다

거위의 꿈 [42]

너무나 멀리 떠나왔네
무지개를 좇다가
다시 돌아갈 수 없네
옛 고향으로
날아오르는 꿈을 잃은
거위처럼
뒤뚱거리며 걸었네
거위는 바라보았네
백조들이 저 하늘 가득 줄지어 날아가는 것을
보고 눈물 흘리며 꺼억꺼억 울었네
날개 꺾이고 상처 난 거위를
주인이 만지시네
너는 날 수 없지만
내가 날아오르게 하리
내가 새 날개를 주어
오로라가 펼쳐지는 저 북쪽으로
날아가게 하리라
꿈을 너에게 주신 이께서
너를 통해 반드시

그의 꿈을 이루시리라

삶이란

오늘은 오늘은
즐거운 주일날
하나님을 예배하러 모인 날
말씀을 듣고 회개하고 영접하고 찬양하며 돌아가네
내일은 내일은
신나는 월요일
하나님을 섬기러 세상에 가는 날
든든히 채운 말씀을 세상에 전하러 가네
삶이란 하나님을 예배하든지 섬기든지 둘 중의 하나이다

서두르다 접질러졌다1

서두르다 접질러졌다
발목 힘줄이 접질러져 걸을 수 없었다
갈길은 멀고 가야 할 시간은 촉박하건만
꼼짝없이 서서 기다려야만 했다
가만히 서서 주님만 바라본다
주님을 의지하여 발걸음을 내디뎠다
발목에 임하는 주님의 힘을 느끼며
서서히 발걸음을 옮기기 시작했다
예수님의 이름으로 걷기 시작했다
예수님의 생명으로 뛰기 시작했다
집에 돌아와 양말을 벗어보니
발목이 퉁퉁 부어 있었다
증세와 상관없이
예수님의 이름으로 걷고 뛰었을 때
회복이 시작되었다
예수 이름을 믿고 예수 생명을 의지하여
행할 때 접질러진 근육과 힘줄도 회복되고
부러진 뼈도 붙고 끊어진 신경과 혈관도
회복된다

예수 이름으로 말하고 예수 생명으로 살 때
내 가슴속 파편이 뽑히고 내 영혼 속 상처가
치유된다

230
라일락 꿈꾸던 소년

라일락 자지러진 그늘 아래서
책을 읽었지
라일락 향기 숨막히는 벤치에 앉아
노래를 불렀지
라일락 흐드러진 하늘 아래서
꿈을 꾸었지
라일락 꿈꾸던 소년은 어디 가고
라일락 향기만 맡는 중년이 되었나
라일락 꽃잎 져도
예수 향기로 세상을 진동하는
노년이 올찌니

갑절의 기름 부으심

아프리카 초원에서 사자가
땅을 향해 으르렁거릴 때
땅이 떨고 초목이 떨고 짐승들이 떤다
유다의 사자가 부르짖으실 때
하늘이 떨고 땅이 떨고 바다가 떨고
만물이 떤다
성령님의 기름 부으심이 임하실 때
내 심장이 떨고 간이 떨고 콩팥이 떨린다
기름 부으심이 배가 되어 임하실 때
마귀가 두려워 떨고 녹아 버린다
주여 제게 갑절의 기름 부으심을 허락하사
세상을 진동하고 마귀를 진멸하고
영혼들을 흉악의 결박에서 풀어
자유의 나라로 인도하게 하소서
주께서 영광 가운데 임재하시는 나라로

어느 문둥이의 노래

빛나는 투구와 훈장들
빛난 갑옷과 칼과 창과 방패
구릿빛 피부에 날선 눈매와 뺨에 남은 전쟁의 상흔
남들은 나를 큰 용사라고 부르지만
내 몸이 썩어 문드러지고 진물 나고 있다는 것은 모르지
계집종이 소개해 준 선지자를 찾아가
나를 안수해 주기를 바랐을 때
그는 나와 보지도 않고 종을 시켜
요단강에 일곱 번 들어갔다 나오라고 했지
내 고향 아바나 강물이 더러운 요단강물보다
배나 깨끗하지 아니한가
자존심이 상해 말고삐를 돌려 돌아가려고 했지
그때 내 종 하나가 선지자가 이보다 어려운 일을 명했으면
순종하지 아니하였겠냐 하며 선지자의 말에 순종하도록
간청했지
옷을 벗고 문둥병으로 문드러지고 진물 나는 몸으로
요단강에 몸을 담갔을 때 아무 일도 일어나지 않았지
더러운 수초와 녹조류와 진흙만 잔뜩 묻은 내 꼴에
웃음을 참느라 이를 악물고 눈물까지 흘리는 종들이 보였지

두 번 세 번 네 번 다섯 번 여섯 번째 들어갔다 나와도
내 알몸에 변화가 없자 뒤에서 웃음을 참고 있던 종이 참다못해
웃음을 터뜨렸지

찬물에 들어가서 몸을 담글 때 물속의 따뜻함이 내 얼어붙은 마음과
불신과 분노를 녹였고
어린 시절 고향 냇가에서 물속에 들어가 멱감던 시절이 떠올랐지
전쟁도 죽음도 시기도 다툼도 모르던 순수하고 깨끗했던 시절
물속에서 나와 몸을 일으켰을 때 한기가 몰려와 기침했지만
나는 어린애처럼 순수하고 깨끗한 마음으로 선지자의 말에 순종해서
일곱 번째 물에 들어갔지

나는 물속에서 엉엉 울면서 하나님께 기도했지 살아계시다면
제 몸을 고쳐달라고
몸을 물속에서 일으켰을 때 강둑에서 탄성 소리가 터졌어
어린애 피부처럼 깨끗해졌어
종들도 기뻐하며 물속으로 뛰어 들어와 울며 나를 영접했지
선지자의 집을 찾아가자 선지자는 환한 웃음을 지으면서 나를 맞아
주었지

모든 것을 알고 있었던 것처럼
내가 가져온 보물과 의복으로 사례하고자 하자 선지자는 무서운
얼굴로 말했지
네가 값으로 살 수 없는 것을 네 돈으로 사려고 하려느냐
나는 무릎 꿇고 용서를 빌며 한 가지 소원을 아뢨지
제게 이곳에 있는 흙을 내 고향으로 가져가기를 허락하소서
제가 왕을 부축하여 그의 신전에서 몸을 굽히더라도
저의 중심은 오직 살아계신 참 하나님만을 향하고 있는 것을 감찰하
소서
나는 오늘도 선지자의 터에서 퍼온 흙 제단 앞에
살아계신 하나님께 경배한다
왕의 신전에서 왕을 부축하여 같이 허리를 굽히더라도
나의 중심은 살아계신 참 하나님만을 경배한다
부흥의 흙 터 앞을
고요하게 흐르는 강물처럼
겸손하고 온유한 심령으로
하나님을 예배한다

233

비눗방울

비눗방울들이 내려온다
하늘에서
작은 방울들이 내려오면서
비눗방울끼리 만나 더 큰 비눗방울이 되어 내려온다
작은 방울들이 내 머리 위에 떨어져 터진다
기름 부으심이 머리에서 흘러내린다
큰 비눗방울이 내려와 내가 그 속에 빨려들어간다
임재의 기름 부으심이
영광의 기름 부으심이
나를 감싸고 인도한다
영광의 아버지께서
임재하시고
인도하시는
아들이 되게 하소서
권능의 하나님께서
주관하시고
사용하시는
종이 되게 하소서

어떤 의자를 원하시나요

내가 네게 머물 의자가 어디 있느냐
물으실 때
주님 어떤 의자를 원하시나요
대답했지
내가 너와 함께 앉을 의자가 어디 있느냐
물으실 때
세상 왕의 의자도 권세자의 의자도 내게 없는 것을 알고
제게는 주님이 머무실만한 의자가
없나이다 대답했지
나는 네 마음의 의자에 머물기를 원한다
어떤 상황에서도 드려질 수 있는 네 찬송이
네 마음속에 내 임재가 머물 의자를 만든다
절망스럽고 고통스러워 불신과 원망이 나올 수밖에 없는 불가능한
상황 속에서도
네 심령에서 찬송이 터져 입술을 타고 흘러나올수록
내가 네게 머물 임재의 의자가 커져
너는 내 안에 거하고
나도 네 안에 거하리라
나의 임재가 클수록 너의 문제는 티끌처럼 작아져

나의 구원을 보리라
이스라엘의 찬송 가운데 계시는 주여
주는 거룩하시나이다
마침내 네 입술이 나를 인정하고 찬송하리라

꽃밭에서

누군가 일궈놓은 화단
누군가 심어놓은 씨앗
겨우내 죽어있던 땅에서
싹이 올라온다
잎새들이 몸트림을 한다
꽃망울들이 꽃트림을 하며
붉은 빛깔 튤립
노란 빛깔 튤립
분홍 빛깔 튤립으로
꽃봉우리를 열었다
빨간 튤립 속에 노란 꽃대가 숨어있는 줄
노란 튤립 속에 하얀 꽃대가 숨어있는 줄
연분홍 튤립 속에 연초록 꽃대가 숨어있는 줄
누가 알랴
꽃잎을 보면서 찬탄하는 이여
화단을 가꾸고 꽃씨를 심은 이의 마음은 누가 알랴
네 마음속 꽃밭에 고운 꽃씨를 심은
이의 마음은 누가 알랴

주님은 아실까

때론 내 삶에 이유 없이 다가오는 비방
때론 내 삶에 까닭 없이 찾아오는 오해
나를 지치게 하고 낙심케 하는 공격들
주님은 아실까
내 연약한 몸과 마음을
주님은 아실까
내 억울함과 고통을
너는 내가 왜 너의 사정을
모를 것이라고 생각하느냐
내가 네 안에서 나의 삶을 사는 것이 아니더냐
너는 나의 생명으로 네 안에 계신 그리스도를 나타내기 위하여
사는 나의 지체가 아니더냐
내가 너를 생명싸개로 보호하고 성령의 기름 부으심으로 덮었나니
사탄이 너를 시기하고 훼방하고 공격하더라도
네가 무너지지 않으리
세상보다 더 크신 이가 네 안에 계시므로
그가 친히 그의 이름을 위하여 너 대신 싸우시리라

237

믿음은 어디서 생기나

믿음은 하늘의 응답 창고에서
응답을 끌어내려
이 땅에서 가시화하는 통로라는데
믿음은 하늘의 보화 창고에서
보화를 끌어내려
이 땅에서 현재화하는 도구라는데
믿음은 어디서 생기나
영광의 하나님이 나타나
내 심령에 믿음을 부어주실 때 생기지
말씀하시는 하나님이
내 마음에 말씀의 씨앗을 넣어주실 때 생기지
하나님은 내 심령에 믿음을 부어주시고
내 마음에 말씀의 씨앗을 심어 넣으시고
숨어서 지켜보신다
하늘에서 천둥 번개 벼락 내리고
소낙비와 가뭄과 혹한과 한파가
몰아쳐도
내 믿음이 스스로 싹트고 잎을 내고
줄기가 자라 굵어지고 단단해지도록

숨어서
말씀의 단비를 내리시고 성령의 은혜로
인도하신다
숨어 계시던 하나님이 어느새
내 속에 들어오사 그 믿음이 내 믿음 되게 하시고
부활의 능력으로 역사하사
마른 고목 같은 내게서 생명의 꽃이 피어나게 하신다
죽은 나무 같은 내게서 성령의 열매가 맺히게 하신다
아무도 찾지 않는 깊은 숲속에 홀로 피어난
홍목련 같은 내 믿음을 보시고
아름답다 하신다

비누 배

비누 배가 있었지
물이 안 새어 대양 위를 유유히 항해하는 배였지
비누 배가 파도에 기울어져 바닷속으로 빠져들었지
깜깜한 바다 밑바닥까지
비누 배는 바닷속에서 짠 물을 맛보며
서서히 녹아져 없어졌지
바닷물에 녹아져 바닷물이 되기까지
비누 배는 없어졌으나 바닷물이 되어
크고 작은 배들을 바닷 물결 위에 떠올리며 항해시키지
내가 그리스도와 그의 십자가에 못 박히신 것 외에는
다른 것을 알지 아니하기로 작정하였을 때
나는 비누 배처럼 바닷물 속에서 녹아 없어졌지
내가 바닷물 속에 없어졌을 때
바다가 내가 되고 내가 바다가 되어
거대한 항공모함과 군함과 어선과 여객선과 작은 배들이
내 위에서 항해를 할 수 있게 되었지
내가 없어졌을 때 내 안에서 나타나시는
성령님의 나타나심과 능력이라
바닷속 해류처럼 세차게 흐르시는

성령님의 물결에 휩싸여
예수 그리스도와 그의 십자가에 못박히심을 증거하는
숨은 증인이 된 거야

그 섬에 가고 싶다 [43]

그 섬에 가고 싶다
산호초 부서지는 하얀 백사장에 에메랄드 빛 바다 속 훤히 들여다
보이는

그 섬에 가고 싶다
청보리밭 일렁거리고 넘실거리는 파도 너머 아지랭이처럼 푸른섬
아른거리는

그 섬에 가고 싶다
야자수 그늘 아래 게들 게으르게 기어다니고 불가사리 소라 고동
너부러진

그 섬에 가고 싶다
갈매기 소리 해변을 가르고 저물 땐 흰 물새떼들 새까맣게 하늘 덮고
날으는

그 섬에 살고 싶다
오두막 지어놓고 밭이랑에는 호박이랑 오이랑 가지랑 심고 꿀벌들
잉잉거리는

벌통도 달고

그 섬에 살고 싶다
수정보다 맑은 생명수강 흐르고 생명나무 실과 철따라 열리며 사자랑
어린양 뒹굴며 뛰놀고
독사굴에 갓난아기 손넣고 장난질하는 어린양 예수님 계시고 하늘
아버지 계신 하늘 그 섬에

시험받을 때

예수님이 성령님으로 기름 부음 받았을 때
성령님은 예수님을 광야로 내몰아 사탄에게 시험받게 하셨지
뱀과 전갈이 우글거리고 돌과 바람과 짐승의 울음소리만 있는 그곳으로
낮에는 타는 듯이 찌는 더위와 밤에는 속이 얼어붙을 듯이 추운 추위 속에서
사십일 동안 아무것도 드시지 못하고 사탄에게 시험을 받으셨지

성령님께서 내게 기름 부으심으로 임하셨을 때
내게는 비방과 공격과 훼방과 참소가 찾아왔지
머리는 쥐어터진 듯 아프고 따가운 시선에 죄인처럼 꼬꾸라진 채 엎어져 기도했지
그때 내 속에서 나오는 신령한 가락
그는 선하시며 그 인자하심이 영원하시다는 거야
예수님께서 말씀으로 사탄의 시험을 물리치셨을 때
권능의 겉옷이 덧입혀져 가시는 곳마다 마귀에게 눌린 자를 자유롭게 하셨듯
감사와 찬송과 믿음과 순종으로 사탄의 시험을 물리칠 때
주님께서 권능의 겉옷을 덧입히사 마귀를 멸하고 눌린 자를 자유롭

게 하는데
나를 쓰시려는 징조인거야

자작나무

자작나무 숲에 들어갔다
하얀 나무마다 까만 가지 끝에 푸른 잎을 달았다
자작나무들이 하얀 껍질을 벗고 있었다
벗어도 하얗게 새로 드러나는 속내들
자작나무는 흰눈이 쌓이고 추울수록 하얗다
하얀 껍질을 벗겨도 벗겨도
흰눈 쌓이고 추위가 살을 에어도
하얀 속내로 살아가는
자작나무이고 싶다

다시 일어날 수 있는 이유

서커스단 곡예사가 몸을 묶고 있는 생명줄을 믿고 신나게 외줄 타기를 한다
제비처럼 몸을 날려 공중그네를 잡으려다 그네를 놓쳐도 겁내지 않고 떨어진다
생명줄에 매달려 대롱거리면서도 기죽지 않고 광대질이다
나는 몸을 묶고 있는 생명줄을 믿고 즐겁게 외줄타기를 한다
공중그네 타기를 시도하려고 공중에서 몸을 날려 그네를 잡는다
그네를 놓쳐 추락하다 공중에 대롱대롱 매달려도 기죽지 않고
외쳐댄다 하나님을 믿으라고
세상에 패할 수 없는 이유
세상을 겁내지 않는 이유
다시 일어날 수 있는 이유
다시 도약할 수 있는 이유
기죽지 않고 살아 갈 이유
하나님의 생명줄이 나를 묶고 있기 때문이다

243

누가 말했던가

믿음은 바라는 것들의 실상이라고 누가 말했던가
마음으로 바라보는 것들이 이룰 줄 믿을 때 삶 속에서 이루어진다고
누가 말했던가

아직 이루어지지 않은 미래를 믿음으로 바라볼 때 꿈꾸었던 미래가
현실로 나타난다고 누가 말했던가

아직 이루어지지 않은 미래가 이루어진 것처럼 믿음으로 말할 때
그 말하는 대로 현실에서 이루어질 것이라고 누가 말했던가

믿음이 있으면 절망 속에서도 희망을 꿈꾸고 불가능해 보이는 소원을
이미 이루어진 것처럼 말할 수 있다고 누가 말했던가

믿음은 하나님이 주시는 선물이요 그 선물은 하나님의 말씀을 들을 때
오는 것을 누가 말했던가

하나님의 말씀을 들으면 믿음으로 하나님의 영광을 보리라는 것을
누가 말씀했던가

244

The Bomb of Love

I'm not a terrorist nor a communist but a lovist

I bear the bomb of love

I bear the bomb of Blood, more explosive than an atomic bomb

I bomb the Blood of Jesus in every street

When the Blood of Jesus bombs,

the motels become the chapels

When the Blood of Jesus bombs,

the thorn of hatred withers and so the flower of love blossoms

245
십자가를 걸머질 때

십자가는 고통

십자가는 수치

십자가는 능욕

십자가는 희생

십자가는 죽음

십자가를 통과할 때

나는 죽고 아버지의 뜻이 산다

십자가에서 죽어질 때

나는 죽고 말씀이 산다

십자가는 약함

십자가는 멸시

십자가는 슬픔

십자가는 절망

십자가는 두렴

십자가를 품을 때

나는 죽고 예수가 산다

십자가를 걸머질 때

나는 죽고 그리스도가 나타난다

십자가에서 죽으셨을 때

사망에 매이지 않는 하나님의 말씀이 그리스도를 살리셨다
십자가에서 죽었을 때
그리스도를 살리신 하나님의 영이 그리스도와 함께 죽은 나를 살리셨다

하나님의 사람아

태양을 품은 듯
피를 토한 듯
심장을 도려낸 듯
붉은
숨이 막힐 듯
코가 멀 듯
빠져들어갈 듯
향기론
너
초록 잎새에
한 떨기 장미 같은
하나님의 사람아

247

배꽃 처녀들

너의 향기가 붙들기까지
네가 서 있는 줄 몰랐다
은은한 네 향기가
그토록 강렬한 줄 몰랐다
울타리에 서서
하얀 꽃잎을 열고 배시시 웃고 있는
노란 속내를 엿보았는지
배꽃같이
수줍게 처녀들이 지나간다
배꽃 향기 나는
그리스도의 신부들이 지나간다

248

쏟아져 내린 것이

쏟아져 내린 것이 장미꽃뿐이겠는가
쏟아져 내린 것이 사랑뿐이었겠는가
쏟아져 내린 것이 희망뿐이었겠는가
나는 물같이 쏟아졌으며
내 혀는 말라 잇틀에 붙었으며
내 마음은 촛밀 같아서 내 속에서 녹았으며
주께서 나를 사망의 진토에 두셨나니
쏟아져 내린 것이 물뿐이겠는가
쏟아져 내린 것이 피뿐이겠는가
주 예수께서
너를 위하여
십자가 위에서
자기 생명을 아낌없이 쏟아부으셨나니

어린아이

주님 앞에 어린아이이고 싶습니다
시간의 태엽을 되돌려
당신의 얼굴을 커다랗게 그렸던 어린아이처럼
아버지의 팔에 안겨 평안함을 느끼던 아이처럼
아버지의 등에 업힐 때 열이 떨어지는 아이처럼
주님 앞에 어린아이이고 싶습니다
아버지가 세상의 모든 것이고
아버지가 세상 누구보다 사랑하시는 줄 알고
아버지를 세상 무엇보다 사랑하는 아이처럼
주님 앞에 어린아이이고 싶습니다
아버지 한 분만으로 모든 것이 되는
아버지 때문에 세상이 두렵지 않은
어린 아들을 위하여 같이 날밤을 새어주시는
아들이 잠들어 못다한 그림을 대신 그려주는
아버지 때문에 거친 세상을 이기는 아이처럼
주님 앞에 영원한 어린아이일 뿐입니다
나이 마흔줄을 넘어 오십줄을 바라봐도
흰머리가 많아지고 주름살 늘어만 가도
영원하신 아버지 앞에 저는

젖뗀 갓난아이일 뿐입니다
아무런 근심 걱정 염려 불안 없이
아버지 품에 안긴 어린아이처럼

번지점프

믿음은 번지점프
아찔한 천 길 낭떠러지 위에서도
오직 말씀 줄 붙잡고 떨어진다
짙푸른 바다 넘실대는 절벽 위에서도
오직 기도 줄 붙잡고 떨어진다
눈에는 보이는 것 없어도
귀에는 들리는 소리 없어도
손에는 잡히는 것 없어도
오직 말씀줄 붙잡고
나타난 것처럼 선포한다
오직 기도줄 붙잡고
보이는 것처럼 나아간다
보이지 아니하시는 하나님께서
전능하신 그 능력과
신실하신 사랑으로
정한 기한에 약속을 이루실 때까지
주님의 일 꿈꾸며
보여주신 꿈 꾸며
선포하며 나갈 때

네 삶에 기적을 행하시는
하나님의 영광을 보리라

251

오직

앙상하게 마른 나목인 줄 알았는데
이토록 무성한 푸른 잎이 나올 줄
이토록 붉은 열매를 맺을 줄
잎 사이로 파랑새가 나올 줄
알았으랴
거칠고 투박한 소녀인 줄 알았는데
이토록 아름다운 여인이 나올 줄
이토록 정결한 신부가 나올 줄
꽃보다 고운 자태가 나올 줄
알았으랴
무능하고 연약한 죄인인 줄 알았는데
이토록 늠름한 청년이 나올 줄
이토록 담대한 사람이 나올 줄
하나님의 신에 감동돼 나올 줄
알았으랴
오직
네 속에 숨은 그리스도가 나오시게 하라
오직
네 속에 숨은 성령님이 나타나시게 하라

육체의 옷 벗고
오직
네 속에 숨은 속사람이 그리스도로 옷 입고 살게 하라

하늘의 음악

그때도 음악은 흐르고 있었다
소음에 덮여 피아노 선율을 들을 수 없을 때도
그때도 음악은 흐르고 있었다
마음이 분주해 염려 속에서 세상을 헤맬 때도
그때도 음악은 흐르고 있었다
돌 쪼는 석공처럼 변함없는 일상의 작업에 지쳐갈 때도
그때도 음악은 흐르고 있었다
반복적인 기도와 믿음과 순종에도 변한 것이 없어 보일 때도
귀에는 들려오지 않았지만
하늘의 음악은 하나님의 보좌로부터 끊임없이 흘러나와
보이지 아니하는 하나님의 나라를 나와 너의 심령 속에
짓고 있었다
석공의 정 소리는 희미해 가도
잠잠할 수 없는 기도 소리는 하늘 보좌를 진동하는 선율이 되어
하나님으로 쉬지 못하시고 이 땅을 진동시키는 구원의 노래를 부르
게 하신다

사차원에서 산다

너는 삼차원
나는 사차원에서 산다
너는 광야에서 두려울 것 없는 사자 곰이지만
나는 사차원에서 너를 지배한다
너는 삼차원
나는 사차원에서 산다
너는 세상에서 두려울 것 없는 거인 장수지만
나는 사차원에서 너를 정복한다
내가 눈을 들어 산을 보리라
나의 도움이 어디서 올꼬
나의 도움은 천지를 지으신 야훼께로다
오늘도 눈앞에는 산이 가로막혀 있지만
나는 나의 생각과 꿈과 믿음과 말로
천지를 지으신 하나님께 접속하여
믿음으로 산을 들어 바다에 던지라고 말하고
크고 작은 산들이 들려 바다에 던져지는 꿈을 꾼다

아직 끝난 것이 아니다

칠흑 같은 어둠 속일지라도 꿈을 꿀 수 있다면
사방이 막혀 길이 안 보여도 하나님을 생각할 수 있다면
한 가닥 가능성마저 사라져 버렸을 때라도 믿음을 가질 수 있다면
모든 것이 끝났다고 외치고 싶을 때도 약속의 말씀을 외칠 수 있다면
아직 끝난 것이 아니다
인간의 끝이 하나님의 시작이기에
사람으로서는 할 수 없되 하나님으로서는 그렇지 않기에
아무것도 없어도 생각과 꿈과 믿음과 말씀으로
천지를 창조하신 하나님께서
너의 생각과 꿈과 믿음과 말로도
불가능한 상황에서도 능히 다 하실 수 있기에

주님을 섬기라

한 집에 두 주인이 있을 수 없나니
한 입으로 두 말을 할 수 없나니
한마음에 두 주인을 품을 수 없나니
한 입으로 두 말을 하는 갈라진 혀를 가진 자여
한마음으로 두 주인을 섬기고자 하는 갈라진 마음을 가진 자여
한 집에 두 주인이 있는 듯 주인 행세를 하는 자여
하나님을 찬양하는 혀로 형제를 축복하라
우상을 마음 밖으로 내어 보내고 단 마음으로 네 주인을 사랑하라
삶의 주인 됨을 포기하고 뭇사람의 끝자리에서
네 생명과 삶의 주인 되신 주님을 섬기라

내 마음 나침반

내 마음속에 나침반이 있다
나침반은 북쪽을 향하듯
북극성에 좌정하고 계신 하나님을 향해 있다
내 마음 나침반은
조그만 바람결에도 민감하게 바늘이 움직인다
마음속에 던져지는 조그만 생각과 감정과 느낌에도
바늘이 바르르 떨며 더이상 하나님께 나가지 못하게 한다
열정은 아름답고 선하지만 열정이 달아올라 급한 마음이 일어날 때
나침반 바늘은 사정없이 떨며 나로 멈추지 못하고 급발진하게 한다
내 마음의 나침반을 마음속에 떠오르는 샛별에 맞추어 두리
예수님을 향해 초점을 맞추어 두고
말씀에 일생 바늘 끝이 향하게 하리
그럴 때 내 인생의 배는 평안 가운데
항해하고 거친 파도도 헤쳐 나가리니

숲속의 노란 새

나는 너의 이름을 모른다
지쳐 숲속 나무 밑둥에 앉아 쉬고 있는데
숲을 깨치는 너의 소리에 눈을 들었을 때
너는 녹음 짙은 나뭇가지 사이에서 모습을 드러냈다
너처럼 붉은 주둥이를 하고 빛나는 황금 깃털을 가진 큰 새는
보지 못했다
숲속의 많은 새 소리를 삼키는 너의 독특한 울음소리와
녹색 잎들과 가지 사이를 날아다니는 너의 선명한 노란 깃털에
까치도 네 가지 근처에 날아와 네 주위를 호기심으로 배회했지
나는 네 이름을 모르지만
네 빛깔의 의미가 무엇인지 알고 있다
노랑은 태양같이 높고 따사로와
아시아에서는 황제만이 황금색 옷을 입을 수 있었지
노란 옷은 진리를 깨달은 수도자들이 입는 옷이었지
태양처럼 높고 따사롭고 대지처럼 온유하고 풍요로운
모든 진리를 통찰하고 모든 에너지의 근원이 되는 빛
너는 성령님이 내게 보내주신 방주 속 비둘긴가 보다

고난 속으로

고난 속으로
십자가 속으로
그 죽음 속으로 들어가라
그리스도 속으로
그 피 속으로
그 부활의 능력 속으로 들어가라
그 능력 속으로
그 생명 속으로
그 영광의 기름 부으심 속으로 들어가리라

과도하게 염려하지 말지니

과도하게 염려하지 말지니

마치 네 양인 양

마치 네 자녀인 양

마치 네 아내인 양

마치 네 자신의 인생인 양

과도하게 신뢰해도 될지니

정녕 내 양이기에

정녕 내 자녀이기에

정녕 내 딸이기에

정녕 내 핏값으로 산 네 몸속에서 내가 나의 생명을 살고 있기에

너는 너의 것이 아니요, 내 것인 줄 알지라

네 양도 자녀도 아내도 소유도 네 자신도 네 것이 아니요 나 하나님의 것인 줄 알지라

내 것이 아닙니다

내 몸이 내 몸이 아닙니다
내 마음이 내 마음이 아닙니다
내 영이 내 영이 아닙니다
내 시간도 물질도 힘도 능력도 지혜와 지식도 소유도 내 것이 아닙니다
주인님의 것이오니
내 몸에 오셔서 사소서
주인님의 것이오니
내 마음에 오셔서 머무소서
주인님의 것이오니
내 영에 임재하소서
주인님 것이오니
내 시간과 물질과 힘과 능력과 지혜와 지식과 소유도 사로잡으사
주인님의 뜻대로 쓰옵소서
종은 주인님이 주인님의 영광을 위하여 쓰실 때
만족함이 있기 때문입니다

261

감사의 꽃

아무도 보지 못하는 밤에
피어나는 꽃
아무도 알지 못해도 밤에
피어있는 꽃
아무도 보지 못해도 밤에
하늘거리는 꽃
아무도 맡지 못해도 밤에
향기를 내는 꽃
아무도 없는 밤에
혼자 웃는 꽃
절망과 슬픔과 낙심의 밤에
하나님 앞에 홀로 피어나는
감사의 꽃

누구를 기쁘게 하랴

내가 하나님을 기쁘시게 하랴 사람을 기쁘게 하랴
내가 하나님 눈치를 보랴 사람 눈치를 보랴
내가 예수님을 기쁘시게 하랴 세상을 기쁘게 하랴
내가 성령님을 기쁘시게 하랴 육체를 기쁘게 하랴
내가 하나님의 말씀을 의지하랴 나의 감각과 판단과 느낌을 의지하랴
내가 영의 소욕을 따르랴 육체의 소욕을 따르랴
내가 주인님을 기쁘시게 하랴 나를 기쁘게 하랴
내가 그 이름의 유익을 위하여 살랴 내 이름의 유익을 위하여 살랴
내가 남의 유익을 위하여 살랴 나의 유익을 위하여 살랴
내가 하나님의 영광을 위하여 살랴 나의 영광을 위하여 살랴
내가 예수님의 이름을 위하여 살랴 나의 이름을 위하여 살랴
내가 성령님의 나타나심과 능력으로 살랴 나의 힘과 능력으로 살랴
내가 예수님의 보혈의 의로 살랴 나의 의로움으로 살랴
내가 예수님의 십자가 은혜와 공로로 살랴 나의 노력과 공로로 살랴
내가 하나님을 두려워하랴 사람을 두려워하랴
내가 예수님을 두려워하랴 사탄을 두려워하랴
내가 성령님을 두려워하랴 흑암의 영을 두려워하랴
내가 보이지 아니하는 것을 보는 것 같이 여기는 믿음으로 살랴
보는 것을 의지해서 살랴

내가 나타나지 아니한 것을 나타난 것 같이 여기는 믿음으로 살랴
나타난 것을 의지해서 살랴
내가 하나님의 종이랴 사람의 종이랴

장맛비

오랜만에 비가 왔다
장맛비다
밤새 들리는 빗소리에
선잠을 잔다
나가야 하는데
기도해야 하는데
생각만 간절할 뿐
쏟아지는 빗줄기 소리에 묻혀
일어나지 못한다
비는 밤새 쉬지 않고 내리고
밤새 쉼 없이 빗소리를 들으며
꿈속에서도 빗방울을 맞으면서
지독하게 잠을 잔다
지독하게 내리는 비처럼
지독하게 내리는 꿈을 맞으며

인생은 나룻배

인생은
이생에서 피안彼岸까지 삶을 실어 나르는 나룻배
욕망과 탐욕을 실어 나르다 좌초하는 배도 있고
염려와 근심을 실어 나르다 파선하는 배도 있다
바다를 오염시키는 배
피로 붉게 물들이는 배
썩어 물이 새고 부서져 산산이 흩어지는 배도 있다
내 인생이 주님의 영광을 실어 나르는 배가 될 수 있다면
내 삶이 주님의 아름다우심을 실어 나르는 배가 된다면
내 기꺼이 나를 비우고 주님만 담는 빈 배가 되리
나는 없고 주님만 계시는 빈 배가 되어도 좋으리
세상 바다에 풍랑이 일고 사람들 바닷가에서 무어라
지절거리든
주님만 싣고 주님만 바라보고
긴긴날 사랑의 이야기로 꽃을 피우며
희망의 이야기로 날을 지새우며
믿음의 이야기로 꿈을 지피며
갈 때
내 배에서 떠내려간 희망의 소식

사람들 주워듣고 절망에서 희망을 얻으며
두려움에서 믿음을 얻으며
죽음에서 삶을 얻으면 좋으리
나의 빈 배에 계신 예수님의
아름다우심과 영광을 볼 때
기쁨의 파도에서 함께 출렁거리리

265

고난의 신비

누에가 고치를 뚫고 날개를 피어내어 나방이 되듯이
새가 여린 부리로 딱딱한 껍질을 깨고 나와 나래짓 하듯이
산모가 생살과 골반이 찢어지는 고통 속에서 새 생명을 해산하듯이
예수님도 십자가에서 몸 찢어지고 물과 피를 다 쏟는 죽음의 고통 끝에
너를 낳으셨다
고난의 신비여
고난이 너를 아름답게 빚고
고난이 너를 자유롭게 하고
고난이 너에게 생명을 준다
고난의 신비여
죽음의 고난이 부활의 영광에 이르게 하였고
주님과 복음을 위하여 죽고자 하면 살게 된다
고난의 신비여
고난을 통해 그리스도도 순종을 배우셨고
고난을 통해 그 십자가와 부활에 참여한다
고난의 신비여
고난받을수록 강해지고
고난받을수록 성결 되고

고난받을수록 영화롭다
고난의 신비여

어떤 비 갠 날

어떤 비 갠 날
저녁 황혼은 아름다웠다
어떤 비 갠 날
저녁 노을은 황홀하였다
어떤 비 갠 날
석양을 비껴간 구름은 붉게 물들었다
어떤 비 갠 날
저녁 노을에 물들어 가만히 서 있었다
어떤 비 갠 날
하나님께서 장맛비 비껴간 저녁을 붉게 물들이셨다
어떤 비 갠 날
어떤 비 갠 날

홍방울새

홍방울새를 보았다
노루 똥 떨어지는 숲속에서
홍방울새가 마른 나무에 나타나
푸른 나무로 날아가는 것을 보았다
홍방울새처럼 아름다운 성령님께서
예수님께 오셨을 때
예수님은 푸른 나무처럼 사시다 마른 나무에 달려
피흘려 죽으셨다
홍방울새처럼 아름다운 성령님께서
내게 임하셨을 때
심령에 푸른 나무가 자라
푸르고 푸른 그리스도로 한 여름을 덮었다

비가 내린다

비가 내린다
메마른 대지의 가슴을 적시며
비가 내린다
폭염에 지친 잎에 빗방울 듣으며
비가 내린다
누렇게 뜬 땅을 황톳빛으로 물들이며
비가 내린다
숨가쁜 콘크리트 아스팔트를 애무愛撫[44]하며
비가 내릴 때
대지의 가슴은 기쁨으로 뛰놀고
잎새들은 반짝이며 춤을 춘다
비가 내릴 때
황토가 적토마처럼 일어나 뛰놀며
콘크리트 아스팔트도 물장구친다
비가 내릴 때
시들어 가던 잎새들이 살아나고
메말라 눕던 풀잎들이 일어선다
성령 비 내릴 때
시들은 영혼들이 살아나고

메마른 심령들이 춤을 춘다
온갖 먼지 티끌 욕망 씻어서
아래로 아래로 흘려보내고
만물을 새롭게 한다

스치우는 것이 바람뿐이리

스치우는 것이 바람뿐이리
스치우는 것이 물결뿐이리
스치우는 것이 날빛뿐이리
창밖에 스치우는 것이 그대뿐이리
창밖에 스치우는 것이 빗방울뿐이리
고통도 슬픔도 스치우는 것이리
기쁨도 환희도 스치우는 것이리
스치우는 것이 사랑뿐이리
스치우는 것이 추억뿐이리
미움도 배신도 스치우는 것이리
스치우는 것이 사람뿐이리
말씀도 성령도 스치우나니
스치우는 바람과 찬 서리에 꽃도 이울고 지나니
스치어도 지지 않은 하나님의 말씀을 붙잡으면
성령의 바람 영원한 그의 나라로 인도하시리니

270

스치우는 것이

스치우는 것이 그대 얼굴 뿐이리
스치우는 것이 그대 모습 뿐이리
스치우는 것이 잎새 뿐이리
스치우는 것이 풍경 뿐이리
사람도 인생도 역사도 스치우는 것이니
바람에 휩쓸려 하늘로 가는 것도 있고
바람에 휩쓸려 땅 아래 떨어지는 것도 있나니
하늘과 땅 아래 스치우지 아니하는 것이 어디 있으리
스치우지 아니하는 하나님 나라를 상속받은 자여
또 복음이 먼저 만국에 전파되어야 할지니라 하신
뜻을 알지어다

271
나무에 붙어 있으면

일을 아니 할지라도 의롭다 하시는 하나님의 의를 알기가
얼마나 어려운지
일을 해야만 주인의 인정을 받았기에
일을 안 하면 죄지은 듯 불안하고 눈치 보는 것이
사람의 의가 아니던가
아들은 일을 아니 하여도 아버지 눈치 보지 않는데
눈치 보고 불안해하는 나는 아들인가 종인가
아버지는 아들이 일을 아니 하여도
나의 사랑하는 자여 어여쁜 자여
일어나 나와 함께 가자고 부르신다
포도나무에 가지가 붙어있듯
아무 근심 걱정 염려 의심 두려움 없는 가지가 되어
하나님의 사랑 안에 거하라 하시고
하나님의 말씀 안에 거하라 하신다
가지가 열매 맺으려 힘쓰고 애쓸도 없이
나무에 붙어 있으면 저절로 열매 맺듯이
주님의 풍성한 은혜와 공급하심으로
열매를 맺어 나와 함께 기뻐하고 즐거워하자 하신다

272

물은 아래로 흐른다

물은 흐르고
시냇가 버들 춤춘다
물은 흐르고
숭어 노닌다
물은 흐르고
청둥오리 자맥질한다
물은 바위가 있으면
굽이돌고
돌이 있으면 감싸 흐르며
아래로 아래로 흐른다
욕심도 갈등도 없이
아래로 흐르다
하늘로 올라가
빗물이 되어
다시 아래로 떨어진다
하나님의 은혜는
욕심 버린 낮은 마음을 향해
아래로 아래로 흐른다
가장 낮은 자를

뜨거운 물기운으로
하늘 높이 올리기까지
쉬지 않고 흐른다

내 마음 호수

바람 불면
호수에 잔물결 이나니
수면에 물고기 뛰놀면
파장 일어났다 사라지나니
눈 감으면 어디서 물소리 들리나니
눈 뜨면 어디서 새소리 들리나니
바람 일면
석양에 잔물결 반짝이나니
내 마음 호수에도 잔물결 반짝이나니
잠결에도 물소리 들리나니
하늘에서 물소리 들리나니

세월이 가면

강물은 흐르고 세월도 흘렀다
구름도 흐르고 세월은 흘렀다
그 시냇가 멱감던 아이들 어디 갔나
빨래하던 그 아낙네들 어디로 갔나
그리운 거리들 사람들 어디로 갔나
세월이 가면 모든 것이 그리워지나니
세월이 가면 모든 얼굴 그리워지나니
흐르는 세월 멈출 수 없나니
너 세월을 아끼고 네 창조자의 뜻을 분별하라

275

이름을 몰라도

이름을 몰라도
꽃으로 피어 있었네
이름을 몰라도
향기로운 꽃이었네
이름을 몰라도
가지마다 닥지 닥지 꽃다지[45] 터졌네
이름을 몰라도
거기 심겨 있었고
이름을 몰라도
가지와 꽃잎에 어울리는 색깔과 향기를 가지고 있었네
이름은 몰라도
태초부터 누군가의 꽃이었네

너 하나밖에 없는 것처럼

세상에 오직 너 한 사람 있는 것처럼
너 말고는 아무도 존재하지 않은 것처럼
너를 위하여 세상 모두를 지으신 것처럼
너를 위하여
악한 자와 천사들과 모든 피조 세계에
이는 내 사랑하는 아들이요 기뻐하는 자라
선포하시는 하나님
세상에 너 하나밖에 없는 것처럼
눈먼 사랑을 너 하나 나 하나
우리 하나 하나에게
십자가에서 쏟아부으신 하나님

피할 수 없다면 즐겨라

고통을 피할 수 없다면 즐겨라
고난을 피할 수 없다면 즐겨라
아픔을 피할 수 없다면 즐겨라
과제를 피할 수 없다면 즐겨라
운명을 피할 수 없다면 즐겨라
고생을 피할 수 없다면 즐겨라
오늘을 피할 수 없다면 즐겨라
내일을 피할 수 없다면 즐겨라
네 몫의 일을 즐거워하는 것이
하나님께서 네게 주신 분복分福이니
사람이 자기 일을 즐거워하는 것보다 나은 것이 없느니라

시원한 사람

나무는 온 가지와 잎을 펼쳐 땡볕을 받아내고
아래로 시원한 그늘을 만들어 준다
사람들 나무 그늘 아래 기어들어가
이마에 송송 맺힌 땀과 등줄기 타고 흐르는 땀을
식힌다
나무가 나무를 만나면 숲을 이루고
숲은 시원한 그늘을 만들어 준다
짐승들 숲 그늘에 들어가 배 대고
늘어지게 쉬고 새들도 흐르는
시냇물에 목을 축인다
온몸으로 땡볕을 받아내고
그늘을 만들어 내는 나무처럼
온몸으로 불볕더위를 받아내고
푸른 그늘과 쉴만한 물가를 만드는 숲처럼
나무같이 싱싱한 사람이 되고 싶다
숲과 같이 시원한 사람이 되고 싶다

갈매기 한 마리

바다는 가없이 펼쳐지는데
파도는 쉼없이 넘실대는데
삶과 죽음이 교차되는 파도 위에
외롭게 날고 있는 갈매기 한 마리
생의 나래질하며 희망의 수신호
뱃전에 보낸다

280

울릉도 해돋이 [46]

바다는 밤새 파도치며 울다
새벽이 되면 노래를 부른다
바다 끝부터 여명이 밝아오면
검은 구름 낮게 깔린 수평선
저 멀리 흑운 사이로 빨간
해가 맑은 물로 씻은 얼굴
수평선에 내밀며 떠오르고
향유고래는 고동 소리 내며
파도는 흰 물보라 일으킨다
붉은 해 떠오르면 검은 구름
홍조를 띠며 차일처럼 펴지고
저 멀리 검은 새 벌건 해를 지나
나래질하며 끝없이 북으로 간다

화산火山섬

바닷속에서 화산이 폭발하고
용암이 분출하여 섬이 되었다
온갖 흙과 돌과 나무와 사체
뒤엉켜 딱딱한 돌로 굳었다
물기 하나 없는 절벽에
연초록 잎새를 틔웠다
물기 없는 절벽에라도
파아란 잎새로 살아가라
벌거숭이 핏덩이라도
붉은 생명으로 살아가라
밑에는 천 길 낭떠러지
시퍼런 바닷물 출렁거려도
꼭대기에 밭 갈고 나물 심고
소나무처럼 살아가라
산처럼 살아가라

균형감각

배는 하얀 물보라를 일으키며 나가고
갈매기들은 나래질 하며 뒤따라 온다
승객들이 던진 과자 낚아채려고
갈매기들 위태로운 비행을 하고
소녀는 머리카락 흩날리는 줄
모르고 과자 흔들어대며
갈매기들을 부른다
소녀의 머리카락 얼굴에 나부껴도
흔들리지 않는 균형감각
딸의 손목을 쥐고 있기 때문이다
예수님이 마음속에 중심추로 오실 때
마음은 십대처럼 나부껴도
영은 추처럼 흔들리지 않는다
영은 예수님만 흔들 수 있는
순결한 십대의 감성을 갖고
중후한 중년의 옷을 입었다

섬

가도 가도 육지를 볼 수 없는 그리움이 맺혀 섬이 되었나
가도 가도 사람을 볼 수 없는 그리움이 맺혀 바위가 되었나
가도 가도 끝을 볼 수 없는 바다가 그리워 바닥까지 훤히 들여다보이는
비췻빛 물결이 되었나
가도 가도 풀 한포기 나무 한그루 볼 수 없는 그리움이 씨앗이 되어
바위섬을 풀과 나무들로 덮었나
가도 가도 인적이 드문 돌섬이기에 사람만 보면 반가워 물 한 잔
들고 가라 하나
가도 가도 끝없는 바다 한 가운데 섬을 심은 것은 누구의 마음인가
그 섬을 지나 가도 가도 끝없는 바다 끝에 작은 섬을 심은 것은 또
누구의 마음인가
하나님은 사람이 그리워 세상에 너를 심으셨고
세상에 홀로 떠 있는 네가 그리워 네 섬에 오셨다
그리운 이여
우리가 서로 사랑하면 섬이 아니라 사람이라

바닷속 전설

바다는 잿빛 파도로 넘실거리지만
그 안에 수많은 전설이 숨어 있습니다
고기 잡으러 갔다 태풍을 만나 조난당한 어부들의 이야기
뭍에 나갔다가 돌아오지 않는 아버지를 기다리다 바위가 되었다는 처녀 이야기
더 넓은 세상으로 꿈을 펼치러 먼 배를 타고 갔다가 돌아오지 않는 청년 이야기
망망한 바다를 바라보며 꿈을 키우다 뭍에 나가 성공한 소년 이야기
바다는 잿빛 파도로 넘실거리지만
그 안에 많은 생명이 숨어 있습니다
드문 드문 갈매기가 날고 있는 것은 작은 물고기를 채려는 것이지요
깊은 바닷속으로 들어갈수록 큰 물고기들이 유유히 헤엄쳐 다니지요
깊은 바닷속으로 들어가면 산호도 있고 진주도 있고 보석들도 있답니다
깊은 심해에 가라앉은 보물선에는 진기한 보화들이 가득 들어 있지요
바다는 잿빛 파도로 넘실거리지만
그 안에는 많은 꿈이 숨어있습니다
수많은 도전과 성공이 파도에 밀려왔다 사라졌습니다
수많은 시도와 실패가 파도처럼 일어났다 잦아들었습니다

잿빛 파도 위에서 삶과 죽음이 전쟁과 화해가 반복되어졌습니다
파도 위에 떠 있는 생명과 파도 아래 가라앉는 죽음의 순식간 교차까지도
바다는 잿빛 파도로 넘실거리지만
앞으로도 전설은 파도처럼 끊이지 않을 것입니다
인자되신 예수님께서 하늘 구름 타고 오셔서 온 바다를 뒤엎으시고
그 비밀들을 속속들이 드러내실 때까지

서두르다 접질러졌다2

서두르다 접질러졌다
발목뼈와 인대가 어긋나고 끊어지는 아픔
가야 할 길은 멀고 갈 길 바쁜데
꼼짝할 수 없었다
고통 속에서 예수님을 부르고 바라본다
나를 위하여 십자가에서 고통당하시고
죽음 이기시고 하늘과 땅의 모든 권세
가지고 내 안에 계시고 하늘 위에서도
나를 바라보고 계신 그리스도를
예수 보혈을 노래하고 예수 이름으로
걸을 때 부활의 생명과 능력이
발목과 온몸을 휘감아 도는 것을
느끼며 믿음으로 발걸음을 뗀다
나는 죽고 내 안에 그리스도가
살아계심을 느끼며
내가 약할 때 강한 그리스도의 능력이
내 안에서 풀어지고
내가 죽을 때 죽음 이기신 예수님의 생명이
내 안에서 풀어짐을 느낀다

주여 제가 죄악되고 연약하지만
죄에 대하여 죽고 그리스도 예수 안에서
하나님께 대하여 산 실존으로
당신 앞에 서 있습니다
말씀이 내 영과 혼과 육에 풀어지는 삶이 되게 하소서
성령님이 마음 판과 살 판에 풀어지는 삶을 살게 하소서

그날 황혼에

그날 저녁 노을은 아름다웠다
거리는 피바람 불고 얼룩졌지만
그날 황혼에 걸린 십자가는 아름다웠다
거리는 절규와 비명으로 소란했지만
그날 황혼 속의 십자가는 평화로왔다
마음이 갈 바를 알지 못하고 몸은 쉬고 싶을 때
예배당에 앉아 영광과 권세와 능력으로
세상 만물을 주관하시는 하나님을 노래하였다
흑암이 역사하는 이 땅에 하나님 나라가 임하기를
목놓아 노래하였다
그날 밤 교회를 나설 때 십자가 탑 위에 유독 별빛이 밝았다

비 오는 밤

비 오는 밤
흐르는 시냇물 소리에
근심을 씻어 보낸다
비 오는 밤
요란한 물소리에
욕망을 씻어 보낸다
비 오는 밤
많은 물소리 같은 말씀이
영혼을 씻어 내리고
비 오는 밤
내리흐르는 시냇물 같은 보혈이
육신을 씻어내린다
비 오는 밤
길 가다
가만히 앉아
영혼의 물소리를 듣는다
비 오는 밤

상한 갈대 [47]

우주 속을 떠도는 먼지 입자처럼
제가 가는 어디든지 무한하신 당신이 계십니다
유한한 제가 시간과 공간을 넘어 우주 밖으로 갈지라도
시간과 공간을 초월한 거기에 무한하신 당신이 계십니다
당신이 지으신 우주가 날 없애고자 한다면
전체로 무장할 필요 없이 한 방울 수증기와 한 숨 호흡만으로도
없앨 수 있는 갈대 같은 목숨이지만
상한 갈대를 꺾지 않으시는 당신은
온 우주보다도 나 하나를 더 사랑하십니다
상한 갈대를 꺾지 아니하시고 심판하여 이기기까지
갈대 속 영혼을 긍휼로 붙들고 계십니다
무한하신 당신은 유한한 나를 통해
연약한 자를 강하게 하시고
미련한 자를 지혜롭게 하시고
천한 자를 높이시고 무능한 자에 능력을 주어
하나님의 영광을 드러내십니다

꿈을 주소서

꿈을 주소서
꿈이 없으면
멸망 받기 위해 태어난 짐승과 같사오니
꿈이 없으면
현실의 쾌락에 만족하여
미래로 날아가지 못하는
하루살이 같사오니
꿈을 주소서
꿈이 없으면
내일을 위한 오늘이 아닌
어제의 반복인 오늘을 살 수밖에 없사오니
꿈이 없으면
오늘의 고난이 아무런 의미를 지니지 못해
힘겨울 뿐이므로
꿈을 주소서
꿈이 있으면
오늘은 내일을 위한 발판이 되고
오늘의 고난 또한 내일을 위한 밑거름이 되오니
식물은 햇빛을 받아야 자라고

동물은 먹이가 있어야 사는 것처럼
사람은 꿈이 있어야 소망 가운데 자라나나니
오늘은 태풍이 불지라도
꿈이 있으면
내일은
태풍에 떨어진 잎사귀와 열매들로
빛나는 숲을 볼 수 있기 때문입니다

태풍부는 날

태풍부는 날
아무도 없는 운동장을
우산을 쓰고 돈다
태풍에 우산이 돌아버리고
팔도 돌아버리고
몸도 돌아버린다
태풍은
비를 뿌리고
바람을 부리며
나무도 가지고 놀고
사람도 가지고 논다
맞바람
헤치고 나가며
저항할 수 없는 태풍의
힘을 느낀다
주여
태풍보다 강력한 성령의 바람을 보내사
이 세상 어둠과 죄악을 순식간에 날려보내소서
성령의 태풍

이 땅에 몰아 닥치사
죄인들이 회개하고 변화되게 하시고
흑암의 권세가 역사하는 세상에 하나님 나라가 도래하게 하소서

청년 예수

마가는 사자처럼 용감하고 신속한 예수님을 기록했다
누가는 소처럼 우직하게 섬기시는 예수님을 기록했다
마태는 천사처럼 하나님의 말씀을 전달하시는 예수님을 기록했다
요한은 독수리처럼 영원전에서 날아와 말씀이 육신이 되신 삶을
사시다 영원한 세계로 날아가신 예수님을 기록했다

서른셋의 짧은 생애를 사자처럼 소처럼 천사처럼 독수리처럼 살다
가셨지만

태초에 말씀이 계셨나니 말씀이 하나님과 함께 계셨고 말씀이 곧
하나님이시라고 늙은 요한이 증거한
청년 예수 그분은 영원하신 말씀 하나님이시다

순교자들 [48]

그분이 십자가에 돌아가셨을 때
십자가에서 극적인 반전을 기대했던 요한을 제외한
나머지 제자들은 그분을 버리고 달아났다
죽음이 두려워 달아났던
제자들이 하나씩 돌아와
야고보는 예루살렘에서 칼에 목 베임을 받고
나다나엘은 아르메니아에서 전신의 가죽이 벗겨지는 죽음을 당했고
셀롯인 시몬은 페르시아에서 톱에 썰려 죽었고
다대오 역시 페르시아에서 순교했고
안드레는 아가야 지방 파트라스에서 X형 십자가에 매달려 죽고
마태는 에티오피아에서 자객의 칼에 맞아 순교했고
인도로 간 도마는 AD 72년 마드라스에서 네개의 창에 찔려 죽었다
네로황제의 박해를 피해 로마를 떠나던 베드로는 로마로 가시는
예수님의 환상을 보고
주여 어디로 가시나이까 하고 물었을 때 양들을 위해 내가 십자가에
다시 박히러 간다는 주님의 음성을 듣고
로마로 돌아가 십자가에 거꾸로 매달려 순교했다
빌립 역시 AD 78년 히에라폴리스에서 십자가에 거꾸로 매달려 죽
었다

예수님이 십자가에 달리기 전날 동산에서 체포당하실 때 벌거벗은
몸으로 홑이불을 두르고 자다가 홑이불을 버리고
맨몸으로 달아났던 청년 마가는
훗날 이집트 알렉산드리아에서 밧줄에 목이 메여 돌 포장도로 위로
질질 끌려다니다가 도살장 터에 엎어진 채
사지를 못 박혀 순교했다

맨 마지막 사도를 자처했던 바울은 로마의 지하 감옥에서 도수대에
목을 얹고 도끼에 목이 잘려 그 목이 튄 바닥마다 샘물이 터졌다고
한다
나중에 사도된 맛디아 역시 에티오피아에서 도끼에 찍혀 숨을 거두
었다
무엇이 그들을 죽음도 두려워하지 않고 사람도 두려워하지 않고
마귀도 두려워하지 않는 순교자들로 만들었나

안심하라 내가 너와 함께 있느니라고 말씀하시는 성령 하나님이 죽
음의 순간까지도 그들과 함께하셨기 때문이다

성령님 주님을 만나면 안 변화될 죄인이 없고 안 변화될 겁장이가 없

습니다
지금 오셔서 만나주소서

그대는 아는가

그대는 아는가 십자가의 능력을
그대는 아는가 복음의 능력을
그대는 아는가 부활의 능력을
그대는 아는가 성령님의 능력을
그대는 아는가 예수 그리스도의 이름 권세를
단 한 방의 복음에 죄인이 의인이 되는 것을
단 한 방의 말씀에 살인강도가 하늘 가는 사형수가 되는 것을
단 한 방의 피에 창녀가 성녀가 되는 것을
단 한 방의 터치에 죽을병이 완치되는 것을
단 한 방의 선포에 흑암의 세력이 혼비백산 흩어지는 것을
단 한 방의 기도에 없는 것이 있는 것 같이 나타나는 창조의 능력을
단 한 방의 믿음의 간구에 죽은 자가 다시 살아나는 부활의 기적이
일어나는 것을

단 한 방의 역사로 무능한 자가 유능하게 되고 무지한 자가 지혜자가
되는
성령님의 역사를
믿음이 있을 때 두 방이 필요 없다는 것을
One Shooting, One Killed

자 이제 웃자

자 이제 웃자
원수가 날 향해 공격해 올지라도
자 이제 웃어버리자
원수가 날 향해 비방해 올지라도
자 이제 웃음을 크게 터트리자
원치 않는 사건과 사고가 꼬리를 물어도
자 이제 속에서 터져 나오는 웃음을 주체하지 말자
당장 망해 버릴 것 같이 원수가 거칠게 압박하고 위협해 올지라도
우리에게는 그리스도 예수 안에서 웃을 일만 남았으므로
우리에게는 이미 세상을 이기신 예수님 안에서 승리할 일만 남았으므로
원수를 향해 통쾌한 웃음을 날려 보내자
껄껄껄 마음놓고 웃자
그리스도 예수 안에서

● *295*

낙엽

길섶에 떨어져 복숭앗빛 뺨으로
발그레한 잎을 주워
책갈피에 넣었더니
복숭앗빛 어디로 갔는지
갈색으로 말라 있고
마음이 몰래 발그레 물들었네

알게 하소서

당신의 미련한 것이 나의 지혜로운 것보다 지혜롭고
당신의 약한 것이 나의 강한 것보다 강하고
당신의 부스러기가 나의 전부보다 많은 것을
알게 하소서
당신의 어리석은 것이 나의 현명한 것보다 현명하고
당신의 부족한 것이 나의 완전한 것보다 완전하고
당신의 침묵이 나의 최선보다 나은 것을
알게 하소서
당신이 움직이면 세상이 동하고
당신이 말씀하시면 우주가 동하고
당신이 일하시면 기적이 일어나는 것을
알게 하소서
당신의 은혜가 아니면 손가락 하나 움직이지 못하고
당신의 은혜가 아니면 몸 하나 까딱할 수 없고
당신의 은혜이면 그 무엇이라도 가능하다는 것을
알게 하소서

297

저녁이 되고 아침이 되니라

저녁이 되고 아침이 되니라 이는 첫째 날이니라
태초에 빛이 있으라고 하신 하나님은 어둠도 만드셨습니다
저녁이 되고 아침이 되니라 이는 둘째 날이니라
파아란 창공을 만드신 하나님은 파아란 수면도 만드셨습니다
저녁이 되고 아침이 되니라 이는 셋째 날이니라
푸르른 바다를 만드신 하나님은 푸른 풀과 나무들로 덮인 육지도 만드셨습니다
저녁이 되며 아침이 되니라 이는 넷째 날이니라
하늘에 태양과 달을 두신 하나님은 하늘의 하늘 위에 별들도 두셨습니다
저녁이 되며 아침이 되니라 이는 다섯째 날이니라
바닷속에서 헤엄치는 물고기들을 지으신 하나님은
하늘을 날으는 새들도 지으셨습니다
저녁이 되며 아침이 되니 이는 여섯째 날이니라
들에 기는 것들과 뛰는 들짐승을 지으신 하나님은
두 발로 서 두 팔 벌리고 하나님을 예배하는 사람도 지으셨습니다
저녁이 되며 아침이 되니 이는 일곱째 날이니라
하나님은 이 모든 일을 마치시고 지으신 사람과 교제하기 원하셨습니다

고난의 저녁이 다가오면 영광의 아침도 밝아오는 것을 알게 하시고자
절망의 저녁이 다가오면 희망의 아침도 밝아오는 것을 알게 하시고자
슬픔의 저녁이 다가오면 기쁨의 아침도 밝아오는 것을 알게 하시고자
피곤한 저녁이 다가오면 상쾌한 아침도 밝아오는 것을 알게 하시고자
상심의 저녁이 다가오면 득의의 아침도 밝아오는 것을 알게 하시고자
서늘한 저녁이 다가오면 따스한 아침도 밝아오는 것을 알게 하시고자
하나님은 저녁부터 하루를 시작하사 밤 사이에 많은 일을 하십니다
저녁과 아침이 뜻 없이 반복되어지는 것 같은 일상일지라도
하나님은 빛부터 하루 하루 창조하셔서 엿새를 채우셨듯이
우리의 일상들을 당신의 섭리와 은총의 빛들로 채우셔서
일곱째 날 우리로 당신 품 안에서 족히 안식하게 하십니다

가능성의 꽃

사람 속에 꽃이 있네
마음 깊은 속에 꽃이 있네
영혼 깊은 속에 꽃이 있네
사람이 꽃이라네
마음 깊은 곳에 핀 꽃이라네
영혼 깊은 곳에 핀 꽃이라네
사람 속에 핀 꽃은
태초부터 핀 꽃이었네
영원부터 핀 꽃이었네
창조주께서
그 영혼에 꽃씨를 심고
숨결 넣어 핀 꽃이라네
하나님의 영광의 꽃
하나님의 형상의 꽃
가능성의 꽃이라네

299

You Are My Energy

When I am weary and sleepy

I really need energy

When I am wandering astray

I want real energy

Oh Lord

You are my energy

You are my real drink and real food

Oh Lord

You are my real energy

You are not weary or sleepy

Oh Lord

You are never exhausted energy

You are everlasting energetic God

When I eat Your flesh

always my soul awakes

When I drink Your blood

anytime my body is refreshed

After my long wandering

I found the fountain of eternal energy

at the Calvary You died and rose again

Oh Lord, You are my eternal energy

300

Never-give-up

Never

Never

Never

Never give up your faith

Never

Never

Never

Never give up your dream

Never

Never

Never

Never give up your love

Never

Never

Never

Never give up your life

Because He who never give up in you has been holding you

Nevertheless

Nevertheless

Nevertheless

give up your self to be put to death

Because He lives always in you as your Lord and your King

제3부

구원의 숲

희망이 없다고 말하지 말자

희망이 없다고 말하지 말자
뜨락 가득한 건 햇살뿐인걸
소용이 없다고 말하지 말자
먹구름 속에서도 찬란히 빛나는 해처럼
포기하고 싶다고 말하지 말자
낙엽이 썩으면 봄날엔 싹이 트듯이
희망의 언어로
믿음의 언어로
사랑의 언어로
미래의 집을 짓자
집을 지으시고 세우시는 분은 하나님이심으로

장미처럼

말이 없어도 향기론
표현 못 해도 속 깊은
장미처럼
말을 못 해도 향기로 말할 수 있다면
표현 못 해도 깊은 속으로
마음을 전할 수 있다면
향기만으로도 모든 피곤이 사라지는
겹겹이 쌓인 꽃잎만 들여다 봐도 매혹적인
장미처럼
곁에 있기만 해도 피곤이 사라지는
있는 모습 그대로가 그림 같은
그런 사람이라면
지는 듯 새로 피는
시들은 듯 활짝 피는
장미처럼
스쳐 지나가면서도 다시 보게 되는
새로운 설레임으로 만나게 되는
그런 사람이라면
붉은 듯 희고

노란 듯 주홍 같은
장미처럼
볼 때마다 새로운
색깔마다 빛깔나는
언제나 하나님의 빛을 품어내는
사람이고 싶다

303

나팔꽃처럼

나팔꽃은
주목이나 단풍이나 아무 나무나 타고 올라가
나무 위에서 파란 나팔을 분다

날다람쥐는
이 나무 저 나무 날렵하게 줄기와 가지를 타고 하늘을 날아
먼 나무까지 날아간다

어떤 문제 앞에서도 나팔꽃처럼 하늘을 향해 파란 나팔을 불자

연이은 문제 앞에서도 날다람쥐처럼 문제를 딛고 하늘 사이로 날아 오르자

폭포수

두 물이 합수하여 절벽 아래로 떨어지면
폭포수가 되고
두 강물이 합수하여 절벽 아래로 떨어지면
나이아가라 이과수처럼 천지를 진동하는
물기둥이 된다

두 사람이 마음을 합하여 기도하면
나이아가라 이과수처럼 천지를 진동하는 굉음이 일어나고
물안개가 사방을 뒤덮고 멀리서도 물방울이 튀어 흥건히
젖는 일이 일어난다

두 사람이 마음을 합하여 기도하는 곳에
주님이 함께하실 때
천지가 개벽하듯 땅이 진동하며
막힌 심령을 뚫고
죽은 자를 살리고
묵은 심령을 새롭게 하는
부흥의 폭포수가
하늘로부터 떨어진다

천 번을 흔들려야

천 번을 흔들려야 낙락장송이 되는 것처럼
천 번을 흔들려야 어른이 되는 것처럼
천 번을 흔들려야
좁은 내면이 넓은 내면으로 바뀌고
천 번을 흔들려야
작은 사람이 큰 사람이 되기에
하나님은 오늘도
나를 크고 작은 사건들로 흔드시고
크고 작은 사람들로 흔들어대신다
천 번을 흔들려야
뿌리가 흙 속으로 깊이 뻗어내리고
태풍에 흔들려야
줄기가 굵고 강하게 자라나기에
하나님은 연약한 나를
크고 작은 시련의 태풍으로
흔들리게 하신다
작고 약한 나를 흔들어 크고 강한 나무 되게 하사
크고 강하게 하심과 지혜와 능력과 권세 주심이
하늘에 있음을 우러러보게 하신다

흔들리지 않는 풀이 어디 있으랴 [49]

흔들리지 않는 꽃이 어디 있으랴
흔들리지 않는 풀이 어디 있으랴
흔들리지 않는 나무가 어디 있으랴
흔들리는 꽃이 향기도 진하나니
흔들리는 풀이 목숨도 질기나니
흔들리는 나무가 뿌리도 깊게 내리나니
흔들리지 않는 사람이 어디 있으랴
흔들리는 사람이 굵고 곧게 자라나니
흔들리면서 흔들리지 않는 손을
굳게 붙드나니
크게 하심과 굳게 하심이 그분의 손에
있음이여

When I Am Weary [50]

You and me are one team

when I am weary

You give me strength

when I stumble

You raise me up

when I run my all

You cheer up me

You and me have become oneness through your crucifixion and your resurrection

Then I was dead in you and you rose again in me

Now I run toward your face

When I fight for your name

You directly fight for me against my enemies

As You fight always for me

I can defeat any stronger enemy

As You hold me always

I can soar higher like the eagle

You and me are oneness from now till eternity

청단풍 [51]

깊은 산골
저무는 석양빛에
끝자락부터 붉게 물들어가는
청단풍잎을 보고
하나님도 웃고
나도 웃었다
청단풍도 수줍은 듯
얼굴을 붉혔다

더 깊은 골짜기로

더 험한 길로 들어갈수록
더 깊은 골짜기로 내려갈수록
더 높은 산봉우리로 올라갈수록
더 붉고 빛나는 단풍처럼

더 험한 길로 들어갈수록
더 깊은 골짜기로 내려갈수록
더 높은 산봉우리로 올라갈수록
더 맑고 시리게 솟는 샘처럼

더 험한 길로 들어갈수록
더 깊은 골짜기로 내려갈수록
더 높은 산봉우리로 올라갈수록
더 깎아지른 듯 탄식이 새어나는 절벽처럼

더 험한 길로 들어갈수록
더 깊은 골짜기로 내려갈수록
더 높은 산봉우리로 올라갈수록
비경을 숨겨 놓으신 것을 누가 알았으랴

310

온 마음 다해

온 마음 다해 주를 바라봅니다
온 마음 다해 주를 소망합니다
온 마음 다해 주님을 믿습니다
온 마음 다해 주를 의지합니다

티끌 같은 연약함 속에서
흙으로 사람을 지으신 주를
앙망합니다

티끌과 먼지와 흙을 뭉친
육체 속에서 영혼의 주를
의지합니다

티끌과 같은 나라도
감히 천지를 지으신
전능하신 하나님을
믿습니다

먼지 같은 나라도

감히 존귀하신
하나님의 이름을
부릅니다

그 아들 예수님 때문에

311
누가 날 좀 더 줬으면

누가 날 좀 일으켜 줬으면
누가 날 좀 붙들어 줬으면
누가 날 좀 도와주었으면
허전한 마음 채워주었으면
누가 나에게 힘이 되었으면
누가 나를 구원해 주었으면

누가 널 좀 일으켜 줬으면
누가 널 좀 붙들어 줬으면
누가 널 좀 도와주었으면
허전한 마음 채워주었으면
상처 난 마음 싸매주었으면
누가 너에게 힘이 되었으면
누가 너를 구원해 주었으면

하나님이 날 좀 일으켜 주었으면
하나님이 날 좀 붙들어 주었으면
하나님이 날 좀 도와주었으면
하나님이 허전한 마음 채워주었으면

하나님이 날 좀 구원해 주었으면

예수님이 널 좀 일으켜 주었으면
예수님이 널 좀 붙들어 주었으면
예수님이 널 좀 도와주었으면
예수님이 네 허전한 마음 채워주었으면
예수님이 네 상처난 마음 싸매주었으면
예수님이 널 좀 구원해 주었으면

성령님이 우릴 좀 일으켜 주었으면
성령님이 우릴 좀 붙들어 주었으면
성령님이 우릴 좀 도와주었으면
성령님이 우리 허전한 마음 채워주었으면
성령님이 우리 상처난 마음 싸매주었으면
성령님이 우리 약한 몸 좀 고쳐주었으면
성령님이 우릴 좀 구원해 주었으면

조금만 더
조금만 더

조금만 더

더
더
더
간절히 더 원합니다

조금만 더 하소서

조금만 더 석양이 머무르게 하소서
조금만 더 스러지는 황혼을 멈추소서
조금만 더 지는 저녁놀을 붙드소서

조금만 더 석양에 불붙는 단풍 그늘을 보게 하소서
조금만 더 스러지는 황혼에 울긋 불긋 불타는 계곡을 보게 하소서
조금만 더 지는 저녁놀에 빛나는 폭포밑 용소 아래 잠긴 잎들을
보게 하소서

조금만 더 은혜의 빛을 더하사 스러지는 것들이 일어나게 하소서
조금만 더 생명의 빛을 더하사 사라지는 것들이 돌아오게 하소서
조금만 더 긍휼의 빛을 더하사 죽어가는 것들이 살아나게 하소서

조금만 더
조금만 더
조금만 더

산꼭대기부터 골짜기까지 어둠이 적막을 타고 다 내려오기 전에
조금만 더

잃으면 잃으리라

내가 잃으면 잃으리라
사랑을 잃으면 잃으리라
명예를 잃으면 잃으리라
믿음만은 잃지 않으리라

내가 죽으면 죽으리라
육체가 죽으면 죽으리라
자아가 죽으면 죽으리라
영혼만은 죽지 않으리라

내가 버리면 버리리라
자존심도 버리면 버리리라
이기심도 버리면 버리리라
신앙심은 버리지 않으리라

내가 놓으면 놓으리라
욕심도 놓으면 놓으리라
집착도 놓으면 놓으리라
주님만은 놓지 않으리라

내가 드리면 드리리라
몸도 드리면 드리리라
마음도 드리면 드리리라
꿈뿐 아니라 소원도 드리리라

내가 바치면 바리치라
청춘도 바치면 바치리라
장래도 바치면 바리치라
순종도 바치면 바치리라

나를 내려놓으면
하나님이 보이고

자기를 부인하면
그리스도가 주인이 되고
자아를 십자가에 못 박으면
내 안에서 성령님이 능력으로 나타나시기 때문입니다

314

물들었나니 [52]

팔랑거리며
잎새 떨어지나니

바스락거리며
낙엽 부서지나니

촐랑거리며
청설모들 뛰노나니

휘적거리며
까치들 날아드나니

잎새마다
노랗게 노랗게
빨갛게 빨갛게
갈색으로 연록으로
물들었나니, 물들었나니

내 마음도 붉고 노랗게

물들었나니, 물들었나니

때로는 [53]

때로는 바람 부는 대로 청송대로 가고 싶다
대낮에도 환하게 불을 밝히는 청단풍을 보고 싶다
때로는 바람 부는 대로 안산 자락을 돌고 싶다
산자락을 감고 흐르는 시냇가에 앉아 은빛으로 반짝거리는 물결을 보고 싶다
때로는 바람 부는 대로 봉수대에 오르고 싶다

산꼭대기에 불어대는 세찬 바람을 맞으며 아래로 노랗게 빨갛게 물들어가는 산허리춤을 보고 싶다
때로는 바람 부는 대로 나가 눈길 머무는 대로 발길 닿는 대로 걷고 싶다
내 마음속 상처가 그분이 빚어놓으신 연갈색 채색화彩色畵에 취하여 아물고 씻겨 내려갈 때까지
바람 부는 대로 걷고 또 걷고 싶다

316 굴복합니다

굴복합니다
아침 햇살처럼 눈부시게 부서지는 은혜의 햇살 아래

굴복합니다
폭포수 물줄기처럼 온몸을 두드리는 사랑의 폭포수 아래

굴복합니다
티끌같이 작은 자를 섬기기 위해서 친히 티끌되신 겸손 아래

굴복합니다
하늘의 권세와 영광과 능력을 버리시고 어린양같이 유순하게 되신 온유 아래

굴복합니다
말뿐이 아닌 행함과 삶으로써 당신의 말씀 앞에

굴복합니다
몸뿐이 아니라 마음의 중심으로서 하늘과 땅의 모든 권세 가지신 만왕의 왕 앞에

하늘과 땅과 땅 아래 보이는 것들과 보이지 않는 모든 피조물도 굴복
하는
예수의 이름 앞에

누가 알았으랴

누가 알았으랴
우중충한 하늘에서 장대비 쏟아질 때 맑고 푸른 하늘이 드러난다는
것을

누가 알았으랴
춥고 폭설 쏟아지는 겨울을 지날 때 산과 들에 꽃잔치 벌어지는 봄이
온다는 것을

누가 알았으랴
모든 기대와 소망이 무너지고 바랄 것도 없는 상황에서 비로소
하나님께서 크고 비밀한 새 일을 행하시는 것을

누가 알았으랴
내가 약해질 때 내 안에서 강해지시는 그분이 계신다는 것을

누가 알았으랴
내가 기꺼이 죽고자 할 때 내 안에서 그분이 살아계신 하나님으로
나타나시는 것을

누가 알았으랴
원수가 날 에워싸고 숨막히는 사망의 골짜기에 갇혀 두려움과 불안이 엄습해 올 때
목자 되신 하나님께서 원수의 앞에서 내게 상을 베푸시고 기름으로 내 머리를 바르시고
내 잔을 넘치게 하신 줄을

낙엽

낙엽 밟히는 소리
마음 밟히는 소리

낙엽 부서지는 소리
마음 부서지는 소리

낙엽을 밟을 때마다
마음이 천개로 갈라져 밟히고

낙엽이 부서질 때마다
마음이 수천개로 부서진다

낙엽은 밟힐 때
소리치며 부서지고
새날에 틔울 싹을 소망하며
기꺼이 거름이 된다

마음은 밟힐 때
눈물 흘리며 부서지고

새날에 틔울 앳된 생명 소망하며
기꺼이 고운 가루가 된다

마음속 눈물방울에
그리스도의 형상이 아롱일 때까지
마음은 밟힐 때마다
소리 없이 울면서 부서진다

화장실에서

감미로운 음악 소리에
그대로 멈추고 말았다
아름다운 가락에
숨죽이고 말았다
영혼을 저미고 스며 들어오는
소리에
그만 주저앉고 말았다
음악이 끝날 때까지
혼자 쭈그려 앉아있었다
음악이 흘러나오는 화장실에서
하나님은 늦은 밤 내 영혼을 만지고 계셨다

테라스에서

쌀쌀한 초겨울인데
시냇물은 세차게 흐르고
천둥오리 흰 오리는 개천을 떠다니고
냇가에 심은 억새풀은 손끝을 스쳤다

고가 밑 사각기둥마다
르느와르를 걸어놓았는데
화사하게 핀 꽃과
꽃을 들고 화사하게 웃는
소녀들의 푸른 눈빛이 마주친다

화가에게 왜 꽃을 들고 미소 짓는 소녀들과
테라스에서 담소하며 춤추는 행복한 사람들만 그렸냐고 물으니
불유쾌한 것들이 많은 세상에 불유쾌한 것을 추가할 필요가 있느냐
고 답한다
화가도 안다 세상은 불유쾌한 일 천지요 추하고 더러운 것이 많은 줄
알면서도 생의 환희와 기쁨과 행복과 아름다운 순간만을 포착하여
영원처럼 머물 화폭에 담는다

사탄은 우리 마음속에 온갖 불유쾌한 일들과 더럽고 추한 생각들을
심는데

우리도 화가처럼 유쾌한 일들만 생각하고 생의 기쁨과 환희와 아름
다운 순간만을
포착하여 마음의 화폭에 담자

우리 생의 화가이신 예수님께서 우리 마음속 테라스에서 꽃을 들고
환하게 웃고 있는
소녀의 모습을 그리시도록 내 마음과 생각과 감정과 소원과 의지를
주님께 드려보자

너와 나

하늘이 눈을 내려
땅의 허물을 덮듯이

하늘에서 눈이 내려와
땅의 부끄러움을 감추듯이

십자가에서 피 흘러내려
나의 허물을 덮듯이

십자가에서 흘러내린 피가
너의 부끄러움을 감추듯이

너와 나
용서함으로
서로의 허물을 덮었으면

나와 너
사랑함으로
서로의 부끄러움을 감추었으면

오늘도 하늘에서
눈이 펑펑 쏟아지는데
그 눈 맞으며 서로 얼싸안고 펑펑 울었으면

눈 온 아침

간밤에 눈 온 아침
가지마다 흰 눈 얹었네
푸른 솔마다 하얀 눈 이었네

간밤에 내린 눈에
단풍은 시들어 이울고
가지마다 눈꽃 피었네

눈 내린 아침 빛에
아침 눈길 반짝이는데
작은 새들 가지 사이로 날아들고
청둥오리들 시린 내에 자맥질하네

323

그것은 빛이었습니다 [54]

그것은 빛이었습니다
일렁이는 물결 위에서 쉬지 않고 반짝거리는

그것은 빛이었습니다
파아란 하늘에 뭉게구름 피어오르고
빨간 양귀비가 피처럼 흐드러진 밭을 지나고 있는

그것은 빛이었습니다
새벽 어스름을 흔들고
포구의 물결을 홍조로 물들이며 고요히 떠오르는 해

그가 본 것은 빛이었습니다
빛의 찬란한 움직임과 스러짐 속에서 약동하는 만물들
빛이 있기에 그림자가 있고 어둠을 흔들고 끊임없이 산란하는

주님 말씀의 빛을 비추어 주소서
말씀의 빛이 비출 때 만물은 긴 잠에서 깨어 기지개를 켜고
영혼은 꿈을 깨어나 빛을 발할 수 있기 때문입니다

324

밥상

세상에서 힘들고 부대껴도
집에 돌아와 마주할 밥상이 있다는 것은
행복한 일이다

세상에서 지치고 피곤해도
집에 돌아오면 밥상을 차려주는 어머니가 있다는 것은
행복한 일이다

세상에서 상처받고 버림받아도
집에 돌아오면 김나는 밥과 국을 퍼주는 아내가 있다는 것은
행복한 일이다

세상에서 죄로 상하고 악으로 찢겨도
집에 돌아오면 품에 맞아주시는 그리스도가 있다는 것은
행복한 일이다

아이야
네 상처 아픔일랑 다 풀고 아비랑 저녁 먹자
된장국에 흰쌀밥 말아 후룩 후룩 먹고

허물과 상처일랑 훌훌 털어버리자구나

아이야
네 상처 허물일랑 다 내려놓고
그리스도께서 차려놓으신
그 살의 밥과 그 피의 국을 먹자구나
예수님의 피와 살을 먹고 마시며
너와 나의 상처와 허물 다 씻고
밥상머리에서 우리 하나가 되자

325

홀로 태어나 [55]

홀로 태어나
짝이 그리워 그리워
그리워하다 그댈 만났지

홀로 태어나
사랑으로 하나되어 하나되어
자녀들을 낳았지

홀로 태어나
하나 되지 못하여 하나 되지 못하여
질그릇처럼 부서졌지

홀로 태어나
부서져, 부서져 고운 가루 되어
서로의 마음을 담는 그릇으로 빚어졌지

홀로 태어나
이제는 그리스도가 교회를 사랑하듯 아내를 사랑하고
교회가 그리스도를 섬기듯 남편을 섬기노라

어울리지 않는 것

너무나 아름답기에 어울리지 않는 것들이 있다
너무나 고귀하기에 어울리지 않는 것들이 있다
너무나 순결하기에 어울리지 않는 것들이 있다
너무나 존귀하기에 어울리지 않은 것들이 있다

속사람이 너무나 아름답고
고귀하고 순결하기에
겉사람에게도 어울리지 않는 것들이 있다

하나님의 자녀이기에
예수 그리스도의 신부이기에
성령님이 함께하시는 사람이기에
육신의 생각과 말과 행동이 어울리지 않는 사람이 있다

그러므로 이제 육신의 일을 벗고 빛의 갑옷을 입자

가장 낮은 곳으로

가장 높은 곳에서
가장 낮은 곳으로 내려오는 눈처럼

더럽고 지저분한 거리에도
노숙자의 웅크린 잠결에도 쌓이는 눈처럼

가장 높은 하늘에서
가장 낮은 마굿간 말구유까지
내려오신 예수님

더럽고 지저분한 심령에도
웅크리며 뒤척여도 불편할 뿐인 잠결에도
흰 눈보다 더 새하얀 빛으로 머무시는 예수님

하염없이 내리는 눈

하염없이 내리는데 눈은
하염없이 쌓이는데 눈은
하염없이 내리는 눈 맞으며 걷는데
하염없이 눈 밟으면서 걷는데 나는

이 눈꽃이 가난한 심령 그 눈가에도 피었으면
이 눈꽃이 상처받은 마음 한구석에도 피었으면
이 눈꽃이 병들고 아픈 몸 한구석에도 피었으면

하염없이 내리는 눈꽃이 눈물방울처럼 녹아내리는데
눈물방울이 사라지고 그 누군가 눈가에 꽃으로 다시 피었으면

329

Who Am I? [56]

Who am I?
When I am struggling in a swamp of despair

Who am I?
When I am hanging on a cliff of danger

Who am I?
When I feel myself like the miserable

Who am I?
When I burst into sudden tears so lonely

Who am I?
When I think myself as nothing too useless

Who are You?
You who died for my sins and rose for me, a miserable sinner

Then, God answered me in a small but clear voice

You are my son whom I love, my one whom I please

I will be with you forever in you

건널목에서

한 세계가 또 다른 세계를 바라본다
한 우주가 또 다른 우주를 바라본다
한 성性이 또 다른 성城을 바라본다
내 안에 계신 분이 천하보다 귀한 너를 바라본다
너 눈 쌓인 건널목에 동백꽃처럼 서 있는 소녀여

331

속 빈 무청

속 빈 무청처럼
속 빈 배춧잎처럼
속 빈 나무등걸처럼

겉으로만 기도하고 있진 않나
겉으로만 믿는 척하진 않나
겉으로만 용서하고 축복하진 않나

속 꽉 찬 무청처럼
속 꽉 찬 배춧잎처럼
속 꽉 찬 나무등걸처럼
속으로도 기도해야 하지 않나
속으로도 믿어야 하지 않나
속으로도 용서하고 축복해야 하지 않나

겉사람이 사는 것 같아도
속사람으로 살아야 할지니
내가 사는 것은 내가 아니요, 내 속에 계시는 그리스도시라

나는 가리라

비바람 불어도 나는 가리라
폭풍우 불어도 나는 가리라
눈보라 불어도 나는 가리라

내 가는 길 어딘지 몰라도
그가 나의 길을 아시나니
그의 길을 나는 가리라

때로는 황소걸음으로
때로는 양처럼 잰걸음으로
때로는 바우 걸음 내디디며

자기를 부인하고
자기 십자가를 지고
앞서 가신 그분을 따라
나는 가리라

해가 뜨고 지고
달이 뜨고 지고

별이 뜨고 지고
뿌연 해가 구름에 가리고
낮달 희미하게 걸렸어도

오늘은 오늘의 해가 뜨듯이
내일은 내일의 해가 뜰 것을
의심치 않으며

오늘 하루 주어진 분량의 길을
내일 하루 주어질 분량의 길을
말 없이 가리라

시를 쓴다는 것은

시를 쓴다는 것은 괴로운 일
괴롭기 때문에 시가 나온다

시를 쓰는 것은 외로운 일
외롭기 때문에 시를 쓴다

시를 쓰는 자는 고독하다
고독한 영혼에 시가 깃든다

시를 쓰는 것은 부질없는 짓
무료를 작파하려고 시를 쓴다

시를 쓰는 것은 감사한 일
나를 향한 작은 감사
너를 향한 작은 감사
하나님을 향한 감사가

어느 시인의 절창보다
더 감미로운 노래

봄 전령

가지에 눈이 내리고
싹눈에 얼음이 얼고
눈꽃이 활짝 피었다

가지에 눈이 녹고
싹눈에 얼음 녹고
눈꽃 녹아 사라졌다

매서운 바람 불고
눈보라 치고
쌓인 눈 얼고 녹는 새

진달래가 꽃몽우리 맺고
동백꽃 꽃망울 터뜨렸다
가지마다 꽃망울 흔들어대는
봄 전령

335

봄은 오고야 말리

마침내 봄은 오고야 말리
비바람 불고
눈보라 치고
추위로 온 땅이 얼어붙어도

마침내 꽃은 피고야 말리
가지가 얼고
뿌리마저 얼고
꽃망울 꽁꽁 얼어붙어도

마침내 꿈은 이루어지고 말리
꿈을 시기하고 훼방해도
꿈꾸는 자를 죽이려 팔고
땅속 지하 감옥에 파묻어도

마침내 하나님의 뜻은 서고야 말리
인생이 연약하고 미련해도
내 힘이 미약하고 부족해도
사람과 사단이 한껏 텃세 부려도

유有 지志 경竟 성成 중 가장 듣기 좋은 소리
마침내 경竟

왜 미처 몰랐을까

사랑은 기다려 주는 것임을
믿음은 기다려 주는 것임을
소망은 기다려 주는 것임을
그때는 왜 미처 몰랐을까

사랑은 오래 참는 것임을
믿음은 오래 참는 것임을
소망은 오래 참는 것임을
그때는 왜 미처 몰랐을까

사랑은 믿어주는 것임을
믿음은 믿어주는 것임을
소망은 믿어주는 것임을
그때는 왜 미처 깨닫지 못했을까

사랑은 어둠 속에 밝아오는 날빛같이
믿음은 햇살에 흩날리는 눈꽃같이
소망은 눈 쌓인 숲속에 들려오는 새소리같이
오는 것임을 그때는 왜 미처 몰랐던가

337

한 번 피는 꽃

하루에 한 번 피는 꽃
일 년에 한 번 피는 꽃
십 년에 한 번 피는 꽃
백 년에 한 번 피는 꽃
일생에 한 번 피는 꽃
그대는 몇 년에 한 번 피는 꽃이더냐

하루를 참고 핀 꽃
일 년을 참고 핀 꽃
십 년을 참고 핀 꽃
백 년을 참고 핀 꽃
일생을 참고 핀 꽃
그대는 몇 년을 참고 핀 꽃이더냐

봄은 어드메

가지 위에 새는 외로이 우짖는데
봄은 어드메 오고 있는가

응달진 산기슭 쌓인 눈에도 햇살은 쏟아지는데
봄은 어드메 오고 있는가

모진 겨울을 지내고도 품었던 꿈은 품속에서 꿈틀이는데
봄은 어드메쯤 오고 있는가

삼월

삼월이 왔네 삼월이 왔어
꽃 피는 꽃 피는 삼월이 왔네

삼월이 왔네 삼월이 왔어
싹트는 싹트는 삼월이 왔네

삼월이 왔네 삼월이 왔어
봄처녀 춤추는 삼월이 왔네

삼월이 왔네 삼월이 왔어
목동들 피리부는 삼월이 왔네

삼월이 왔네 삼월이 왔어
새 생명 움트는 삼월이 왔네

삼월이 왔네 삼월이 왔어
내 인생 꽃피는 삼월이 왔네

삼월이 왔네 삼월이 왔어

씨알57)들 춤추는 삼월이 왔네

삼월이 왔네 삼월이 왔어
주 영광 춤추는 삼월이 왔네

나무는 말한다

나무는 말한다
다 떨어져가는 껍질로 자기 나이를

나무는 말한다
꺾어져 나간 둥치에서 난 가지로 살아있음을

나무는 말한다
껍질 오돌토돌한 나뭇결로 자기에게도 이름이 있음을

나무는 말한다
앙상하게 남은 줄기와 가지 끝에 새로 돋은 싹눈으로 봄이 오고 있음을

나무는 말한다
살아서 천년 죽어서 천년
살아있는 것들이 다 죽고 변해도 변치 않는 것이 있음을

나무는 말한다
둥치가 갈라지고 속이 패이고 텅 비어도 위로 솟아오른 줄기로

질긴 생명을 주신 분이 하나님이심을
그 빈속으로 사람을 품고 새들을 품고 하늘을 내보이는 것이 하나님의 마음임을

쑥부쟁이가 될찌라

히로시마 황폐한 땅에 처음 돋아났던 쑥[58]처럼
모진 겨울 이기고 대지위에 처음 돋는 쑥처럼
밟아도 밟아도 다시 돋아나는 쑥처럼
너는 쑥부쟁이가 될찌라

네 인생의 쓴맛이 뭇 인생의 심신을 달래주고
네 영혼 깊은 곳 쑥향이 곤고한 영혼을 깨어나게 하는
너는 쑥부쟁이가 될찌라

네 안에 쑥같이 돋아나는 하나님의 생명이 있기에

342

아담이 눈뜰 때

아담이 눈뜰 때
당신의 영광을 보았던 것처럼
주님의 영광을 보게 하소서

아담이 눈뜰 때
당신의 임재를 느꼈던 것처럼
주님의 임재를 느끼게 하소서

아담이 눈뜰 때
당신의 음성을 들었던 것처럼
주님의 음성을 듣게 하소서

아담이 눈뜰 때
당신의 사랑을 느꼈던 것처럼
주님의 사랑을 느끼게 하소서

아담이 눈뜰 때
24시간 당신을 바라보았던 것처럼
24시간 예수님을 바라보게 하소서

24시간 예수님을 생각하게 하시고
예수님의 말씀이 항상 떠올라
24시간 예수님과 동행하게 하소서

아담이 눈뜰 때처럼

삼월은 잔인한 계절

사월[59]이 잔인하다고 누가 말했던가
삼월이 더 잔인한걸
꽃눈 터지는 것을 추위가 얼마나 시샘했던가
싹눈 내미는 것을 찬바람 눈보라가 얼마나 훼방했던가
두 전前線을 오가며
계절들이 얼마나 치열하게 다투었던가
모진 시샘과 훼방을 견디고
터진 꽃망울이기에
집요한 추위를 이기고 흙 위에 내민 싹눈이기에
얼마나 대견한 대지의 아들 딸들인가
간밤에 순식간 피어난 철쭉과
가지 위에 머물다 순식간 날아간 새처럼
하나님 은혜의 날은
순식간 오고야 마는 것인가

진달래

바위틈마다 진달래
계곡마다 진달래
길목마다 진달래

숨어서 몰래 피는 꽃송이
발길 안 닿은 곳에 핀 꽃이
더 붉고 고운 진달래

숨어서 몰래 피어
아무도 알아보지 못하지만
너를 지으신 분은
진달래보다 곱다 하신다

생명 나무에 접붙인 가지

물 한 방울
흙 한 줌
풀 한 포기 없는 바위에서 자라는 생명처럼

물 한 방울
흙 한 줌
풀 한 포기 겨우 있는 바위에서 자라나는 사철나무처럼

너는 아무것도 없는 곳에서도
사철나무처럼 자라나라
샘물 솟는 반석이 네 안에 계시므로

너는 아무것도 아니어도
철마다 열매를 맺어라
생명 나무에 접붙인 가지이므로

아침단장 丹粧

호수에 물안개 오르고
강 저편 산기슭엔 목련 개나리 진달래 흐드러지고
새들은 다투어 노래하고
강둑에 휘늘어진 벚꽃나무 가지 끝에
날이 밝아오면
아침은 어느새 깨어난다

물안개에 취해 먹먹하고
벚꽃 그늘에 취해 먹먹하고
새소리에 취해 먹먹하여
취한 듯이 걷노라니

먹먹했던 가슴속
세상 근심에 잠긴 영혼
아침보다 먼저 깨어난다

당신과 함께할 때

당신은 밤의 긴 여로를 지나
아침으로 나를 초대합니다

잠은 미로처럼 복잡하고
어둠은 깊어 길이 보이지 않고
출구 없는 꿈처럼 끝날지 모르지만

당신은 밤의 끝머리에서
잠 속에 허우적거리며
피곤한 몸을 일으키지 못하는 영혼에게
찾아와 꿈을 주셔서
당신을 부르게 하시고
아침을 맞이하게 하십니다

주님
당신과 함께할 때
내 삶은 오늘도 신선한
아침이 됩니다

주님
당신이 나의 주인님이심을 고백할 때
내 영혼은 등푸른 생선처럼
파닥이며 깨어납니다

주님
당신이 나를 사랑하심을 알고
내 사랑 고백을 받으시는 이심을 알 때
내 삶은 신선한 샐러드처럼
늘 신선한 선물이 됩니다

누가 심었을까

누가 심었을까
저 절벽에 진달래

누가 심었을까
저 언덕에 개나리

누가 심었을까
저 하늘에 나는 새

누가 심었을까
늙은 나무에 돋는 연한 싹

누가 심었을까
계곡에 흐르는 개울 물소리

누가 심었을까
내 영혼 속에 당신을 사랑하는 마음

연리목

너와 나 뿌리처럼 얽혀서
연리목처럼 살아갔으면

나의 뿌리가 바위를 뚫고 네 뿌리에 닿고
너의 뿌리가 돌맹이를 넘어 나의 뿌리에 얽혔으면
서로의 뿌리를 의지하여 폭풍우도 지나고 가뭄도 견뎠으면

너의 뿌리가 말씀에 닿아 말씀의 뿌리가 너의 심령에 자랐으면
나의 뿌리가 말씀에 내려 말씀의 뿌리가 나의 삶에서 자랐으면

그리하여 뿌리가 나무를 자라게 하고 나무가 뿌리를 자라게 하는 것이 아닌 것을 알았으면

바위에서도 그 뿌리로 가지가 나고 잎이 피고 꽃도 벌고 열매도 열었으면

350

지금도 말씀하십니다

무덤 밖에서 들려오는 소리

무덤 문을 열어라

무덤 밖에서 들려오는 소리

내 말이 네가 믿으면 하나님의 영광을 보리라 하지 아니하였느냐

무덤 안으로 들려오는 소리

나사로야 나오라

주님의 음성을 들을 때

떠났던 내 영혼이 육체로 돌아왔고

주님의 말씀을 들었을 때

썩어가는 몸이 살아나기 시작했습니다

풀어놓아 다니게 하라 하셨을 때

내 영혼과 육체는 사망의 올무에서 풀려

춤추고 뛰놀았습니다

말씀과 성령의 기름 부으심으로 주님께서 일하실 때

사망은 소리치며 떠나고

살아계신 하나님의 영광이 나타났습니다

주님은 지금도 말씀하십니다

나는 부활이요 생명이니 나를 믿는 자는 죽어도 살겠고

무릇 살아서 나를 믿는 자는 영원히 죽지 아니하리니

이것을 네가 믿느냐
주님은 어떤 죽음의 권세 죄와 사탄의 권세 앞에서도
시방 죽은 자를 살리시고 없는 것을 있는 것 같이 부르시는
살아계신 하나님이요 세상의 구주이심을 믿습니다

351

생명의 신비

나무는 잎들로 단장했고
흙들은 풀잎으로 단장했네

말라있던 이파리에서는 꽃망울들 터지고
숲 그늘 사이로 시퍼런 바람이 스치우네

새들은 무시로 날아들고
산은 푸른 기운을 뿜어내네

생명의 신비여
계절의 여왕이여

만물이 창조주의 생명으로 약동하누나
네 어둔 심령에도 부활의 생명이 꿈틀거리누나

352

어쩌란 말이냐

파도가 기슭을 치는 걸 어쩌란 말이냐
섬이 외로이 떠 있는 걸 어쩌란 말이냐
새가 바다 위를 나는 걸 어쩌란 말이냐
내 영혼에도 밤새 파도가 밀려오는 걸 어쩌란 말이냐

누가 알랴

낮에는 잔잔했던 바다가
밤새 부르짖은 줄 누가 알랴
파도는 밤새 바위를 때리며
해안을 침범한 줄 누가 알랴
파도가 바위를 붙들고 어르고 달래면서
바위의 얼굴을 만들어가는 줄 누가 알랴
파도가 하얀 이빨을 드러내 바위를 삼킬 수 있음을 누가 알랴
파도가 바위를 때리는 것이 네 마음을 때리는 것임을 누가 알랴

창조주의 손길

파도 위에 달빛은 춤추고
물결 위에 날빛은 일렁거린다
갈매기들 개펄에서 나래를 접고
흰 물새 푸른 하늘에 한 점이 된다
바위 구멍 속으로 게들 기어들어 가고
고인 물속에서 해파리들 하늘거린다
바다는 거대한 심포니
해변은 고요한 하모니
창조주의 손길을 따라 소리를 낸다

355

The Present is God's Present

the Present is an irrevocable time

the Present is an uncompromisable time

the Present is God's working time

the Present is God's time

the Present is God's present for you

God is dwelling in yesterday, today and tomorrow as in the present

God is dwelling in your heart in the present

God is living and working God in the present

Let's go to meet our living God in the present moment by moment

아카시아 꽃잎

산마다 꽃구름
산마다 하얀 꽃구름
아카시아 꽃이 활짝 폈네
아카시아 꽃잎마다
잉잉거리는 벌 소리
꿀 잔치 벌이네
아카시아 향기에 취해
아카시아 꽃잎 따러
그 큰 아카시아 가지에
기어오르던 시절 그립네

당신밖에 없습니다

내게는 당신밖에 없습니다
당신밖에 다른 이는 없습니다

내게는 당신 이름밖에 없습니다
당신밖에 다른 이름은 없습니다

내게는 당신밖에 없습니다
당신밖에 다른 주인은 없습니다
당신만이 나의 주인이십니다

내게는 당신밖에 없습니다
당신밖에 다른 신은 없습니다
당신만이 나의 하나님이십니다

이제 내 안에 사는 것은 당신이시오니
당신의 이름으로 당신의 삶을 살게 하소서
내게 사는 것은 당신이시오니
당신의 영광을 위하여 당신의 삶을 사소서

내 생명이 아니오라 당신이 주신 생명이오니
내 목숨이 아니오라 당신이 붙이신 숨이오니
내 몸이 아니오라 당신이 거하시는 전이오니
내 것이 아니오라 전부 당신의 것이었사오니
내 뜻대로 마옵시고 당신의 뜻대로 하옵소서

이제 나는 내 이름으로 살 수 없는 존재이오니
이제 나는 내 지혜와 능력으로 살 수 없사오니

주님의 이름으로
그리스도의 이름으로
예수의 이름으로
성령님 나를 힘입어 사옵소서
성령님 나로 옷 입어 사옵소서

눈물로 고합니다

358

은빛 파도 소리 [60]

은빛 파도 소리가 들리느냐 네 귀에는
모든 것이 아픔뿐이어도
고통스레 울부짖을 뿐이어도
때로는 하늘이 무너지고 땅이 꺼질 듯하여도
한숨과 눈물만이 나오는 것뿐이어도
은빛 파도가 네 꿈결을 타고 부딪혀 오는 것을 아느냐 너는
네 삶이 괴롭고 힘들어 지칠 뿐이어도
모든 것이 의미 없고 부질없어 보일지라도
은빛 파도가 거세게 영혼에 부딪혀 오는 소리는 듣느냐 너는
무너진 건물처럼 네 마음도 무너지고 네 몸이 무거울 뿐일지라도
어디선가 파도 소리는 은은하게 들려오나니
폭격에 맞아 황폐한 건물뿐인 도시엘지라도
포연 속에 총검 들고 생존자 수색하는 초병뿐일지라도
은빛 파도 소리는 은은하게 부딪쳐 오는 것이나니
장미꽃이 붉게 피었다고 고통스러워 말라
하늘이 너무 푸르다고 서러워하지 말라
남들은 다 행복하다고 소리치지 말라
네게도 들려오는 은빛 파도 소리가 있나니
하늘에서 은빛 파도 구름을 타고 들려오는 구원의 노래라

아직 끝은 아니다

너의 절망이 슈타른버거호湖의 푸른 수심보다 더 깊고 푸르다 해도
너의 고통이 히말라야산의 눈덮인 얼음 틈새보다 더 깊고 날카롭다 해도
네 마음 끝자락이 죽음의 문턱에 닿아 있어도
아무도 네 슬픔을 모른다 해도
살아야 하는 이유가 있다

너의 어둠이 융프라우호湖의 검푸른 수심보다 깊고 넓을지라도
너의 불신이 빙벽처럼 차갑게 치솟아 있을지라도
네 마음 밑바닥에 절망이 푸른 혓바닥을 내밀고 있어도
아무도 너의 고통을 모른다 해도
살아야만 하는 이유가 있다

그리스도께서 네 절망과 슬픔을 짊어지시고 푸른 십자가에 매달려
붉은 피를 쏟으셨기 때문에
그분이 네 우울과 불신을 뒤집어 쓰시고 아버지께 버림받고
깊고 푸른 절망의 나락을 지나
검고 붉은 고통의 끝자락에 떨어지셨기 때문에

네 영혼에 말씀이 들려오지 않고 말씀도 기도도 찬양도
낮게 읊조릴 수조차 없게 되었을 때도
아직 끝은 아니다

하나님의 말씀은 지옥의 끝자락까지 내려가
그리스도를 사망에서 푸시고
하나님의 성령은 바닥 모를 흑암의 심연까지 빛으로 임하사
그리스도를 어둠에서 살아나게 하셨기에

하나님의 말씀은 오늘날도 네 불신의 벽을 뚫고 역사하시나니
하나님의 성령은 이 순간도 네 닫힌 마음 문을 지나 들어가시나니
부활하신 그리스도께서 닫힌 문을 지나 제자들에게 들어가신 것같이
죽은 자를 살리시고 없는 것은 있는 것 같이 부르시기 위해 그러시나니

모든 것이 끝난 것 같아도
아직 끝은 아니다

소녀의 기도

소녀여 너의 눈물의 기도를 내가 들었노니
너의 눈에 어린 반짝이는 눈물을 보았노니
네 가슴에서 터져 나오는 탄원을 들었나니

갓난아기의 해맑은 영혼처럼
아침 이슬처럼 순수하게 빛나는 영혼의 소리를 들었나니
너의 눈가에 맺힌 이슬은 아침 장미에 맺힌 이슬보다
영롱한 것이었나니
네 가슴속 슬픔의 탄식 소리는 타락한 내 영혼을 깨우는
신성한 성수聖水 같았나니

하나님은 젖먹이의 찬양을 들으시고
젖먹이의 기도를 들으시나니
갓 난 어린양 같은 젖먹이의 마음을 받으시나니
하늘 어린양 예수님의 마음이라

장미꽃 점묘화點描花

태양을 마신 듯
붉어진 꽃잎으로

태양에 취한 듯
벌어진 잎으로

태양을 먹은 듯
뿜어내는 열기로

향기로운 너는
장미의 이름으로
오뉴월 푸르른 하늘을
붉은 점묘화點描花로 수놓았다

노란 황금조

아무도 찾지 않는 깊은 숲속
호젓한 산길
지친 심신으로 홀로 거닐 때
어디선가 들려오는 낯선 새소리
눈을 들어 하늘을 보다
나뭇가지에 깃들인 노란 황금조를 보았지
빨간 부리로 청아한 노래를 부르는
황금조의 소리에
지친 마음과 몸이 깨어나고
삶의 희열이 샘솟는 것을 느꼈지
숲을 빠져나올 때까지 주위를 맴돌며
나래짓 하며 청아한 노래를 부르는
황금조여 안녕
너는 내 삶이 힘들고 지칠 때 보여주시는
성령님의 임재와 음성인가보다

아직 아니다

포기한다고 말하기까지는 아직 끝난 것이 아니다
일백 번을 쓰러졌다고 해도 몸부림칠 수 있다면
아직 쓰러진 것이 아니다
팔다리가 없더라도 일어설 수 없는 것은 아니다
상대가 아무리 강하더라도 패배를 인정할 수 없다면
아직 싸움이 끝난 것은 아니다
원수가 거칠게 몰아붙여 헐떡이는 숨결마저 멎을 것 같아도
내 안에 세상을 이기신 분이 계신다면
아직 내가 진 것이 아니다
사방에서 우겨 싸 넘어뜨리고 자빠지더라도
내 안에 부활하신 분이 있다면
다시 날아오를 수 있다
모든 시험과 의심과 불신과 두려움과 절망과 약함을 제껴버리고
하늘을 날아오를 수 있다
내 안에 계신 흰 독수리로 말미암아 하늘 높이 날아오를 수 있다

364

Love Never Fails

Love never fails
Although everything fails in the end
Although it may seem that God fails
and your life seems to have failed severely

Truth never fails
Although life betrays you as well as man
Although it may seem that God betrays

God never abandons
Although the devil lies telling you God abandons you
Although you believe you were abandoned by yourself

God never makes a mistake
Although you think of your life totally like a mistake
Although the devil lies to you saying God made you by mistake

God is never cruel
Although your life is filled with cruel pains

Although it may seem that God is severely cruel to you

I know God's thoughts for you that His thoughts are not a terrible curse but peace and vision for your future

I have known that you have been chosen as a holy nation, a priesthood and God's precious possession

누군가의 그늘이 될 수 있다면

누구나 머물 수 있는 나무 그늘같이
누구나 지나갈 수 있는 숲 그늘같이
누군가의 더위를 식혀주기 위해 둘러싼 나무숲같이
나도 누군가의 그늘이 될 수 있다면

네가 나의 나무 그늘이 되어준 것같이
나도 너의 나무 그늘이 되어줄 수 있다면

네가 나의 숲 그늘이 되어준 것 같이
나도 너의 숲 그늘이 되어줄 수 있다면

네가 나의 더위를 식혀주기 위해 땡볕을 온몸으로 받아낸 것처럼
나도 너의 시련을 덜어주기 위해 땡볕을 온몸으로 막아낼 수 있다면

쏘아대는 땡볕을 벌건 몸으로 받아낸 그분이
너와 나의 숲 그늘을 만들기 위해 그 나무에 달리신 줄 알았더면
한 뼘 안 되는 그 좁은 나무 그늘이 주 날개 그늘 아래임을 알았더면

그분이 계시기에

한계를 따라 그대를 사랑하노라
나의 한계를 따라 그대를 섬기노라
나의 한계를 따라 그대 위해 기도하노라

한계가 없으신 분이 그대를 사랑하노라
한계가 없으신 분이 나의 한계를 따라 그대를 섬기노라
한계가 없으신 분이 나의 한계를 따라 그대 위해 기도하노라

나의 한계를 따라 나타나시는 그분이 계시기에
나의 한계를 따라 드러나시는 그분이 계시기에
나의 한계를 따라 높아지시는 그분이 계시기에

나의 한계를 자랑하노라
나의 무지를 자랑하노라
나의 연약을 자랑하노라

이제는 내가 사는 것이 아니요
오직 내 안에 계신 그리스도께서 나의 한계를 따라 사시는 것이요
내가 연약해질 때가 나의 한계를 따라 그분이 강해지시는 때이라

솔개

이제 부리로 날개 죽지부터 꽁지까지 깃털을 뽑자
이제 부리로 발톱을 살점이 떨어지도록 뽑자
이제 부리마저 돌에 쪼아 부셔버리자

깊은 계곡 습진 그늘에서 벌거벗은 몸뚱이로 수치를 견디자
새 날개가 돋아나고 새 발톱이 자라고 새 부리가 자라날 때까지
피 묻은 주둥이 피맺힌 발과 몸뚱이로 인고의 계절을 견디어 내자

내가 죽고 다시 살 수 있다면
내가 죽고 다시 태어날 수 있다면
내가 죽고 다시 새로워질 수 있다면

부리로 나의 자아를 쪼아 죽이자
부리로 나의 허영의 깃털을 뽑아 버리자
부리로 나의 허세의 발톱을 뽑아 버리자
마지막 남은 자존심같은 부리마저 돌에 쪼아 부셔버리자

그리고 새 깃털과 새 발톱과 새 부리로
남은 50년을

오직 내 안에 계신 그분의 힘과 능력으로 솔개처럼 하늘 높이 날아오르자

향기 내는 사람

내 어떤 향기 내는 사람이었으면
썩은 내 풍기지 않고
향기로운 사람이었으면

겉은 번지르르해도
속에 사망이 있으면
썩은 내가 진동하고

겉으로는 추래해도
속에 생명이 있으면
향기가 진동하나니

그리스도께서 내게서 사망을 거두어 가시고
자기 생명을 주셨나니

십자가가 세상 보기에는 썩은 것이어도
내게는 향기로운 꽃과 열매로 맺혔나니

나 또한 네게 진한 향기로 다가가기 위해

네 사망은 걸머지고 그리스도의 생명으로 나타나기 원하노라

예수

맑은 샘물 솟아나듯이
내 마음속에서 오롯이 떠오르는 이름

예수

가시고기

자식을 품에 키우다가 제 살까지 먹이고
가시만 남아 죽는 가시고기처럼

가시에 찔려 온몸이 찢어진 채
피 묻은 가시채처럼 나무에 달려 말라가시며
아래서 생명의 잔치 벌일 영혼들 바라보고 기뻐하신 주님

내 나이 오십이 되어
가시넝쿨 같은 인생의 고난을 통해
방안에 누워 몸살을 앓으면서

식탁에서 기쁨의 잔치를 벌이는 자녀들 소리를 듣고
눈물 흘리면서 기뻐하노라

●
371

너와 나 때로는

Dio mi guido
하나님이 나를 인도하셨구나
Dio m'e saudi
하나님이 내 소리를 들으시기를[61]
프로방스의 바다와 대지와 그 위에 빛나는 태양과 바람과 나무들이여
너 고향을 잊어버렸더라도 고향은 너를 잊지 않았노니
너 아버지의 고향을 잊어버렸더라도 나는 너를 잊지 않았노니
방황을 그치고 아버지의 고향 아버지의 집으로 돌아오라 아들이여
하나님이 나를 인도하셨듯이 너를 인도하시기를 원하노니
하나님이 내 소리를 들으셨듯이 네 소리를 들으시기를 원하노니
우리는 오페라의 한 소절을 부르기 위해 때로는 불꽃처럼 타올라야 하리
우리는 오케스트라와 협연하기 위하여 불같이 자신을 연주하여야 하리
너와 나 하나님의 영광을 위하여 불꽃처럼 타오르기를
너와 나 때로는 하나님의 불이 되어야 하리
한순간 영광의 불꽃으로 타오르기 위해 자신을 지난하게 연주하자
불처럼 일었던 어느 연주자처럼

두 장미

문득 눈에 들어왔네
한줄기에서 피어나 머리 대고 있는 빨간 장미 시든 장미 두 송이
행복은 고통의 줄기에서 피어나는 꽃이던가
부활의 영광도 십자가 죽음의 고통 속에서 피어났듯이
내일 한 방울 기쁨의 눈물을 흘리기 위해 오늘 하루 긴 한숨이 나오는 것인가

이제야 알겠네

때로는 머리 위에 놋하늘을 이고 있는 것처럼
때로는 머리 위에 먹구름만 잔뜩 끼어있는 것처럼
마음이 무겁고 답답할 때
얼마나 하늘 문이 열리기 원했던가
얼마나 파란 하늘이 드러나기를 원했던가
그 하늘 문 열어보려고 얼마나 발버둥쳤던가
그 파란 하늘 만져 보고자 얼마나 손을 흔들어댔던가
그 하늘을 향해 얼마나 원망하고 하소연하고 조바심을 태웠던가

어느 날 놋하늘이 갈라지고
먹구름 사이로 파아란 하늘이 드러났을 때
그제야 알았네
하나님이 내 마음 문을 열기를 얼마나 기다리셨던가
하나님이 내 마음속에 파란 하늘 들어차기까지 얼마나 애달아하셨던가

이제야 알겠네
내 마음이 열릴 때 하늘 문도 열리는 것을
온 마음으로 파란 하늘을 받아들일 때 머리 위에 먹구름 사라지는

것을

파란 하늘 아래
은방울꽃 곱게 피어나 맑은 향기 온 들에 퍼지는 것을

374 하나님이 원하시는 것

하나님이 원하시는 것은

기도보다
내려놓는 것

간구보다
더 내려놓는 것

탄원보다
스스로를 포기하는 것

하나님이 원하시는 것은

소원보다
맡기는 것

붙잡은 것
내려놓는 것
염려보다

다 믿고 맡기는 것

하나님이 원하시는 것은

높은 마음보다
낮은 마음

주장보다
순종하는 마음

탄식보다
감사하는 마음

그래서
나더러
산보다 물이 되라 하신다
바위보다 흙이 되라 하신다

375
물은 흐르는 데

물은 낮은 데로 흐르는데
하나님의 은혜도 낮은 데로 흐르는데

물은 아래로 흐르는데
하나님의 은혜도 아래로 흐르는데

물은 쉼 없이 흐르는데
하나님의 은혜도 쉼 없이 흐르는데

물은 끊이지 않고 흐르는데
하나님의 은혜도 끊이지 않고 흐르는데

하나님이여 긍휼을 베푸소서
지렁이같이 꼼지락거리는 인생에게

하나님이여 영광을 나타내소서
무지렁이같이 어리고 약한 인생 통해

376

빨래

그대 파아란 가을 하늘
눈부신 햇살 아래
하이얀 빨래를 내걸거라

하이얀 빨래에
눈부신 햇살 머물고
파아란 하늘 내려오리니

그 파아란 하늘 아래
하이얀 빨래처럼
나도 눈부시게 마르고 싶어라

377

바람 불어 좋아라

바람 불어 좋아라
풀들 이리저리 몸 흔들고
가지에 잎새들 팔랑거리네

바람 불어 좋아라
그대 머리카락 흩날리며
그대 옷자락 팔랑거리네

바람 불어 좋아라
모진 시련 찬 바람 되어 불어와도
산 나뭇가지 되어 잎새 팔랑거리니

378

메타세쿼이아

메타세쿼이아
너를 생각하면 흔들리지 않는 뭔가가 떠오르는데
너를 생각하면 곧게 뻗어 하늘을 찌를 듯이 솟은 그런 나무를 떠올리는데
너를 생각하면 중심이 곧아 태풍에도 쓰러지지 않는 견고한 구조물을 떠올리는데

메타세쿼이아
너를 바라보면 내 마음도 든든하고
너를 바라보는 내 마음도 치우치지 않고 하늘로 향하는 듯하고
너를 바라보면 내 마음도 시원하게 하늘로 뻗어 나갈 듯한데

메타세쿼이아
눈을 감아도 네 사이로는 시원한 바람이 불어오고
눈을 감아도 네 사이로는 연인들이 거닐며 나오고
눈을 감아도 네 사이로는 천년 세월이 구비구비 서렸다가 서리서리 풀려 나올 것 같은데

메타세쿼이아

내 안에도 견고한 신앙의 나무가 되어다오
내 안에도 하늘 향한 곧은 소망으로 자라다오
내 안에도 뿌리를 내리고 사랑의 숲길을 이루어다오

가을산에 올라

왜 서둘러 그 산에 올랐을까
해가 마지막 햇살을 뿜어대는 그 저물녘에
산 중턱 위에 빛나는 가을 해 아래서 보았네
환한 석양빛에 끝자락 붉게 물든 잎새들을
너를 보려고 내가 숨이 가쁘게 올라왔고
너 있는 그곳에 나 이제 있노라

그 꽃 이름은 알 수 없어도

그 꽃 이름은 알 수 없어도
그 빛깔 눈가에 남아있네

그 꽃 이름은 알 수 없어도
그 향기 콧끝에 남아있네

그 꽃이파리 시들었어도
마음속 지지 않는 꽃으로 피어있네

381

남국의 꽃 [62]

남국의 꽃은 하얀 꽃
사람들마저 하얀 옷을 입고 다닌다네

남국의 꽃은 노란 꽃
남국 사람들은 노란 커리를 먹는다네

남국의 꽃은 붉은 꽃
남국 처녀들은 붉은 꽃신을 신었다네

남국에 흐르는 강물은
저 멀리 북쪽 설산에서 흘러내린 눈물이라네

남국을 흐르는 강물에
하얀 꽃 노란 꽃 붉은 꽃 무리 지어 떠내려가네

너 갠지스강의 푸른 물결이여
복음의 붉은 꽃들로 이제부터 영원토록 출렁일지라

인디아의 푸른 밤

한때 그대는 동방의 등불[63]
머리엔 하얀 히말라야를 두건처럼 두르고
그대의 가슴엔 푸른 갠지스강물이 흘렀지
비옥한 대지 위에는 나무들이 자라고 숲속에는 구도자들로 넘쳐났
었지
마을마다 노란 꽃 하얀 꽃 붉은 꽃나무 심고 새들은 노래하고 들짐승들
평화롭게 뛰놀았지

이제는 그 땅은 혼돈의 땅

수많은 학살과 살육이 벌어지고 사람들의 목에 굵은 관습의 밧줄이
드리웠네

희망없는 사람들 한줄기 빛을 찾아 나무들과 짐승들과 해와 달과 별
들과 숲속의 정령들을 섬겼네

그 땅 위로 검은 태풍은 불어오고

사람들 어두운 밤거리마다 쏟아져 나와 맨발로 맨발로 사원을 찾아

가네
신들의 싸움에 광란하며 광기어린 눈빛으로 깃발 들고 낮 거리를 배회하네

그러나 너는 하나님의 눈물이 고인 땅

그 눈물을 받은 자마다 네 깊은 품속으로 숨어 들어가 상처 난 너의 가슴을 어루만지네

네 마음의 상처가 아물고 네게 드리운 굵은 흑암의 밧줄이 벗겨질 때까지 이름 없이 빛도 없이 수많은 별이 돋아났다가 밤하늘 속으로 사라져가네

너 인디아의 푸른 밤이여
저 하늘 영광의 별빛을 바라보아라

너를 위하여 붉은 피를 십자가에서 흘리신 그분이 너를 향해 빛나는 웃음을 짓고 계신 것을

그때 너 동방의 등불로 다시 돋아나 아시아의 푸른 밤을 영원토록 빛내리라

383

THEN & NOW [64]

THEN
I OPENED YOUR EYES TO SEE HIS SECRET

FROM THEN
YOU HAVE KNOWN MY SECRET

NOW
YOU ARE ONE WHO KNOWS MY SECRET
MY SECRET IS MY ONE AND ONLY SON, JESUS
EMBRACE MY SECRET IN YOUR HEART

THEN
YOU ALSO WILL BE MY SECRET THIS EPHEMERA WORLD CAN NOT KNOW

엄마의 털목도리 [65]

어머니는 극심한 우울증을 앓으시면서도
나를 위하여 목도리를 뜨개질하셨다
밤새며 새벽을 맞아 겨우 뜨개질을 마치시고
소리없이 입원하셨다
나는 대학입시를 보러 가는 날
어머니가 한 뜸 한 뜸 떠 만드신 털목도리를 두르고 나갔다
새벽 찬바람이 얼굴을 스쳤지만
목은 포근하고 따스했다
한 올 한 올 털실에 맺힌
어머니의 사랑
한 땀 한 땀 바느질이
우울증과의 사투
수능 보던 주週
소리 없는 입원이
어머니의 최선이었음을 비로소 알았다

어찌 그리 대단하신지

나는 너를 두르고
너는 내게 연결되었다

네가 나인 것 같고
내 심장이 네게 닿았다

네 사정이 다가와 애간장이 녹고
너의 한계가 나의 애곡이 되고
너의 실수가 나의 부르짖음이 된다

하나님의 능력이 어찌 그리 대단하신지
하나님의 지혜가 어찌 그리 신비하신지
하나님의 사랑이 어찌 그리 놀라우신지

너를 향한 기도가 하나도 땅에 떨어지지 않은 것을 보고 알았다

가을 단풍

가을이 아름답지 않을 수 있을까만
전혀 아름답지 않게 여겨지는 것은
마음에 슬픔이 가득한 까닭이다

단풍이 붉고 곱다마는
전혀 곱지 않게 여겨지는 것은
마음에 근심이 가득한 까닭이다

문득 가을의 길목에 늘어선
잎새들이 오후 햇살에 살랑이는 모습을 보니
늦가을의 아름다움이 사무치게 저미어 온다

매냥 지나치던 숲길 단풍이 저리도 해맑게 타는 것은
때마침 환하게 쏟아져 내리는 가을 햇살 때문이리라
하나님은 그렇게 가을 끝으로 이끄사 끝자락을 보이셨다

주님 가을에 눈을 열어 말씀의 기이한 빛을 보게 하소서
슬픔이 변하여 황홀한 기쁨이 되고 근심이 변하여 즐거운 찬송이 되리이다

목매어 흐느낌이라

너의 찬송이 아름다운 까닭은
네 눈에 흐르는 눈물 때문이라

너의 찬송이 나를 기쁘게 하는 것은
네가 노래 부를 때 목매어 흐느낌이라

너의 찬송에 내가 온 마음으로 화답하는 것은
네 영혼이 온전히 나를 사랑하여 나만 바라봄이라

너의 찬송은 눈물 자국이 마르지 않고
목매어 나오지 않아 흐느끼다 부르지 못한 노래가 되었으나 하늘에
선 천사도 옷깃 여미며 귀 기울이는 곡조가 되었다

388

왕이 오시나니

이제 근심의 돗자리를 걷고 찬양의 돗자리를 펼지어다
왕이 오시나니

이제 슬픔의 돗자리를 걷고 기쁨의 돗자리를 펼지어다
왕이 오시나니

이제 낙심의 돗자리를 걷고 희망의 돗자리를 펼지어다
왕이 오시나니

이제 불신의 돗자리를 걷고 믿음의 돗자리를 펼지어다
왕이 오시나니

네가 기가 막힐 웅덩이와 수렁에 빠진 자리가 찬송자리니라
왕이 거기 오셨나니

나의 일부인 것처럼

내 팔이 나의 일부인 것처럼
내 다리가 나의 일부인 것처럼
예수 이름이 나의 일부가 된 것을 어찌 모를까

내 손이 나의 일부인 것처럼
내 발이 나의 일부인 것처럼
예수 이름이 나의 일부인 것을 어찌 모르나

내 머리가 나인 것처럼
내 몸이 나 자신인 것처럼
예수 그리스도께서 내 안에 계신 것을 어찌 할거나

내 팔다리가 떨어져 나가고
내 손목 발목이 잘려나가도
예수의 이름은 나에게서 떨어져 나갈 수 없고

내 목이 잘리고 내 몸이 두 동강이 나도
내 안에 계신 예수님은 나와 떨어질 수 없으니
이제는 내가 사는 것이 아니요 내 안에서 그리스도께서 사신 것이요

이제 내 이름 석 자로 사는 것이 아니요 오직 예수의 이름 권세로 사는 것이라

그 이름으로 산다

인생의 짐이 무겁고 힘겨울 때
온갖 죄된 생각이 먼지처럼 떠올라 머릿속을 맴돌 때
모든 것이 내 잘못이요 하늘의 처벌이라고 여겨질 때
주저앉고 드러누워 망각의 심연으로 빠져들고 싶을 때
내 안에 떠오르는 이름
예수
나는 그 이름으로 산다

391

In the Midst of Silence

Blue blue, the deepest blue

Gloomy gloomy, the deepest gloom

Darkness darkness, the deepest darkness

So blue that I would like to fall in the pond

So gloomy that I might disappear in the cloud

So dark that I'd like to be put to death

In the midst of silence, the word of God is heard in my ears

"I brought you out of darkness and the deepest gloom and broke away your chains"

누가 씨를 뿌렸길래

누가 씨를 뿌렸길래
이 숲에는 나무들이 서 있고 눈 내리는 숲길로
짐승의 발자국이 나있나

누가 씨를 뿌렸길래
눈 내린 숲길에 나 있는 그 발자취를 따라
또 다른 발자국을 남기려 하는가

누가 씨를 뿌렸길래
나는 용서하지 않으면 안 되는 사람
사랑하지 않으면 안 되는 사람
죄를 지을 수도 없는 사람이 되었나

오늘도 뿌연 하늘에서 눈발이 흩날리는데
나는 또 누구의 숲에 씨를 뿌려
그로 하늘과 땅 사이에서 다함 없는 노래를 부르게 하랴

그대는 아는가

그대는 아는가
가장 아름다운 노래는 가장 큰 슬픔에서 나오는 것을

그대는 아는가
가장 빼어난 노래는 가장 큰 고통에서 나오는 것을

그대는 아는가
영혼을 뒤흔드는 노래는 칠흑 같은 영혼의 어둠 속에서 나오는 것을

그대는 아는가
네 가슴 속 환희의 송가가 끝 모를 그의 가슴속 절망에서 나온 것을

그대는 아는가
하나님은 어둠 속에서 빛을 지어내시고 네 탄식 소리로 찬송 소리를 빚으시는 것을

394

남이섬(나무나라공화국) [66)]

북한강 줄기 강을 건너
배를 타고
나무나라 공화국에 들어가면
사람들은 연인이 되고
청솔모는 연인들의 친구가 되고
까치는 청솔모에게 장난치고
토끼도 타조도 길벗이 된다

바깥은 한파가 몰아쳐도
그 섬에는 온기가 감돌아
눈을 밟아도 포근하고
강기슭에는 살얼음 부서지는 소리가 난다

나무들도 근심 없이 하늘 향해
치솟아 오르고
다 쓰러진 고목도
길가에서 제 목숨을 다하고
누워 쉬고 있다

그 섬에 가면
사람들은 피부색을 잊어버리고
제각기 언어를 써도
다 친구요 연인들이 된다

누군가 그 섬을 사서
자기 욕심을 버리고
더 많은 새가 날아들도록
나무들을 심었기 때문이다

그리스도의 공화국에 들어가면
새들도 나무도 짐승도 사람도
친구가 된다
피부와 언어가 달라도
형제가 된다

그리스도께서 그 나라를
값 주고 사서
그 나라에 나무들을 심으셨기 때문이다

그 나라에 자라는 나무들은
근심 없이 하늘 향해 기도하고
사랑의 열매 기쁨의 열매
평화의 열매를 맺는다

베들레헴 마구간

그 겨울 한나절 바람이
매섭게 불었다
파랗게 부는 바람 새로
붉은 바람이 불어와
언낯이 후끈거렸다

베들레헴 마구간에도
바람이 매섭게 불었다
말구유에 파란 바람
붉은 바람이 불어와
강보에 싸인 아기 얼굴이
발갛다가 파래졌다

바람은 안다
세파로 세상인심이 얼음장처럼 얼었을 때도
찬 바람 사이로 따사론 바람이
언뜻언뜻 불어왔던 것을

고향 집 구들

붉은 피는 보이지 않는 눈처럼 나리고
예배당에는 겨울 따사론 빛이 한 줌 들었다

피아노 치는 여자의 발은 말발굽처럼 페달을 밟고
남자들은 반주에 맞추어 경쾌한 화음으로 노래한다

말씀이 선포되어 단비처럼 촉촉이 옷깃을 적실 때면
하늘에서 그분이 내려와
우리는 너 나 없이 그분의 자녀임을 안다

한겨울에도 따뜻했던 그 예배당이
고향 집 구들 깊은 아랫목임을 안다

397

I SEE A LIMIT

TO ALL BEAUTY I SEE A LIMIT
FACE OF THE BEAUTY FLOURISHES LIKE FLOWER IN THE FIELD
PERFUME OF THE BEAUTY IS GONE WITH THE WIND IN THE FIELD

TO ALL PROMISES I SEE A LIMIT
YOUR FIRM OATH AT LAST CHANGED
YOUR SINCERE CONFESSION WILL BE BROKEN WHEN YOU REACH YOUR LIMIT SOMEDAY

TO ALL LOVE I SEE A LIMIT
HOT LOVE OF LOVERS IS EXTINGUISHED LIKE A FLASH IN ASHES
INTIMACY BETWEEN YOU AND ME GROWS APART AT THE PASSING OF TIME

TO ALL GENIUS I SEE A LIMIT
SOME SCHOLARS ARE MAD IN THEIR BOUNDLESS

RESEARCHES
SOME ARTISTS ARE BLIND, ARE GONE DEAF AND
DUMB IN THEIR LIMITS

TO ALL PERFECTION I SEE A LIMIT
BUT THE WORD OF GOD IS BOUNDLESS

THY LOVE IS SINCERE
THY TRUTH IS ETERNAL
ALTHOUGH TIME PASSES,
WIND BLOWS AND ALL PERFECTION DISAPPEARS.

붉은 해가 진다

해가 진다
해가 진다
섬마을에도 해가 진다

바다 위 하늘을 붉게 물들이며
갯벌 고인 물을 붉게 물들이며
섬마을에 붉은 해가 진다

해가 뜬다
해가 뜬다
산마을에도 해가 뜬다

산 위 구름을 벌겋게 물들이며
사람들 마음을 벌겋게 물들이며
산마을에 벌건 해가 뜬다

399

청마가 달린다 [67]

말이 달린다
말발굽도 힘차게 갈기를 날리며 달려온다

청마가 달린다
푸른 갈기를 날리며 푸른 콧김을 내뿜으며 달려온다

황마가 달린다
붉은 갈기를 날리며 붉은 입김을 내뱉으며 달려온다

청마 탄 이가 있으니 이름은 충신忠信이라
황마 탄 자가 있으니 이름은 적신赤身이라

황마 탄 자가 세상을 어지럽힐 때
청마 탄 이가 나타나
황마 탄 자를 이기고 또 이기니

우리 주님은 청마 타고 오셔서
우리 태우시고
푸른 하늘 날아 청명한 가을 하늘 속으로

빛의 나라로 말씀의 나라로 인도하신다

400

겨울 바다

겨울 바다에 가 보았나
논두렁 너머론 텃새들이 나래를 접고 있었고
물새 한 마리 차가운 바다 위로 비행하고 있었지
해는 얼어붙은 듯이 떠오르고
철새들만이 하늘에서 군무를 추고 있었지

겨울 바다에 가 보았나
바다 기슭은 얼음으로 얼어버렸고
해안 둘레 논두렁길도 얼어버렸지
얼어붙은 논바닥에 떨어진 이삭도 얼었는데
시간마저 얼어붙은 듯 바다에 아무도 없었지

겨울 바다에 가 보았나
철새들 물새들 하늘과 바다 사이로 날고
아무도 없는 그 바닷가에서
떠오르는 해를 보고 노래를 불렀지
시간이 하나님의 손에 머물러
멈추어버린 듯한 적막 속에서

목련

하늘하늘 움직인다
바람이 불 때

하늘하늘 춤춘다
새들이 가지에 앉을 때

바람 일지 않고
새들도 찾아오지 않을 때

침묵한다
하이얀 꽃 넋으로

활짝 핀 개나리꽃

어둔 밤 횡단보도를 걸으며
누군가를 향해 총을 쏘고 있었다

횡단보도를 다 건너 문뜩 눈을 드니
하늘에서 누가 총을 쏘아대고 있었다

봄기운에 총총히 피어난 개나리 떼

어둠 속에서 난데없이 총알 세례를 받고
무안해져 마음속에 품은 쇳총을 버리고
나도 꽃총을 든다

원수를 향해 한방 쏜다
활짝 핀 개나리꽃

낙화洛花[68]

너무나 아름다와 빨리 지는 꽃이 있다
피어보지도 못하고 떨어지는 꽃이 있다
살아있는 자들에게 부끄럼을 가르치려고
죽어야 하는 꽃이 있다

부유물 뿌옇게 흐르는 죽음의 바닷속에서
짙푸른 수면 위로 떠올라
우리 마음 눈물의 수심水深 위에
머무는 빨간 꽃잎 몇 장이 있다

이제는 알아야 하리

네 마음이 히말라야의 높은 봉우리를 보았다면
이제는 내려와야 하리

혹 어디선가 바다를 붉게 물들이며 떨어지는 낙조를 보았다면
이제는 돌아가야 하리

하얀 카누를 타고 비단 같은 물결을 헤치던 아름다운 처녀의 얼굴도
이제는 잊어야 하리

모든 아름다운 것들은 순간에 지나지 않는다는 것을
이제는 알아야 하리

순간의 아름다움이 영원한 진리와 생명과 빛의
명멸하는 불꽃임을
네 영혼 망각의 언덕 너머에 피고 있을 천상의 꽃들임을

그대 오월은 푸르렀었네 [69]

저 산꼭대기가 세상의 끝이라고 알고 올라가
벼랑 끝 내려다본 초록빛 운해
그대 오월은 푸르렀었네

저 바다가 세상의 끝이라고 알고
내려다본 뱃전 밑 부서지는 하얀 물결
그대 오월은 푸르렀었네

저 하늘이 세상의 끝이라고 알고
우러러본 하늘 산들바람 구름 한 점
그대 오월은 푸르렀었네

줄지어 늘어선 메타세쿼이아 숲길
연한 줄기 새잎 자라 하늘을 덮을 때
그대 오월은 푸르렀었네

바다가 세월의 슬픔을 뒤덮고
땅이 탐욕과 광기로 신음할 때도
그대 오월은 푸르렀었네

새로 돋아나 주검을 뒤집고
새잎으로, 새잎으로 상처와 아픔을 뒤덮는 잎들로
너의 오월은 늘 푸르렀었네

장미의 이름으로

장미는 태양의 꽃
장미의 이름으로
태양은 여름을 산다

너는 하나님의 꽃
예수의 이름으로
성령은 너를 산다

때로는

때로는 눈을 감아보세요
어둠 속에서 들려오는 소리에 귀를 기울여 보세요

때로는 맨발로 흙을 밟아보세요

맨발로 전해오는 흙 알갱이들 풀잎들 작은 돌맹이들 가시들이 옹성
대는 소리를 느껴보세요

때로는 소나무 아래든 참나무 아래든 누워보세요

바닥에 수북이 쌓인 누런 솔잎들과 참나무잎들을 이불 삼아 솔가지
사이 참나무
잎 사이 좁은 창으로 난 하늘을 바라보며 잠들어보세요

꿈결처럼 들려오는 딱따구리 나무 쪼는 소리 뻐꾸기 소리 바람 소리
하늘 구름 가는 소리

침묵 속에서 말씀하시는
그분의 음성을 들어보세요

거리가 문제가 되지 않습니다

사랑하고 있다면
거리가 문제가 되지 않습니다

당신과 나 사이에 거대한 대양이 가로막고 있다 해도
사랑은 물결이 되어 당신에게로 흘러갈 것입니다

서로를 믿는다면
보이지 않는다는 것은 문제가 되지 않습니다

당신은 어디에도 안 계신듯이 눈에 볼 수 없어도
믿음으로 볼때 당신은 그 어디에나 계신다는 것을 압니다
사랑으로 우리는 보이지 않아도
눈짓하며 환한 미소를 바람결에 날려보냅니다

믿음으로 우리는 보이지 않아도
고통 속에서도 함께 하는 손길을 마주 잡습니다

멀리 있다는 것은
고독 속에서 사랑을 성숙시키는 일이요

보이지 않는다는 것은
영원히 함께 있다는 증거이지요

당신의 말씀 속에서
당신의 숨결을 느끼며
당신의 음성 속에서
당신의 살아계심을 느낍니다

믿음은 바라는 것의 실상이요
보이지 않는 것들의 증거이기에

당신은 우리에게 말씀을 남기시고
말씀 속에 당신 스스로를 감추셨습니다

말씀 속에서 우리는 보이지 않는 당신을 보는 것 같이 보며
진리의 영 안에서 우리는 보이지 않는 당신의 임재와 영광을
노래하고 춤추며 함께 즐거워합니다
한 하늘 아래서

이름 모를 들풀이 되어

내 이름 없는 들풀이 되어도 좋으리
밤에는 별빛 함초롬이 받아
새벽에는 이슬을 내는 들풀

폭풍우 천둥 번개 회몰아치고
소낙비 온몸으로 받아도
꼿꼿이 서 쓰러질지 모르고
비바람에 뉘어도 다시 일어서는 들풀

새소리 풀벌레 소리는
향기로 모았다가 꽃봉오리 피우는 들풀

구름 한 점 없는 푸른 하늘에
해만 불덩이처럼 타오를 때면
하늘 향해 일제히 꽃잎을 벌려 비명 지르는 들풀

들녘이나 산모퉁이 외진 길섶에 피었다가
말없이 스쳐 지나가는 이들의 마음에
이름도 향기도 빛깔도 알 수 없는 넋으로 남아

상한 갈대 같은 영혼에 꽃으로 피어난다면
꺼져가는 심지를 살리고 재가 된다면
내 이름 모를 들풀이 되어도 좋으리

그분은 누구신가

너를 향해 분노를 품던 저녁
문득 석양을 붉게 물들인 노을을 보았지

누구인가

마음속의 불타는 분노를 하늘 구름에 저처럼 아름답게 풀어놓을 수 있었던 그는

누구신가

원수의 피를 풀지 않고 자기 아들의 피를 풀어 하늘과 땅 사이를 붉게 물들이실
줄 아신 그분은

그제야 해가 지기까지 분노를 풀지 않는 것이 그분을 마음 아프게 하는 죄임을
알았다

샤론의 장미

얼굴도 모르는 누군가를 향해 서로 총부리를 겨누었을 때도
길가에 피어 있던 꽃

불현듯 떠오른 얼굴을 향해 분노와 저주의 종주먹질할 때도
길가에 피어 있던 꽃

때로는 절망과 한숨으로 터벅걸음 걸을 때도
길가에 피고 지고 또 피던 꽃

때론 의심과 회의의 먹구름 아래를 배회할 때도
길가에 떨어진 꽃송이 자리에 또 피어나는 꽃

샤론의 장미㉰는
골짜기에도
언덕 위에도
빈 들에도
무심히 스쳐 가는 길가에도
가시덤불 같은 마음속에도
붉은 피 속에서 토해 내고

무궁화 꽃으로 피어 있었다

갈보리 언덕 십자가 위에서
떨어진 방울방울 핏방울이
상처 입은 영혼들 속에
지지 않은 꽃으로
피어날 때까지

412

백조같이 사는 사람

호수에 떠 있는 백조처럼
잔잔한 미소로

목이 길어 하얀 목 아래로 감은 백조처럼
우아한 몸짓으로

날갯짓 파닥이며 날아오르는 백조처럼
힘찬 날갯짓으로

험한 세상 냄새나는 구정물 속에서도
백조같이 사는 사람이 있다
그리스도의 사람들이 있다

머무르고 싶은 순간

새벽 어스름 꿈결처럼 들려오는 잘그렁-
소리에 발걸음 이끌려가니

비탈엔 풀 뜯는 소들의 쇠방울 소리
갈대숲 사이 호수에는 물오리 소리

구름은 물속에 잠기어 흐르는데
숭어는 홀연히 뛰어올라 파문 속으로 사라지고
숨소리 멎어 정물이 되어가네

머무르고 싶은 순간이여
허나 이제는 돌아가야 하네
하나님은 어디에도 계시기에

잘랑거리는 방울 소리 귓가에 멀어져 갔어도
들려오네, 도심의 카페에서도
삶의 언덕배기 오를 때에도

윌링겐의 아침 해 [71]

꿈꾸는 구릉마다 소 떼 평화로이 풀을 뜯고
말들과 양 떼 자유로이 뛰노는 곳

푸른 언덕마다 그림같이 집 지어놓고
창가나 테라스마다 형형색색 꽃들로 수놓은 곳

추수를 마친 밀밭 위로 까마귀들 날아가는
근심과 염려가 없는 자유와 풍요의 땅

잔뜩 구름 먹은 하늘선 언제 비가 떨어질지 몰랐고
윌링겐의 아침 해는 간혹 동녘 하늘을 살짝 물들일 뿐
어느 산에서 떠서 어느 산으로 지는지도 몰랐다
풍요 속에 잠들어 있는 대지여 누가 너를 깨우랴

너를 위하여 십자가를 지시고 다시 살아나신 분의
복음이 선포될 때 잠자는 대륙은 긴 잠에서 깨어나
용트림하며 기지개를 켜고 움직이기 시작한다

마침내 윌링겐의 동녘을 붉게 물들이며 해가 뜬다

투명하게 빛나는 은전처럼 맑고 고운 해가
하늘과 대지를 붉게 물들이며 산 위로 떠 오를 때
머리에 관을 쓴 흰 사슴 숲속에서 나와
한 떼의 사슴 무리를 이끌고 뛰노인다

알프스 자락의 초지에 피어있는
붉고 노란 작은 꽃들이 바람에 흔들리며
노래하고 소들도 떠오르는 해를 보며
뿔을 하늘을 향해 든다
그리스도의 의로운 해가 떠오를 때
마침내 대륙의 푸른 하늘에는
십자가 구름이 떠오르고
집집마다 십자가 창들이 새겨지고
사람들 마음 마음 창가에는
사랑과 진실과 거룩의 꽃들이 피어난다

오라 그리스도의 계절이여
깨어나라 꿈꾸는 대륙이여

415

단풍 속으로 [72]

가을에
단풍이 물드는 속도로
네 마음속에 물들고 싶다

가을에
단풍 속으로
네 마음속으로 들어가고 싶다

잊힐 수 없는 이름 [73]

기억이 나질 않네
그녀의 이름이

기억이 나질 않네
어릴 적 그녀의 얼굴이
무의식의 수면 깊이
가라앉아 떠오를 듯 떠오르지 않는 이름이여

추억의 언덕 너머 안개꽃처럼 피어올랐던
첫사랑의 얼굴이여

모든 이름이 의식의 수면 밑바닥으로
가라앉아 떠오르지 않을지라도

모든 얼굴이 세월의 뒤안길에서
안개처럼 스러질지라도

잊을 수 없는 이름이 있네

언제나 나와 함께 계셨던 그분
내가 식사할 때 조용히 같이 드시던 분
내가 숨 쉴 때 그 숨을 들어 마시고
내가 기뻐할 때 내 속에서 기뻐하시고
길을 걸을 때나 앉았을 때나 누워 쉴 때도

힘겨워 몸서리칠 때도 고통스러워 눈물조차 말랐을 때도
보이지 않는 넓은 손으로 나를 감싸주시던 분

얼굴도 모르지만
이름은 알고 있네

잊힐 수 없는 이름으로
내 안에 계신 분

예수

그 이름 잊히지 않네

417

구원의 숲

북녘이 그리웠을까

진달래는 해마다 봄 되면 산과 들 붉게 물들이며 능성이를 타고 북으로만 갔을까

남녘이 그리웠을까

단풍은 해마다 가을되면 산야를 울긋불긋 물들이며 계곡 타고 남으로만 치달았을까

봄이 되면 꽃바람에 웃음소리 북으로 날리고 가을 되면 단풍처럼 환한 탄성 소리
남으로 들리는데
나는 너에게로 갈 수 없고 너는 나에게로 올 수 없는 걸까

진달래는 철책을 넘어 남으로 피어오고 단풍은 푸르른 철책을 붉게 물들이며
북으로 가는데
너는 나에게로 나는 너에게로 오갈 수 없는 걸까

얼마나 많이 눈꽃이 피어지고 천둥 벼락이 내리쳐야 그 철책선 녹쓸 것인가

너는 진달래 입가에 물고 나에게로 오라
나는 단풍잎 가슴에 꽂고 너에게로 가리

너는 불이 되어 나에게로 오라
나는 물이 되어 너에게로 가리

나는 물이 되어 너의 뿌리를 적시우고
너는 불이 되어 나의 가지에 꽃처럼 피라

…… 구 원 의 숲 에 서

홀로 춤추게 하라 [74]

사랑한다면 손잡지 말고 그로 홀로 춤추게 하라
사랑한다면 붙들지 말고 그로 홀로 노래 부르게 하라
사랑한다면 만지지 말고 그로 홀로 연주하게 하라
사랑한다면 똑바로 보지 말고 실눈으로 지나쳐 보라

그리하여 그 꽃이 어둠 속에서 피게 하라
그리하여 그 꽃이 그림자 속에서 흔들리게 하라
그리하여 그 꽃잎들로 잔상처럼 흩어지게 하라

그리하면 그 꽃이 스스로 크는 것이 아니라
그분의 빛으로 크는 것을 알 수 있으리라
그분의 숨결로 자라는 것을 알게 되리라
그가 그분의 꽃임을 알게 되리

내가 죽고 예수로 산다면

폭포수가 바위를 치며 쏟아져 내리듯
수돗물이 머리에 쏟아져 부서지듯

어떤 이념에도 사상과 신념에도 종교에도
부서지지 않은 자아가
말씀에 부서지게 하소서
은혜에 녹아지게 하소서

내가 죽고 예수로 산다면
내가 죽고 정녕 예수로 산다면
내가 죽고 오직 예수로 산다면

주를 바라보는 눈이 열리게 하소서

그 숲에 가면

그 숲에 가면 환한 구원이 보였다

줄지어 늘어선 구원의 가지에 매달려 손 흔드는 앳된 노란잎들처럼 환한 구원이

그 숲에 가면 환한 구원이 보였다

어두운 숲속에 환하게 켜진 등불처럼 마지막 햇살에 단풍잎들이 환한 구원의 등불을 켰었다

그 숲에 가면 환한 구원이 보였다

말씀의 샘물이 맑게 흐르고 새들은 기쁨으로 지저귀는 순결한 영혼들이 노래하는

그 환한 구원의 숲에서
그리스도와 춤추는 영혼들을 보았다

421

아무도 몰랐다

분단의 땅
총부리를 겨누는 그 한복판에
칠흑 같은 어둠을 뚫고 뇌성과 벼락과 폭우가 퍼부을 때
한줄기 크고 환한 불이 하늘에서 내려와 물속을 유영하다가
십자가 첨탑을 덮쳤다
새벽 제단에 모여 기도하는
소수의 무리
아무도 몰랐다 그들이 불 속에서 기도하는 줄은
그들도 몰랐다 그들이 불과 물속에서 춤추고 있는 줄은

그때 그 고통이

내가 버림받은 그 길이 황금길이었음을
고난과 역경의 엉겅퀴 무성한 그 길이 비단길이었음을
눈물과 탄식과 한숨의 길이 장미꽃 뿌려진 꽃길이었음을
아, 나는 왜 그 많던 길을 버리고 좁고 험한 그 길을 택했던가
………… 세월 ………… 흐르고 …………
훗날 왕과 같이 보좌에 앉아
내가 온 길을 돌아보며 말하리라
그때 인내하기를 잘했노라고
그때 그 고통이 기쁨의 샘이 되었노라고
그때 종과 같이 무시 받던 길이 실은 왕의 길이었노라

423

주 예수를 믿으라 [75]

주 예수를 믿으라
믿으면
마음속에 떨어지는
핏방울
....

능能 력力 이다
....

424

Terrible [76]

Terrible

Terrible

Is Gods terrible, isn't He?

No.

God is never terrible One

He is so terribly good

He always makes every terrible thing into terribly good one

Forever,

God is good

걸어오고 있는 사람

얼굴도 모르고
이름도 모르고
나이도 모르는
네가 지금 오고 있다
너는 어드메쯤 오고 있느냐
아름다운 얼굴을 한
꽃같은 자태로
젊은 네가 가고 있다
너는 어드메로 가고 있느냐
너는 아느냐
내가 너를 기다리는 줄
너는 내 이름을 아느냐
우리는
서로 모르는 채로
하나가 되기 위해
서로를 향해 걸어오고 있다
아픈 가슴 안고
가슴 시리게
누군가를 기다리며

채우소서

채우소서 나의 빈 잔을
어린양의 피로써
나의 모든 세포를 당신의 피로써
채우소서
나의 혈관과 조직과 신경과 골수와 뼈마디와 근육 관절까지 대뇌피질 속까지
십자가에서 흘리신 당신의 피가 흐르게 하소서
나의 마음은 피로 호수가 되게 하시고
나의 영혼은 당신의 피로 멱 감고
새로 태어나게 하소서
십보라가 모세를 피 남편이라고 불렀듯이
하나님의 사람은
언제나 피 사람이기 때문입니다

나에게 날개가 있다면

나에게 날개가 있다면
도시의 창공을 날아 올라가 성벽에 난 창문으로 들어가 당신 곁에 머물 수 있으련만
나에게 날개가 있다면
날개에 당신을 싣고 호젓한 섬 고요한 호숫가로 날아갈 수 있으련만
나에게 날개가 있다면
나의 날개에 당신을 태우고 파아란 대기大氣 아래 펼쳐진 새하얀 구름바다 위를 날며 불타는 유성과 빛나는 별들 사이를 지나 초록 행성을 돌 수 있으련만
나에게 날개가 있다면
철썩거리며 파도 몰아쳐 대는 벼랑위 언덕 끝 겨우 달린 폭풍우 지나 휘어진 나뭇가지 위에 당신을 앉힐 수 있으련만
나에게 노래의 날개가 있다면
그 가지 위에서 나의 노래가 당신의 귓가에 맴도는 감미로운 시가 되련마는
주여,
태양 작열하는 숨 막히는 도시 뒷골목에 날개 없는 천사처럼 지쳐 주의 날개 그늘 아래 피하오니
주의 영이 나를 덮으시고

독수리 날개로 받으사 나를 태우시고 인도하소서
나의 노래가 날개가 되어
천상에 올라가 당신을 뵙고 아름다우신 당신을 영원히 노래하고 찬미하게 하소서

너의 이름은

너의 이름은
너는 어디에
너는 무엇이기에
너는 어디 있기에
나는 사무치게 그립단 말이냐
너는 무엇이기에
너는 누구이기에
너는 어디 살기에
너는 무얼 하고 있길래
나는 이다지도 보고파 한단 말이냐
바람 부는 날 홀로 길 헤매는
폭풍우 쏟아지는 날 우산 속에 홀로 가는
잎새 떨어지는 가을 문턱에 호올로 서 있는
너의 이름은

429

오직 한 사람뿐입니다

수많은 사람이 거리를 오가도
오직 한 사람뿐입니다
수많은 꽃이 대지에 피어선 져도
오직 한 송이 꽃뿐입니다
수많은 별이 밤하늘에 명멸할지라도
오직 별 하나 떠 있을 뿐입니다
수많은 세월이 흘러 모든 것이 변할지라도
변하지 않는 것이 있습니다
향그론 꽃처럼
지지 않는 얼굴
별처럼 영롱한
그대 눈 동 자

나로 네 빛에 머물게 하라

황금빛 아우라에 빛나는
하나밖에 없는 너의 존재
나로 네 빛에 머물게 하라

당신은 누구십니까

당신은 누구십니까?
황혼을 물들이며 지는 해를 바라보고
마음조차 붉게 물들어가는
당신은 누구십니까?
붉게 물든 단풍잎을 보고
홍조를 띠는 고운 뺨
당신은 누구십니까?
벗겨도 벗겨도 빨안간 꺼풀이
겹겹이 숨어있는 신비의 샘
당신은 누구십니까?
이 밤도 잠 못 이루며
긴긴밤을 뒤척이게 하는
이름을 알지 못하는 신이 되어
형상도 없는 제단에
바람처럼 스쳐 가시는
당신은 누구십니까?

그리움이라 하자

그래 그걸 그리움이라 하자
얼굴도 모르고 이름도 성도 모르는
그러고도 어디인가 있을 너를
그래 그걸 사랑이라 하자
수많은 얼굴 속에 겹쳐지는
수많은 눈동자 속에 떠오르는
만났다 헤어지고 헤어졌다 만나는 가없는 별리別離 속에서
천 년에 한 번 스치고 지나간 것이 너의 옷자락이었다면
그래 그걸 우리 운명이라 하자
그래 그걸 우리 사랑이라 하자

나는 너에게로

얼마나 많은 고개를 넘고 산을 넘어야 나는 너에게로 갈까
얼마나 많은 내와 강을 건너야 나는 너에게로 갈까
얼마나 많은 담과 벽을 넘어야 나는 너에게로 갈까
얼마나 많이 가시넝쿨과 엉겅퀴에 찔려야 나는 너에게로 갈까
너와 나 사이에 가로놓인 은하수길에는 얼마나 많은 별이 빛나기에
밤하늘을 푸르게 흐른단 말이냐
사랑은 죽음보다 강하고 불길보다도 맹렬하나니
사랑한다고 하늘에 오르려 하지 말라
우리를 위하여 하늘에 올리우신 이를
다시 땅에 내리려는 것이니
사랑한다고 음부에 내려가려 하지 말라
우리를 위하여 음부에 내려가신 이를 다시
지옥 불구덩이에 내리려는 것이니
사랑은 지옥 불도 이기나니
그 사랑이 모든 것을 이기고
광야에 길을 내고
사막에 강을 내어
나는 너에게로
너는 나에게로

생명의 강가로 이끌어
사랑의 생수를 마시게 하리
타조와 시랑豺狼[77]도 목을 축이고
일을 행하신 이를 공경하리라

그대 겨울이 오기 전에

가을이 가면 겨울이 오리니
그대 겨울이 오기 전에
우리 서로 사랑하자
겨울이 오면 봄도 오리니
그대 봄이 오기 전에
우리 품에 사랑의 불씨를 간직하자
봄이 오면 여름도 오리니
그대 여름이 오기 전에
우리 사랑의 씨앗을 뜰에 심자
여름이 오면 가을이 또 오리니
그대 가을이 오기 전에
우리 뜨락에 장미꽃을 가꾸자
가을이 가기 전에 이 가을이 지나기 전에
너와 나 손잡고 황금빛 들판에 나아가 이삭을 줍자
이 가을이 가기 전에
또 겨울이 오기 전에

어찌할 줄 모르겠습니다

주님
내 속에서 내가 어찌할 줄 모르겠습니다
저를 붙드소서
주님
제 속에서 제가 어찌할 바 모르겠습니다
저를 도우소서
주님
제 안에서 제가 어쩔 줄을 모릅니다
저를 인도하소서
주님
제가 제 안에서 어쩔 줄을 모르겠습니다
저를 구원하소서
주님만이
저의 주인이시요 모든 것이 되시기 때문입니다
저는 주의 이름으로 일컬어지는 주의 것이기 때문입니다
오셔서
제 속에서 저를 붙드소서
지금 오셔서
제 속에서 저를 도우소서

이제 오셔서

제 속에서 저를 이끄소서

오셔서

제 속에서 저를 건지소서

제 속에서 저는 없어지고 오직 주님만 나타나게 하소서

제 속에서 저는 죽고 오직 주님만 살으옵소서

주의 종이오니

주 뜻대로 하소서

436

그 날 밤 베들레헴에는 [78]

그 날 밤 베들레헴 밤하늘은 유난히 찬란했지
차가운 밤하늘에 유독 한 별이 찬란하게 빛났지
그 날 밤 알프스 기슭 작은 산골동네 교회당
고요하고 어둠에 묻힌 마을 위로 별빛이 찬란했지
전쟁이 한창이던 서부전선, 밤하늘에 진눈깨비 흩날리고
참호에 숨어 얼어붙은 총부리를 부여잡고 적진을 노려보고 있을 때
어둡던 참호에서 등불이 켜지더니 아름다운 찬송가가 들려왔었지
어려서 성탄절이 되면 늘 듣던 고요하고 맑은 가락을 전장터에서 들을 줄이야
병사들도 총부리를 내려놓고 고요히 콧노래로 따라불렀지
어떤 병사는 찬송가를 따라 부르다 고개를 파묻고 어깨만 들썩거렸지
그때 적진에서 들려오는 소리, 메리 크리스마스!
우리 쪽에서도 반갑게 화답하는 소리, 프로에 바이나흐텐 Frohe Weihnachten!
그들은 소총을 땅에 내던지고 두 손으로 오라고 손짓했고
우리는 총검을 참호에 내던지고 빵덩이와 포도주를 가지고 그들에게 갔지
서부전선 위에 유난히도 별빛이 쏟아지고
유독 한 별이 찬란하게 빛났던 그 밤에 우리는 한목소리로 이 땅에

구주로 오신 왕을 찬양하며
서로 적이 아닌 형제임을 알고 부둥켜안고 울었지

그 아름답고 평화로운 밤이 지나가면
다시 참호로 돌아가 서로에게 총부리를 겨누고 죽여야 할 운명이었지……

그날 이후 우리는 서로를 향해 총을 쏘지 않았지
전쟁이 하루속히 끝나길 바라는 마음으로 하늘을 향해 무수히 실탄을 발사했지
전쟁할 때가 있으면 평화할 때가 오리니 이제 화평하자
미워할 때가 있으면 사랑할 때가 오리니 이제 사랑하자
절망할 때가 있으면 희망할 때가 오리니 이제 소망하자
패배할 때가 있으면 승리할 때가 오리니 이제 힘을 내자
눈물 흘릴 때가 있으면 기뻐할 때가 오리니 이제 기뻐하자
고난의 때가 있으면 위로받을 때가 오리니 이제 위로하자
불신할 때가 있으면 믿을 때가 오리니 이제 신뢰하자
반목할 때가 있으면 화목할 때가 오리니 이제 화목하자
헤어질 때가 있으면 만날 때가 오고 버릴 때가 있으면

취할 때가 오리니 이제 헤어지지 말자
외로울 때가 있으면 함께 있을 때가 오리니 우리 서로 사랑하자

왕이 우리에게 오셨나니
그리하자
사랑과 평화의 왕이 우리게 오셨나니
정녕 그리하자

437

오직 주만 바라봅니다 [79)]

오직 주만 바라이다
폭풍우 몰아치고 눈보라 회몰아쳐도
오직 주만 바라봅니다
파도가 넘실대고 태풍이 불어닥쳐도
오직 주만 바라봅니다
불길 가운데를 걸을지라도
물 한 가운데로 지날지라도
오직 주만 바라나이다
절망의 터널을 지날 때도
사망의 음침한 골짜기를 지날 때라도
오직 주만 바라봅니다
불꽃 같은 시험으로 불티가 사방을 날아다녀도
솟구쳐오르는 재로 하늘이 온통 잿빛이 되었어도
오직 주만 바라나이다
사방팔방이 막히고 하늘이 놋하늘처럼 닫혀있을지라도
오직 주만 바라봅니다
저주와 실패와 가난과 패배와 절망과 고통의 소식뿐이어도
오직 주만 바라봅니다
유혹의 숨결이 부딪혀오고 시험의 눈빛이 느껴질 때도

오직 주만 바라봅니다
사방으로 우겨쌈을 당하고 원수들이 조롱할지라도
오직 주만 바라보니
내 눈에는 희망뿐입니다
오직 주만 바라보니
내 눈에는 믿음뿐입니다
오직 주만 바라보니
내 눈에는 사랑뿐입니다
오직 주만 바라보니
내 눈에는 기적뿐입니다
오직 주만 바라보니
내 눈에는 은혜뿐입니다
주를 바라보니
깜깜한 내 눈에는 희망밖에 보이지 않았습니다

오직 주만 의지합니다

오직 주만 의지합니다
천 길 낭떠러지에 떨어지는 중에라도
오직 주만 의지합니다
불구덩이에 던져질지라도
오직 주만 의지합니다
지은 것이 죄뿐이고 연약하고 허물져도
오직 주만 의지합니다
저주와 가난과 실패와 재앙의 판도라가 열렸을지라도
오직 주만 의지합니다
내 의가 아닌 오직 예수 그리스도의 의만을
오직 주만 의지합니다
내 공로가 아닌 오직 예수 그리스도 십자가 대속의 공로만을
오직 주만 의지합니다
나의 선함과 성실이 아닌 오직 주님의 은혜와 긍휼만을
오직 주만 의지합니다
나의 노력과 열심이 아닌 오직 주님의 열심과 행하심을
오직 주만 의지합니다
침륜의 늪 속으로 한없이 빠져 들어가는 중에라도
오직 주만 의지합니다

비몽사몽 꿈속에서라도
오직 주만 의지합니다
사람이나 물질이나 환경이 아닌 주님의 능력만을
오직 주만 의지합니다
홍해가 가로막고 여리고 성이 우뚝 서 있고 거인 골리앗이 길을 가로막고 있을지라도
오직 주만 의지합니다
불가능한 현실과 낙심과 절망의 견고한 절벽 앞에서라도
오직 주만 의지합니다
사자 굴속에 던져지고 풀무 불 속에 던져질지라도
오직 주만 의지합니다
사자의 입과 곰의 발톱 사이에 떨어뜨려졌을지라도 적진 한가운데를 달릴지라도
오직 주만 의지합니다
일곱 번째 쓰러지고 열덟 번째 겨우 일어섰을지라도
오직 주만 의지합니다
모든 기대와 가능성이 사라지고 무거운 침묵만이 흐를지라도
오직 주만 의지합니다
다 망한 것 같고 다 죽은 것 같아도 죽은 자를 다시 살리시는 하나님

의 긍휼만을
오직 주만 의지합니다
영 죽을 날 위하여 십자가에서 목숨 내주시고 죄와 허물로 죽은 날 살리기 위하여 죽음 이기시고 다시 살아나신 그리스도의 사랑만을
오직 주만 의지합니다
신실치 않은 나를 변함없이 믿어주고, 믿어주고 또 믿어주셔서 마침내 온전케 하시는 믿음의 주요 온전케 하시는 이를
오직 주만 의지합니다
못판 위를 걸을지라도 십자가에 거꾸로 매달리고 불길이 온몸을 살라올지라도
오직 주만 의지하는 자를 주께서 멸시치 않으시리이다
오직 주만 의뢰하는 자를 주께서 부인치 않으시리이다

나 이제 사랑을 노래하노라 [80]

나 이제 사랑을 노래하노라
외롭고 가슴 조이던 밤을 지내고
사랑을 노래하노라
나 이제 사랑을 노래하노라
그립고 아쉬워 새로 고쳐 눕던 밤 지새고
사랑을 노래하노라
나 이제 사랑을 노래하노라
이별의 상처가 빈 가슴을 휘젓던 밤을 보내고
사랑을 노래하노라
나 이제 사랑을 노래하노라
나의 가슴이 터져오르듯
그대 작은 가슴도 설레이는구나
너는 길고 긴 어둠의 숲을 지나 날개가 젖어
상처 입은 채로 나에게로 날아온 새
나의 심장에 깃들어 고동 소리를 들으며 설피시 자고 있다
나 이제 사랑을 노래하노라
헤어짐은 만남이 되고 상처는 사랑을 낳노라고
나 이제 사랑을 노래하노라
우리 다시는 헤어지지 말고

나는 너의 상처를 보듬고 너는 나의 외로움을 채우며
긴 긴 밤을 도란도란 지새우자구나

말들이 돌아오는 시간 [81]

말들이 돌아오고 있다
잊혀진 언어가 돌아오고 있다
잃어버린 노래가 돌아오고 있다
추억속에 잠자고 있는 기억들과 안개속에 꿈꾸는 사물들이 깨어나고 있다
뇌속에서 꼼작거리는 혀속에서 웅얼거리는 말들이 있다
가슴이 미어지도록 부르고 싶은 시들이 있다
생명과 죽음에 대하여 절망과 희망에 대하여
사랑과 미움에 대하여 격정과 참음에 대하여
구원과 파멸에 대하여 전쟁과 평화에 대하여
천국과 지옥에 대하여
그리고
너에 대하여
너에 대하여
너에 대하여
부르고 싶은 노래가 있다
말들이 돌아오고 있다
태초부터 계신 음성들이 돌아오고 있다
침묵속에서

고요속에서
깜깜함 속에서
새어나오는 새벽 빛처럼
말씀이 제 때가 되어
돌아오고 있다
지금은 말들이 돌아오는 시간
자 이제 입을 열어 노래를 부를 시간이다
숨결에 닿아오는 것은
서러움
눈들들
이별들
괴로움
탄식뿐이라도
태초부터 계셨다가
이 땅에 오셨다가
하늘에 오르셨다가
입에서 좌우에 날선 검이 나오는
이로 다시 오시는
언제나 살아서 말씀하시는

음성을
가슴으로 듣고
눈을 열어 찬양할 일이다

어떤 비상飛上 [82]

너의 추락이 하늘 향한 비상飛上이었음을
누가 알았을까
너 구름 타고 푸른 하늘 위로 날아가는 청년아
고통의 임계점에서도 누구 하나 탓하지 않고
다만 고통에서 벗어나기 위해서만 몸을 날린 청년아
네 겨드랑이에는 날개가 없어 피가 되었지만
너 대신 뿌려진 누군가의 피가 있었기에
너는 땅에 닿자마자 하늘을 향해
종달이처럼 치솟을 수 있었구나
지난至難했던 너의 흔적을 지우기 위해
간밤에는 저리도 비가 왔었나보구나
모래에 덮인 너의 피를 자꾸만
어루만지며 네 혼을 더듬어보지만
핏자국만 인印같이 가슴 속에 남는구나
오래전 그 언덕 나무에 달려 흘리신
그분의 피가 추상이 아니었음을
그분은 너를 위하여
너는 나를 위하여
피 흘렸음을

그 피가 네 피로 내게로 흘렀음을

너 고단한 삶의 짐을 벗고
하늘 향해 구름 타고 간 청년아
너의 추락이 하늘로 치솟는
종달이의 짙푸른 날개짓이었음을
누가 알았으랴

장미

날카로운 가시가 심장을 찔러
가슴에 숱한 상처가 남았다면
그 상흔에서 멈추지 않고 피 흘러
붉은 잎새 켜켜이 쌓였다면
겹겹이 싸인 붉디 흰 꽃 잎새 속
영혼 깨우는 맑은 향기 지녔다면
내
그대
장미라
부르리라

눈동자

그대 눈동자는
숲속으로 길 나 있고
호수에 다다르면
짙푸른 강물로 흐른다
그대 눈동자는
계곡으로 길 나 있고
높은 봉우리 오르면
파아란 하늘 흐른다
그대 눈동자는
장미 꽃밭 사이로 길 나 있고
붉디 붉은 잎 분분히 날리며
장미 향기 스친다
그대 눈동자엔
석양에 지는 해
동공瞳孔에 걸려 있고
타는 불길 가을 강처럼 흐른다
그대 눈동자 속에
내 눈망울 어리어 있고
즘생처럼 말간 눈망울 속엔

세초부터 세말까지 지켜보다
눈물짓는 불꽃 같은 …… 눈동자

상처가 별이 되어 [83]

너를 향한 기도가 하나도 응답되지 않았다고
서럽게 울고 싶었을 때
너는 별이 되어
문득 밤 하늘에 돋았다
너를 향한 사랑이 헛될 뿐이었다고
참았던 울음 터졌을 때
너를 보낸 저 하늘에
별 하나 밝게 빛났다
너를 향한 기다림이 무의미하게 되었다고
주저앉아 울었을 때
깜깜한 밤하늘 스치우던 별 무리 사이
유독 한 별이 웃었다
단 한 번뿐인 인생살이가
왜 이리 고닮고 서글플 뿐이냐고
속으로 속으로만 눈물 삼켰을 때
가슴 속 깊이 패인 상처 속에서
웬일인지 별 하나 돋았다

구원의 날

해안가 바위를 넘실거리는 파도는 어느 바다로부터 밀려오기 시작한 것일까

먹구름이 몰고 온 비 뿌려대는 저녁, 하늘을 날고 있는 물오리 떼는 어느 하늘로부터 날아오기 시작한 것일까

여름 호수 위에 갑자기 쏟아져 내리는 소낙비는 어느 들녘 외진 산야에서 시작된 것일까

우리 하나님의 구원은 어느 날로부터 시작된 것일까

두려움이 파도처럼 영혼을 넘실거릴 때

맑은 하늘에 먹구름 몰려오고 소나기 갑자기 쏟아져 내릴 때

희망이 겨울 땅속 구근球根처럼 말라가고 있을 때

대양 반대편 기슭에서 구원의 파도 일어나고
물새 떼 희망처럼 새까맣게 날아오르고

외진 겨울 들녘 먼 산야 산림 위로 구름 한 점 떠올라

....

어느 날 갑자기 구원이 나를 찾아왔다

승진 발표날

승진 발표날

샴페인을 가지고 집을 나선다

나의 승진이 아닌 너의 승진을 축하해주기 위해

나에게는 아직 그리스도의 남은 능욕을 받을 일이 있기에

그리스도를 위하여 능욕 받은 것이 승진보다 하나님이 기뻐하시는 일임을 알기에

그리스도를 위하여 능욕 받을만한 믿음이 있는 자로 하나님이 나를 인정하심을 믿기에

승진하면 하나님께서 인정하실만한 믿음에 아직 이르지 못하는 것으로 알고 회개하기로 하고
떨어지면 하나님께서 그리스도의 능욕으로 나의 육체를 채우시고 나의 좌절을 약재료 삼아
실패한 자들을 위로하시고 구원하시는 데 쓰고자 하심으로 알고 하

나님께 감사하기로 했다

오후 3시 반이 지나도록 본점에서 의례 해왔던 승진자 사전 축하 연락이 없었어도
마음에 떨림도 불안도 초조도 없다
잠잠하게 하나님을 바라보며 영혼은 하나님을 신뢰하고 하나님으로 만족하고 기뻐한다
승진이 아니라 좌절에도 하나님만으로 기뻐하고 만족하는 것을 구원의 표지로 삼겠다고 한
아침 기도가 생각났다

오후 4시 승진 인사 발표시간이 되어 빈 마음으로 문서 열람에 들어가 보니
두 명의 승진자 명단이 있었다 내가 축하해주기로 했던 너와 복수 추천되었던 나까지도
은행 역사상 없었던 한 지점 두 관리자급 승진 인사가 난 것이다

하나님 앞에서 그리스도를 위하여 마지막까지 능욕 받는 자로 남지 못한 것을 회개 드리며

그런 능욕을 감당할만한 믿음에 이르지 못하여 몸과 마음으로 아파
하는 연약한 죄인을 위하여 대신 능욕 당하시고 죽으신 그리스도의
은혜에 감사드린다

승진을 위하여 기도해준 벗들에게 이 기쁜 소식을 전하며
내가 비로소 행복이 아닌 거룩이 목적이 된 사람이 된 것을 알게 되
었다
하나님은 숱한 좌절과 한 번의 승진을 통해 나의 구원을 이루신 것을
알았다

447

사자 굴과 풀무 불에서 두 번이나 건져주신 하나님

우울증 앓는 아내를 위해 옥상 서고에 기도하러 올라갔을 때
그 기도굴이 빠져나올 수 없는 사자 굴이 될 줄 알았으랴

순전을 지키기 위해서 권세자의 술잔을 거절하였을 때
그 술잔이 불꽃 튀어 오르는 풀무잔이 될 줄 알았으랴

왜 그처럼 기도하고자 했을까
왜 그처럼 순전을 지키고자 했을까

그 기도가 내게 수의囚衣를 입히고
그 순전이 내게 죄패罪牌로 박힌 줄

사자 굴 속에서 죽은 자처럼 되고
풀무질 속에서 혼과 육이 거덜날 때

나는 하나님께 버림받은 줄 알았다
내 죄가 십자가보다 큰 줄 알았다

하나님께서 나를 사자 굴에서 건져내셨을 때

구약의 하나님이 지금도 살아계신 줄 알게 되었다

말씀이 스스로 영광을 위하여
풀무질에 혼과 육이 타지 않게 하시고
풀무 불에서 살아 나오게 하셨을 때에서야
십자가에서 죽으신 예수님이 지옥 불에서 다시 살아나셨음을 알게 되었다

불광천을 걸으며

불광천을 걸으면서

풀과 꽃과 사람들을 스친다

가끔 청둥오리들, 왜가리, 외로이 백로가 노란 발을 들고 긴부리로
물고기 노리는 모습에 발길이 멈춘다

다리를 건너 돌아오는 길에는

북한산 자락이 아버지처럼 위엄있게 펼쳐져 있고

어머니 젖가슴처럼 감춰진 샘에서
시냇물이 흘러나와 구비구비 흐른다

냇가에 심겨진 버드나무, 실버들, 수양버들, 포플라, 플라타너스들
알프스 기슭에서 언뜻 본 연보랏빛 꽃망울들, 장미 넝쿨들

다 아버지 같은 북한산 품에서 자라는 초식草食이다
다 어머니 젖줄 같은 시냇물 먹고 자라는 육식肉食이다

내 마음에도 북한산처럼 큰 산이 기세 좋게 들어섰으면
내 마음 생명 샘에서도 사랑의 냇물이 늘 마르지 않았으면

굽이를 돌고 도니

산자락은 사라지고 집들이 나온다

코로나 시대에

코로나 시대에
가고 싶어도 갈 수 없고
만나고 싶어도 만날 수 없어
집에 틀어박혀 집돌이가 된다
카페에 틀어박혀 카공족이 된다
컴퓨터 앞에 노상 죽치고 앉아있는 비대면 화상족이 된다
코로나 시대에
내가 할 수 있는 것은
너의 아픈 유방을 생각하며 내 가슴에 손을 얹고
그의 손상된 뇌세포를 위하여 내 머리에 손을 대고
홀로 투병하는 너와
어렵게 재활하는 그를 위하여
기도하는 일뿐이었다
아버지께 아들의 피로 세계를 덮으시고
코로나 병마와 흑암의 세력을 멸하시고
각처에서 죄와 우상을 버리고 주께 돌아오게
해달라는 기도뿐이었다
코로나 시대에 할 수 있는 것이 아무 일 없어도
하나님이 시한부 암을 고치시고 새롭게 하셨다는 소식이 들려왔다

식물인간이었던 그를 아들이 성령으로 부활시키셨다는 소식이 들렸다
코로나 시대에 사람은 아무것도 할 수 없어도
하나님은 더 많은 기적을 행할 수 있으시다는 것을 알게 되었다

모든 것이 은혜라는 것을 아는가 그대여

숱한 실패와 거절도 은혜라는 것은 아는가 그대는
사별과 이별과 시험과 미혹으로 점철된 가족사도 은혜라는 것을 아는가
질병과 아픔과 좌절과 상실과 슬픔도 은혜라는 것을 아는가 그대는
가난과 궁핍과 굶주림과 목마름도 은혜라는 것을 아는가
낮아짐과 굴욕과 모욕과 상처도 은혜라는 것을 아는가 그대는
배반과 기약 없는 기다림과 아무런 기별도 희망도 없는 시간이 은혜인 것을 아는가
죄와 허물과 연약함과 실수뿐이라도 은혜라는 것을 아는가 그대는
이 모든 것이 합력하여 선을 이룬다면
이 고난을 통해 다른 사람들이 살아난다면
그것이 은혜인 것을 아는가, 그대여
하나님을 사랑하는 자 곧 그 뜻대로 부르심을 입은 자에게는 모든 것이 합력하여 선을 이루느니라

미주

1) 이 시는 고3이었던 19세 때 성경 책갈피에 쓴 첫 신앙시로 28년이 지난 2011년 3월 중 47세 때에야 기억을 반추하여 psalm 1로 복원하였다.

2) 2011.3.22. 김다윗 목자님과 누가복음 4장 18절 '포로된 자에게 자유를 … 눌린 자를 자유롭게 하고' 말씀 그룹바이블 스터디를 하고 은혜받아 쓴 시

3) 연세대 기도실에서 기도하다 받은 시로 시가 쏟아져 부어질 때 감격해 울었다

4) 첫 번째 시를 프린트했는데 몇 번이나 프린트해도 각 연의 첫 행이 지워져서 프린트되었다. 이로써 이 시를 쓰신 분이 성령님이심을 인정하게 되었다.

5) 2014년 4월 천국에 들어가신 어머니 영전에 바치는 시

6) John Baek 선교사님의 미국 L.A. 엘 카미노 선교 역사 보고에서 자폐증과 언어 학습 장애를 지니고 있는 모세 형제를 주일예배 사회자로 세워 하나님의 영광을 보게 된 간증을 듣고 쓴 시

7) 엘 까미노 - '왕의 길'이라는 뜻의 스페인어

8) 미국 워싱턴 UBF 한나 김 선교사님이 47세에 과로사로 소천하셨다는 소식을 듣고 쓴 시

9) 첫 북한산 등정기를 시로 썼다.

10) 2003년 아내와 함께 우울증 산책을 했었다.

11) 루터와 잔 낙스의 종교 개혁 정신을 추모하며 쓴 시

12) 2011.10.4. 신성종 선교사님 선교 사역 기사를 읽고 쓴 시

13) 엽록소(葉綠素): 클로로필(chlorophyl)

  엽황소(葉黃素): 카로티노이드(carotenoid)

  엽홍소(葉紅素): 안토시아닌(anthocyanin)

  엽홍소라는 용어는 사전에는 없는 시적으로 만든 시어이다. 조선일보 "단풍 든 나뭇잎의 붉은 색소, 해충 잡는 비밀 무기(2011.10.4. 기사)" 참조함. 2011.10.5.

14) 2011.10.7. 출근길 전철을 타고 한강교를 지나면서 떠오른 해를 보고 스티브 잡스의 스탠퍼드대학 졸업 연설이 연상된 시상이 떠올라 적다.

15) 2011.10.9. 양장(羊腸): 양의 창자. 요셉처럼 구곡양장(九曲羊腸) 같았던 시인의 인생을 돌아보며 쓴 시

16) 2011.10.12. 직장 시험 준비로 졸리고 피곤한 오늘 오후 누군가 등을 쳐주어 졸음이 달아난 느낌을 시로 구성하다.

17) 2011.10.15. not for one's self는 미국의 명문 사립고등학교 필립스 아카데미 앤도버의 교훈. Non SIBI의 영어 번역으로 '나를 위하지 않는'이라는 뜻이다. 나치 독일 시절 저항 목사로 유명한 신학자 본 훼퍼는 예수 그리스도의 정신을 being for others로 갈파하여 그리스도인이란 나를 위하지 않고 타자를 위한 존재임을 역설하였다.

18) 2011.10.23. 연극 '고도를 기다리며'를 보고 나서 쓴 시

19) 2011.10.28. 본문은 2011년 10월 현재 국민일보 역경의 열매 '청계천 빈민의 성자'에 연재되고 있는 청계천 빈민 선교의 산증인인 일본인 노무라 모토유키 목사님의 간증과 청년

시절 사별과 실패가 많았던 에이브러햄 링컨과 시인 자신의 여러 실패의 경험을 한데 녹여서 쓴 시

20) 2011.10.29. 에비슨 선교사님이 늘 외었던 갈라디아서 6장 9절 말씀을 새긴 세브란스 재활병원 앞 돌비를 지나다니며 쓴 시

21) 2011.11.6. 주일 오후 연대캠퍼스에 전도하러 나갔다가 상대 뒤안길에 줄지어 심긴 청단풍나무들이 가을 내내 푸르렀다가 가을 끝자락에 단풍이 진 모습을 보고 시상이 떠올라 형상화하다.

22) 2011.11.6. 시인 서정주는 나를 키운 것은 팔 할이 바람이었다고 고백했다. 내가 20대에 예수님을 만났으니 그 후 80평생은 십자가의 은혜로 키워지는 것이리라.

23) 2011.11.9. 후천적 시각 장애우이신 안요한 목사님과 강영우 박사님의 신앙 간증을 읽고 은혜받아 쓴 시

24) 나에게 시란

첫 번째, 성령님의 기름 부으심의 결과물이다.

두 번째, 하나님과 예수님과 성령님을 드러내는 찬양의 도구이다.

세 번째, 하나님과 인간과 자연을 화목하게 하는 화해의 언어이다.

네 번째, 내 인생에 역사하신 하나님의 은혜에 대한 간증이다.

다섯 번째, 인생들과 세상을 향하신 하나님의 메시지이다.

여섯 번째, 치열한 기도의 산물이다.

일곱 번째, 치열한 삶과 사역의 몸부림 가운데 나오는 처절한 핏빛 절규이다.

여덟 번째, 시를 쓰는 목적은 오직 하나님의 영광을 위해서야 한다.

아홉 번째, 시는 복음의 진리를 선포하는 작은 나팔이다.

열 번째, 시는 머리를 굴려서 짜내는 것이 아니라 즉각적인 영감에 의해 쓰여져야한다.

열한 번째, 시를 통해 세상에 하나님의 희망을 전해야 한다.

열두 번째, 시의 정신은 하나님의 용서와 사랑이다.

열세 번째, 시는 나와 이웃과 세상을 치료하는 하나님의 치료 언어이다.

열네 번째, 시는 재능에 의해서 나오는 것이 아닌 은사에 의해 창작되는 것이다.

열다섯 번째, 시는 나를 통해서 이 시대에 역사하시는 성령님의 강권적 역사이다.

열여섯 번째, 시는 하나님의 위로 음성이다.

열일곱 번째, 시는 하나님과 나의 사랑의 밀어이다.

열여덟 번째, 시는 하나님과의 교제와 자연과의 교감의 산물이다.

열아홉 번째, 시는 사랑하는 이들과 말 없는 대화이다.

스무 번째, 시는 상처받는 영혼을 싸매고 회복시키는 치료제이다.

스물한 번째, 나의 시는 처음부터 끝까지 성령님의 작품이다.

스물두 번째, 시는 하나님과 예수님과 성령님께 대한 나의 사랑 고백이다.

스물세 번째, 시는 하나님께 대한 나의 믿음과 순종과 헌신의 고백이다.

스물네 번째, 시는 내 안에 계신 성령님의 나타나심과 능력의 산물이다.

스물다섯 번째, 시는 나의 인격과 삶의 반영이요 내 영혼의 거울이다.

스물여섯 번째, 시와 찬양의 제사는 우리가 천국에 들어가 하나님을 뵐 때까지 끊이지 않아야 한다.

스물일곱 번째, 시는 불신자들과 안 믿는 자들을 전도하는 복음 전도의 매개체이다.

스물여덟 번째, 시는 역사와 우리 삶과 시인의 삶에 나타난 하나님의 영광과 임재와 역사하심의 기록이다.

스물아홉 번째, 하나님은 천재 소녀 아키아나의 경우와 같이 이 시대에도 특별한 목적으로 소수 사람을 선택하셔서 시와 그림과 재능과 지식과 지혜의 은사적 기름 부으심을 주셔서 하나님의 영광을 드러내시고자 한다.

서른 번째, 시는 나의 영성과 신학과 사상과 철학과 영감의 열매이다.

서른한 번째, 시는 나의 생활의 발견이요 영성 일기다.

서른두 번째, 소설은 조작과 가식과 허위가 가능하나 시는 조작과 거짓과 가식이 허용되지 않는 순수하고 거짓 없는 영혼의 눈물이다.

서른세 번째, 시는 성령님과 나 사이의 인티머시(intimacy: 친밀함)의 투영이다.

서른네 번째, 시와 찬미는 이 시대 성령 사역의 열매이다.

서른다섯 번째, 시는 짧은 나의 인생 소감이다.

서른여섯 번째, 나의 시는 지혜와 계시의 영이신 성령님의 기름 부으심의 산물이다.

서른일곱 번째, 나의 시는 성령님의 내밀한 음성이요 기적과 예언의 노래이다.

서른여덟 번째, 시는 나와 동역자들과 양들과 자녀들의 삶의 추억에 대한 회상이다.

서른아홉 번째, 시는 나와 이 시대를 향한 복음의 메시지이다.

마흔 번째, 나의 시는 성령님께서 이 시대에 나를 통해 써 내려가시는 시편이다.

마흔한 번째, 시는 우리 가족들이 주일 밤 9시에 드리는 가정예배에서 성 삼위일체 하나님께 바쳐지는 향기로운 예물이다. 2011.11.13.

25) 2011.11.20. 직장 체육 행사로 2011년 11월 첫째 주 토요일 부산으로 여행 갔을 때 유람선을 타고 갈매기 체험 행사를 했던 때를 추억해보다.

26) 2011.11.20. 주일 피싱하면서 본 연세 숲은 너무나 아름답다는 것을 26년이 지난 지금에야 깨달았다. 연세 숲은 진달래 철쭉 개나리 목련꽃 화창한 봄만 아름다운 것이 아니라 가을에 단풍으로 더욱 아름답다는 것을…

27) 1704년도에 만들어진 명품 스트라디바리우스 바이올린을 미국 미네소타 주립 대 방사선학자 스티븐 서 교수가 컴퓨터 단층 촬영 기술로 분석해보니 벌레 구멍과 작은 틈 그

밖의 손상 부위들이 발견되었는데 이것들이 스트라디바리우스 특유의 소리를 내는데 일정한 역할을 했다고 함(국민일보 2011.12.1. 12면 기사 참조).

스트라디바리우스는 알프스 북벽의 북풍한설을 수백 년 맞아 허리가 구부러진 나무로 만들어졌는데 이로 인해 나무가 단단해 변형이 안 되고 깊은 울림을 내는 공명통이 된다고 한다.

28) 2011.12.3. 학기 초에 피싱해 지난주 주일예배에 나온 전기·전자 새내기 이원호 형제님과 오늘 5시 첫 일대일 약속이 있는데 불길한 생각과 의심이 자꾸 일어났다. 이 의심이 바로 사탄이 만든 허구의 산이란 것을 깨닫고 꾸짖고 명령하여 쫓아내니 양이 와 은혜로운 일대일 성경공부를 하게 되었다. 의심의 원인을 깨닫게 하시고 의심의 제공자를 꾸짖고 명하여 물리치게 은혜 주신 주님께 감사.

29) 2011.12.10. 지점에서 틀어놓는 음악 방송에서 최근 자주 들려주어 저의 감성을 자극했던 "겨울아이"가 이 시의 모티브가 되었다.

30) 2011.12.17. 시에서 먼지는 석면 먼지를 가리킨다. 최근에 제 마음에 깊이 남는 부음이 있었는데 파라과이의 이요한 선교사님과 포철 박태준 회장님의 부음 소식이었다. 국가와 하나님 나라를 위해 모든 것을 바쳤던 두 분의 삶이 마음에 깊은 여운을 남기어 한 편의 시로 아우르다.

31) 2012.1.1. 한국에 약혼하러 온 어린 이 마리아 2세 선교사를 곱게 키우기 위해서 선교지에서 고운 얼굴 다 잃어버린 미국 밀워키 UBF의 아브라함 & 조앤 리 선 교사님을 생각하며 쓴 시

32) 낙타는 본능적으로 햇볕을 향해 머리를 든다고 한다. 그러면 머리와 목 그늘 때문에 몸이 시원해져 더위를 이길 수 있다고 한다.

우리가 고난과 시험을 직면할 때 고난과 시험은 그 기세가 꺾이나 고난과 시험을 피하려고 할 때 그 고난과 시험이 우리를 삼킬 듯 기세를 부리는 것을 낙타는 생존의 본능을 통해

체득했나 보다. 고난과 시험 당할 때 너희가 시험당할 때 온전히 기뻐하라고 권고하신 성령님의 음성을 떠올릴 수 있기를 기도하며 2012년 1월 3일 은행장님 신년사를 듣고 쓰다.

33) Heard missionary Kim Yong-eui's message, I wrote this poem in 2012.1.8.

34) 2012.1.22. 사모바위는 조선시대 벼슬아치들이 착용했던 사모관대(紗帽冠帶)의 사모를 닮은 북한산의 바위임

35) 2012.2.5. 근무하는 지점이 2011년 경영평가 연간과 하반기 1등을 하여 전 직원에게 1인당 10만 원 포상금이 나와서 강원도 횡성에 숯불 가마 체험 여행을 갔다가 174번째와 175번째 시의 영감이 떠올라 시를 썼다. 계속 마르지 않는 영감을 주시는 성령님께 감사드린다.

36) 2012.2.5. 개그맨 밥풀떼기 김정식 목사님의 간증을 듣고 쓴 시

37) 2012.2.13. I realized that Love is the greatest gift through the message of Dr Kim Jin-kyeong at last Lord's day. The Holy Spirit was symbolized a white eagle in this poem

38) 2012.2.25. 청소년기 성장통이 컸던 큰아들 명철이를 생각하며 쓴 시

39) 2012.3.25. 로사리오는 장미의 화관이라는 뜻의 라틴어 로사리우스(rosarius)에서 유래된 말로 가톨릭에서 묵상기도에 사용하는 묵주를 가리키기도 하나 이 시에서는 '장미의 화관'이라는 뜻으로 차용하고자 한다. 가시 없는 장미는 젊은 시절 예수님만 사랑하고자 모든 것을 버렸던 성 프란시스코의 마음에 육체의 욕망이 올라올 때 그가 가시밭에서 온 몸을 굴렀는데 주님께서 불쌍히 여기셔서 그 장미밭의 장미 넝쿨에는 가시가 나지 않게 하셨다고 하며 아시시의 성당 근처에 있는 그 장미밭은 오늘날까지도 장미에 가시가 없는 것으로 유명하다고 한다(국민일보 기사 참조함)

40) 2012.4.2. 이양하 선생이 신록예찬을 쓴 청송대 숲에서는 새와 나무와 꽃과 풀이 신록예찬을 부르고 있는데 우리는 이 봄날을 주신 하나님께 어떤 예찬을 불러올릴까.

41) 봉우리를 열고 하이얀 잎으로 벌어지는 목련 까만 속내를 드러내며 노랗게 벌어지는 개

나리 붉은 속내를 내보이며 하얀 꽃술을 드러내는 철쭉.

그러면 나는 하나님 앞에서 어떤 꽃을 피워내는 나무인가 2012.4.8.

42) 2012.4.22. 거위 같은 제게 무지개빛 환상보다 더 찬란한 오로라 빛 꿈을 주시고 친히 이루시는 하나님을 찬양하다.

43) 2012.5.9. 이 시는 정현종 시인의 <섬>과 예이츠의 <이니스프리의 호도(湖島)>에 영향을 받은 바 크다.

44) 시어로서 애무(愛撫)에 대하여

애무란 껴안거나 쓰다듬거나 달래거나 하는 정감이 있는 인간적인 친밀한 접촉을 말한다. 이 행위는 애정에 바탕을 둔 모자 관계의 성립과 유지에 도움이 되는 것으로 생각되고 더 나아가 아이의 정신적 정서적 안정과 그 뒤의 발달에 있어서 중요한 것이다(출처 간호학대사전, 네이버 지식사전에서 퍼옴). 중략하고 … 시어에서의 애무는 땅 위에서의 고단한 일상을 어루만지는 하늘의 위로가 눈물과 동질적인 액체인 비로 아스팔트와 콘크리트 위에 내리는 것을 비유적으로 표현한 것이다. 2012.7.14.

45) 꽃다지는 꽃이 빽빽이 피어 있는 모습을 형상화한 시어임. 꽃+닥지닥지. cf) 노다지 2012.7.28.

46) 2012.8.11. 울릉도에서 해돋이를 보고 쓴 시

47) 2012.8.25. 파스칼의 팡세 <생각하는 갈대>에서 영감을 받는 시

48) 2012.9.1. 이 시는 작가 김성종의 <잃어버린 마가를 찾아서>(국민일보 연재 중)를 일정 부분 참조했음

49) 2012.10.3. 이 시는 <천 번을 흔들려야 어른이 된다>는 제목의 설교에서 은혜를 받아 쓴 psalm 305의 후속편으로 도종환 시인의 <흔들리며 피는 꽃>과 중첩되지 않나 검색해 보니 다행히도 이미지는 유사하나 시어의 중첩이 되지 않아 써 내려갔다. 도종환 시인은

그의 시 <담쟁이> 등 몇 편의 시로 서정성과 인식의 깊이를 드러낸 좋은 시인으로 여겨짐. 좋은 시인이 쓴 좋은 시들은 다른 시인들에게 영감을 주는 상호작용을 일으키나 보다. 조지훈 시인의 <완화삼>이 박목월 시인의 <나그네>에 영감과 원천을 주었듯이

50) 지난 주일 은행에서 책임자 기업직무 마스터 시험이 있어 시험 보기 1시간 전 막 판 정리하던 중 이 시가 떠올라 연수 교재에 써 내려갔다.

6행에서 영어가 짧아 기진할 정도로 힘을 다해 달린다는 표현이 떠오르지 않아 RUN OVER라고 썼는데(OVER하도록 RUN ^.^) 크리스토퍼 선교사님이 RUN MY ALL로 하라는 힌트를 주셔서 정정해서 썼다. 이 표현이 인터넷에도 나오지 않아 거래하는 정철어학원 원장을 통해 원어민 강사에게 알아보니 격언 등에 쓰이는 표현이라고 함 2012.10.14.

51) 2012.10.19. 소요산 정상에서 저녁놀에 타는 단풍잎을 보고 쓴 시

52) 2012.11.10. 토요일 아침 연대 캠퍼스 풍경을 형상화하다.

53) 2012.11.10. 토요일 아침 소감 쓰다 졸려서 청송대로 나갔다가 바람 부는 대로 안산 자락을 돌았다. 홍제천에 조성된 인공폭포 주변과 안산 둘레길은 서울의 단풍명소로 신문에 보도되었다. 봉수대에 올랐다가 내려와 소감을 마무리하니 오전이 훌쩍 지났다.

54) 2012.12.8. 홍제천 아틀리에에서 본 모네의 연작 시리즈에서 특히 개양귀비 꽃과 해돋이 인상을 통해 순간적인 빛의 움직임을 포착하여 사물의 생동감을 빛과 그림자로 극대화한 인상주의 기법에 깊은 감흥을 받고 쓴 시다.

55) 2012.12.15. 결혼 20주년을 맞이하여 아내 레베카 목자님께 드리는 시

56) 2013.1.6. 영화 <레미제라블>을 보고 쓰다.

57) 2013.3.3. 시어 씨알들에 내포된 씨알 사상은 "사람 안에 영원하고 불멸한 심적 생명이 있다고 보고, 사회적 규정이나 신분과 관계없이 사람 그 자체가 역사와 사회의 바탕이자 주체라고 여기는 사상"이다. 사랑과 평화만이 문제해결 방안이라고 강조하며, 모든 사람

을 평등하게 대한다. 여기서 씨알은 사람·민중을 지칭한다.

58) 2013.3.17. 히로시마 원폭투하로 황폐하게 된 땅에서 제일 먼저 고개를 내밀었던 것이 쑥이라고 함

59) 2013.3.31.

"사월은 가장 잔인한 달이다.

죽은 땅에서 라일락을 피워내고

추억과 욕망을 뒤섞어

봄비는 잠든 뿌리를 흔들어댄다.

오히려 겨울은 따뜻했었다.

망각의 눈이 대지를 덮고

마른 구근(球根)은 가까스로 연명하고 있었다

슈타른버거호 너머로 여름은

소낙비를 몰고 갑자기 찾아왔다." T.S 엘리엇의 황무지 중에서

April is the cruelest month, breeding

Lilacs out of the dead land, mixing

Memory and desire, stirring

Dull roots with the spring rain.

Winter kept us warm, covering

Earth in forgetful snow, feeding

A little life with dried tubers.

Summer surprised us, coming over the Starnbergersee

With a shower of rain; – T.S. Eliot, The Waste Land

60) 2013.6.1. 토요일 밤 연희센터에서 새내기 유 에스더 자매님이 피아노곡 <은파>를 연주하는 소리를 듣고 감동돼 써 내려간 시

61) "Dio mi guido 하나님이 나를 인도하셨구나

　　Dio m'e saudi 하나님이 내 소리를 들으시기를"

이라는 시의 도입 구절은 베르디 오페라 <라 트라비아타> 중 프로방스의 바다와 대지에서 나오는 소절인데 정명훈 지휘 서울시향 무료공연에 초대받아 듣던 중 자막이 심령에 모티브로 남아 수능 준비 중인 둘째 아들 임지헌을 생각하며 격문으로 지었다. 2013.8.17.

62) 2013년 10월 인도 가을 수양회는 5년 전 방문했을 때와 비교할 수 없을 정도로 모든 면에서 부족한 점이 없고 너무나 아름답고 은혜 충만한 수양회였다. 인도 역사에 아름다운 회복의 역사 이루시고 복음의 꽃들로 활짝 피어나게 하신 하나님의 은혜에 감사. 2013.10.14.

63) 동방의 등불　- 타고르

일찌기 아시아의 황금 시기에

빛나던 등불의 하나인 코리아

그 등불 다시 한번 켜지는 날에

너는 동방의 밝은 빛이 되리라

마음엔 두려움이 없고 머리는 높이 쳐들린 곳

지식은 자유롭고 좁다란 담벽으로 세계가 조각조각 갈라지지 않는 곳

진실의 깊은 속에서 말씀이 솟아나는 곳

끊임없는 노력이 완성을 향해 팔을 벌리는 곳

지성의 맑은 흐름이 굳어진 습관의 모래벌판에 길 잃지 않는 곳

무한히 펴져 나가는 생각과 행동으로 우리들의 마음이 인도되는 곳

그러한 자유의 천국으로

나의 마음의 조국 코리아여 깨어나소서

-인도의 시성 타고르의 '동방의 등불'에 대한 답시가 되기를 염원하며. 2013.10.14.

64) Heard shepherdess Deborah Han's testimony, I wrote this poem in 2013.11.2.

65) 2013.11.10. 레베카 목자님의 헌신과 동역자님들의 사랑 기도를 받으시고 둘째 지헌이 한양공대 나노공학과에 합격하도록 허락하신 하나님의 은혜를 감사.

66) 2013.12.22. 이번 주 퇴원한 레베카 목자님과 딸 하영이와 함께 난생처음 남이 섬(별칭 : 나무나라공화국)에 초보운전으로 힐링 투어를 다녀오고 나서 떠오른 시상임

67) 2014.1.1. 청마의 해를 시작하며 쓰다

68) 2014.4.21. 세월호 희생자를 추모하며 Ⅰ

69) 2014.5.10. 세월호 희생자를 추모하며 Ⅱ

70) 2014.8.3. ROSE OF SHARON: 무궁화 꽃의 영어 이름

71) 2014.8.24. 2014년 8월 참석한 윌링겐 유럽국제수양회가 유럽대륙에 부흥의 불꽃을 다시 일으키는 도화선이 되기를 기도하며

72) 2014.9.10. 레베카 목자님과 지헌 하영과 함께 안산 숲속 배드민턴장에 놀러갔다. 벤치에 누워 문득 단풍에 물든 가지의 잎새를 보고 쓰다

73) 2014.9.27. 토요일 아침 센터 근처 던킨도넛에서 S.S.Y 자매님을 보았는데 그 목자들 이름까지는 생각이 나는데 그 이름이 기억나질 않아 블루베리 베이글을 다 먹기까지 아는 체를 할 수 없었던 안타까운 순간이 시심을 울렸다

74) 2014.11.17. UBF 오케스트라 가을 정기 연주회에 참석하여 은혜받고 바이올린을 연주한 새내기 K.H.Y 자매님을 떠올리며 쓴 시

75) 2015.1.3-4. 신년수양회에 참석하여 은혜받고 쓰다.

76) 2017.12.13. 25년간 아내요 동역자로 동고동락했던 임 레베카 목자님의 갑작스러운 소천

(2017.11.4.)을 계기로 '구원의 숲 2집'을 염두에 두고 쓴 시다.

77) 시랑(豺狼): 이리와 들개. 성경에서는 이 중에 어느 특정 짐승만을 가리키지 않고 팔레스타인의 황무지에서 서식하는 야행성 동물들을 일컫는다. 이들은 잔인하고 성격이 난폭하며 주로 인적이 없는 황량한 땅이나 폐허에 거하면서 썩은 시체를 먹는 습성을 지키고 있다. 비유적으로 멸망한 도시 혹은 황폐해진 성읍의 쓸쓸하고 적막함을 표현할 때 먹이를 찾아 이리저리 헤매는 이들 동물을 언급한다.

78) Soli Deo Gloria on 12.25.2018.

메리 크리스마스를 독일어로는 Frohe Weihnachten (프로에 바이나흐텐)이라 한다.

성탄절을 맞아 찬송가 "고요한 밤 거룩한 밤"에 얽힌 제1차 세계대전시 서부전선에서 일어났던 실화를 바탕으로 시를 쓰다.

79) Soli Deo Gloria on 12019.01.01

믿음의 주요 온전케 하시는 예수를 바라보자

맹인이었으나 한평생 주를 바라보는 믿음으로 희망만을 바라보고 희망의 역사를 써나갔던 고 강영우 박사를 기억하며 시를 쓰다.

80) 2019. 1. 14. 오랜 기다림 끝에 하나님께서 예비하신 송경희 목자를 반려자로 맞이하면서 쓴 시

81) 평소 좋아했던 나희덕 시인이 '말들이 돌아오는 시간'이라는 시를 썼다는 기사를 읽고 어떤 말(言語)을 주제로 썼을까 궁금했는데 실제로 시를 찾아 읽어보니 말(馬)들이 돌아오는 시간이라는 내용이었다. 무의식 속에 이 시가 저장되어 있었는데 어느 날 말(言語)을 주제로 시상이 떠올라 단숨에 써 내려 갔는데 나 시인의 시어가 얼마나 중첩되었는지 구태어 확인하지 않았다. 2020.08.30. … 중략 … 나중에야 말(馬)이 시(詩)의 은유임을 한 평론을 통해 알게 되었다. … 후략 …

82) 2020. 6.27. 토요일 오후 소천한 장남 임명철을 추모하며

83) 2020.10.14. 우리들교회 김양재 목사님의 설교를 듣고 소천한 장남 임명철 추모시를 쓰다.